本书中文版由北京建筑大学未来城市设计高精尖创新中心项目
（udc2018010921，udc2016020100）资助出版

向哥本哈根学习
全球自行车城市化的决策指南

[丹] 米凯尔·科尔维尔-安徒生 著

苏毅　张忠国　王轩 译

马晶晶 校

中国建筑工业出版社

著作权合同登记图字：01-2021-1592号
图书在版编目（CIP）数据

向哥本哈根学习：全球自行车城市化的决策指南／（丹）米凯尔·科尔维尔–安徒生著；苏毅，张忠国，王轩译．—北京：中国建筑工业出版社，2021.2
书名原文：Copenhagenize：the definitive guide to global bicycle urbanism
ISBN 978-7-112-26040-9

Ⅰ.①向⋯ Ⅱ.①米⋯ ②苏⋯ ③张⋯ ④王⋯ Ⅲ.①自行车－城市交通－公共交通系统－研究－世界 Ⅳ.①U491.2

中国版本图书馆CIP数据核字（2021）第056076号

Copyright © 2020 Mikael Colville-Andersen
Published by arrangement with Island Press
Translation Copyright © 2021 China Architecture & Building Press
本书由美国Island出版社授权翻译出版

责任编辑：姚丹宁
版式设计：锋尚设计
责任校对：赵 菲

向哥本哈根学习
全球自行车城市化的决策指南
［丹］米凯尔·科尔维尔–安徒生 著
苏毅　张忠国　王轩 译
马晶晶 校
＊
中国建筑工业出版社出版、发行（北京海淀三里河路9号）
各地新华书店、建筑书店经销
北京锋尚制版有限公司制版
临西县阅读时光印刷有限公司印刷
＊
开本：889毫米×1194毫米　1/20　印张：14$\frac{1}{5}$　字数：316千字
2021年2月第一版　2021年2月第一次印刷
定价：138.00元
ISBN 978-7-112-26040-9
（37083）
版权所有　翻印必究
如有印装质量问题，可寄本社图书出版中心退换
（邮政编码100037）

关键词

甲乙地间的直达性,空间倒错,双向自行车道,自行车城市化,自行车道,自行车超级专用路,公交车站,坏天气恐惧症,双向自行车道,意愿路线,基础设施设计,多方式换乘,人本尺度城市,受保护的自行车道,(与汽车)共用的自行车道,城市设计

感谢"向哥本哈根学习"设计公司（Copenhagenize Design Company）的团队成员，感谢他们对我写作本书的支持和帮助。尤其是迈克尔·韦克斯勒（Michael Wexler）、詹姆斯·托姆（James Thoem）、斯蒂芬妮·帕托（Stephanie Patto）和达西·米勒（Darcy Miller）。感谢洛伦兹·西格尔（Lorenz Siegel）和克里斯蒂娜·斯坦迈尔（Christina Steinmayr）优秀的设计与平面布局。此外，衷心感谢来自世界各地的好朋友和商业伙伴们对本书工作的各种支持和鼓励。

目录

引言

1	第 1 章　人本尺度城市
5	第 2 章　自行车城市化的设计
20	第 3 章　自行车在城市生活中的角色
29	第 4 章　骑行的再民主化
39	第 5 章　驯服瓷器店里的"公牛"

54　学习过程曲线

56	第 6 章　哥本哈根之旅
77	第 7 章　坏天气恐惧症和隔绝环境的城市
82	第 8 章　空间倒错
89	第 9 章　消除谬见
107	第 10 章　建筑
112	第 11 章　意愿路线与对交通行为的理解
129	第 12 章　神秘的自行车语言
138	第 13 章　"甲乙地间的直达性"（A2BISM）
153	第 14 章　数据收集艺术

164　工具包

167	第 15 章　最佳实务设计与道路基础设施
188	第 16 章　优先考虑骑行
207	第 17 章　设计与创新
224	第 18 章　载重自行车物流用途
231	第 19 章　展示可传播的想法
238	第 20 章　传播和沟通

265	总结
268	关于作者

献给我的儿女：费利克斯（Felix）和露露－索菲亚（Lulu-Sophia）。献给莱利（Riley），是她启发了我。

引言

以往 10 年，笔者专注观察世界各地城市里的骑行者，仔细研究并不起眼的自行车在城市景观和丰富细致的社会结构中所扮演的角色。这些观察与思考逐渐积累，酝酿变化，终于使本书得以完成。

拿起本书，你可能会猜想，它将讨论自行车和自行车都市主义，以及其是否为正确的讨论方向。不过，在开始之前，我想确保我们的观点是否一致。

让我们一开始就明确。这是一部关于自行车，也是关于城镇化的著作。它是关于我们如何拥有让很多人在城市中穿梭的能力，以及如何有效地将自行车重塑为一种受人尊敬、广泛接受、高效智慧的交通工具——能从投资建设自行车道路基础设施中获得投资回报。

在许多文化中——不仅是在北美——自行车道路系统仍然远远被人们低估。在城市更新的华丽进程中，它仍然是一个后进的不起眼角色。取而代之的是，我将自行车视为城市骨干交通路网系统的组成部分，在人本尺度的城市中发挥作用，改善交通方式的平衡，能免去换乘直接回家，也有利于海绵城市建设。

自 2007 年以来，全球自行车热潮方兴未艾。在许多地方消失了几十年后，自行车又作为重要的城市交通工具回到了我们的生活。当发现有一个机会可以重新探索城市的美好和可能性的时候，无论是在城市大的区域范围还是建筑物的地块范围，我们都强烈地缺乏这种通过骑在自行车上的角度去发现城市内在魅力和本地文化底蕴的能力。现在是我们解决这个问题的时候了，我们要提出一个清晰明确的指南，说明走向城市未来的必要理由与正确方法，将自行车同时作为组织交通、城市规划设计和社会发展的关键性工具。笔者坚信，自行车是在城市更新提升过程中改善提升城市品质的至关重要的工具之一。需确保有尽可能多的人知道如何有效使用它。

在哥本哈根这座世界自行车之城的生活体验，是本书的起点，以此出发去对比观察其他的城市。在本书的写作过程中，我自己在世界 65 个以上的城市骑行过，既体验了黄金标准舒适惬意的自行设施，又骑行过古怪难懂的自行车道和超乎想象的糟糕的柏油路面。本书研究和分析自行车设施的设计以及它们的使用情况。观察城市自行车骑行者如何与设施互动，在缺乏设施的情况下如何应变，以及其他与城市自行车骑行相关的人类学细节和交通心理学。

笔者是自行车城市化方面的作者，但不是一名专业骑车手，这可能会令人惊讶。也许本书的"骑行者"需要被打上引号。笔者看起来不像，实际上也并非专业骑手。我只是一个现代城市居民，以自行车交通手段四处走走，因为它既安全又高效。我将进一步探究，为什么哥本哈根市民，包括我自己，压倒性地选择自行车作为最主要的交通工具，但目前最重要的是建立比较基准。

当我离开公寓去面包店时，我想如果我走路，我会变成一个行人；如果我开车，我会变成一个司机；如果我乘公交前往，我会变成一个乘客。同样，如果我骑自行车，我会从一个公寓居住者变成一个骑行者。为了收集不同出行方式选择的数据，我们被分成不同的交通出行类别。这很公平。然而，"自行车骑手"这个词在世界许多地方有别的含义。如果我在美国的一家酒吧里和某人说话，并且我说我是一个骑自行车的人，典型的骑手装备场景总是会出现在他们的脑海里，他们总是身着氨纶骑行服、头戴头盔、脚踩滴答作响的锁鞋，在某个地方长途骑行，或者试图打破骑行速度或骑行距离记录。在丹麦，我们用"骑行者"这个词来区分利用自行车的交通者，几乎没人认为这个词是特指自行车专业骑手。

在哥本哈根、阿姆斯特丹或东京等自行车友好城市，我们并不谈论专业自行车文化，也不谈论长得像真空吸尘器一样的流线型自行车传统。我们也有流线型自行车，学会过如何使用。但我们没有给这些流线型自行车擦光上油的车库。我们不穿流线型骑行服，或向其他穿骑行服的"专业骑行爱好者"挥手致意。流线型自行车也仅仅是一种让我们日常生活更容易的有效工具，无异于其他自行车。

我很晚才学会骑自行车。像任何孩子一样，我非常希望很早就能学会骑车，但爸爸工作非常繁忙；妈妈虽然是一名模范的女家长，但是她的技能并不包括教孩子骑自行车。在我七岁的时候，哥哥史蒂文来看我，带我去克雷森特的美景庄园（Fairview Crescent），他手把手地教我骑车，直到我学会为止。我永远不会忘记那一刻。他一直在我身后跑，抓住鞍座后面靠背的杆——那是 20 世纪 70 年代的自行车——帮我保持平衡。然后，一次骑上街，我意识到我听不见他的脚步声。尽力转过头，看见他远远地在我身后，站在街中央，脸上带着灿烂的笑容。我学会骑车了。大多数人第一次骑自行车的时候是不是很美好？尽管以汽车为中心发展了几十年，但孩子们仍然学习骑自行车，即使他们没有安全的地方骑自行车。学会骑车仍然是我们记忆中第一个真正独立的强大时刻。我们太小而无法回忆起第一次坐着、爬行或走路的情景，但是掌握自行车骑行的那个瞬间将永远伴随着我们。对我来说，学习骑自行车仍然是一件重要的事，这是骑自行车最有诗意的方面之一。

除了最基本的修理之外，我一般都懒得打理自己的自行车。嘿，我住在一个有着 600 家自行车商店的城市，所以，像大多数哥本哈根人一样，我把自行车扔进车店修理。我相信自行车，它不仅是这个新都市时代的光辉象征，也会作为一个重要的工具，扭转过去一个多世纪中我们对城市造成的空间破坏。始于 2007 年年初的自行车热潮可能是一场短期的流行。就像 20 世纪 80 年代酸洗牛仔裤的流行（当时并没有被广泛接受）。但自行车交通方式也可能流传下去。等待它悄无声息的回归，长久地作为城市现代性的重要象征。

2006 年，几乎没有城市将自行车视为交通工具。10 年过去，很少有城市完全没有进行过相关探讨，更令人鼓舞的是，许多城市正在认真地给自行车投资。

笔者在加拿大的卡尔加里长大，是 1953 年从丹麦来此地的移民后裔。虽然我童年和青年时代的大部分时间都花在自行车上，骑自行车去运动场、朋友家和商店，常骑着自行车消失一天，直到饿了回家。但身处北美，步入 16 岁开始开车几乎是社会的惯常行为。交通方式忽然从家中步行 15 分钟去高中，变成了 5 分钟的驾车过程。也不再坐公交车去超市购物。尽管如此，我仍会在格伦莫尔大坝（Glenmore Dam）周围的小路上不断挑战自己最快的骑行速度。

18 岁时，由于一些我记不清的原因，我从卡尔加里搬到温哥华，我会骑自行车从北温哥华的各个公寓穿过狮门桥（Lion's Gate Bridge），到达市中心。没有特殊的理由，就是出于内在的喜欢才那样做。那是在 1986 年，我不记得在我的日常路线上见过多少其他骑自行车的人。我还记得，我从未经历过驾车者的心生敌意（然而如今情况已经变了）。

22 岁的时候，我冒险到更远的地方——离开加拿大，再也不回去我出生的城市了——我经常在我居住的城市里找到一辆自行车去兜风。墨尔本、莫斯科、伦敦、巴黎，甚至苏瓦市和香港。人们常常带着好奇和困惑的微笑看待我，但从不嘲笑我。我从来没有穿骑自行车的氨纶制服，也没有穿任何我信任的 10 速装备。我从来没有想过要对我的交通方式进行标榜示范。我只是一个喜欢骑着自行车到处走动的人。

一段重要回忆令我心有余悸，常触动心弦。1988 年，我在加利福尼亚州的帕萨迪纳上学，与一个朋友在街角过马路时被汽车撞到，交警估测车速为 60 公里（大概 40 英里）。我像足球一般从空中划过，飞落到 30 米（约 98 英尺）远。据说，事故目睹者都笃信我将性命不保——无人能幸免于如此的冲击。但我非常幸运。腿有两处骨折，锁骨在胸一侧落地时折断，但除此之外仅有一些擦伤，情况还好。根据目前对汽车撞击造成的死伤率的了解，在这种速度下被撞倒，我只有5%的生存机会。

这一事件在意识里沉浮隐现，从未消失。直到后来，这段经历才在我关于城市发展工作和个人哲学中成为一个主导因素。冥冥中，一线渺茫的生机给予了我。从1988年11月那一天起，我就努力过上最充实的生活，并通过我的城市设计工作，让其他人幸免于这样的风险。

我在1994年搬至哥本哈根。本打算只拜访朋友一周，然后在世界各地继续我的找寻使命。因为有一份丰厚的家族遗产，我得以在丹麦找到一份不错的工作，所以我就决定暂时留下来待一阵子。那是24年前的事了。我找到了不知道自己一直在寻找的根源。

刚到丹麦一周多，朋友就说清两件事。第一：若我留下来，哥本哈根足球俱乐部将会是我选择的丹麦足球队。那不是讨论的话题。第二：我需要一辆自行车四处走走。他扔给我一把自行车钥匙，告诉我自行车在后院的某个地方，好似是一辆绿色的车。我找到了它，并立即上了自行车道。没有烟火表演或振奋人心的管弦乐，只有两个轮子和一条生锈的链条。那把打开自行车的钥匙也成了打开城市的钥匙。在哥本哈根骑自行车是个绝对正常的现象，这是我后来能意识到的，但当时我只是毫无意识地滑了进去。事情难道不应该是这样的吗？

我继续在哥本哈根生活。像大多数美国同胞一样，我习惯于忽视作为丹麦首都有机交通芭蕾舞一部分的内在美，直到2006年11月14日早上。我做了多年的街头摄影，那天早上也不例外。当我去丹麦广播公司DR工作时，口袋里有一台值得信赖的照相机。根据照片上的可交换图像文件格式（Exif）信息追溯，我是在早上8点46分拍下的照片。交通灯刚刚变绿。右侧马路的骑车者开始加速。左边的几个骑车者从一条小街快速涌入。而正对面，是一个停步的哥本哈根人。她立车驻足片刻，似紊流中的一根柱子，仿佛完全沉浸在那一刻的平静，完全不顾周边世界的繁忙。我拍下了有她的这张照片，然后从她身边骑过，去上班。

晚些时候，我把照片放在了雅虎网络相册（Flickr）上，在那里我有一些关注者。我开始收到评论，大部分来自美国，比如"她穿着裙子和靴子怎么能骑车的？！"仿佛骑车乃奇异之举。我没明白对我这个哥本哈根人来说，这些问题很奇怪。我不知道他们在说些什么。

当有人对你的工作做出积极回应，不管是摄影、写作还是其他，自然应继续下去。我开始给穿着优雅、过着平凡生活的哥本哈根人拍更多的照片，引来了观众的惊讶。

2007年年初，这一系列照片发表在当地出版的关于哥本哈根生活的杂志《KBH》上，笔者以

"时尚自行车"这个短语作为标题（用丹麦语表达时是这样）。人们不停反馈，我不停拍摄。2007年中，我决定开一个博客。嘿，每个人和他们的宠物狗，都在那个时候开博客。我想我可以把博客作为一个储存库或画廊，以便拍摄更多的哥本哈根自行车生活的照片。接下来发生的事情让我吃惊。一周之内，每天有几百的访问量，而且这一数字还在呈指数级增长。

2007年年中，街头风格博客蓬勃发展，"哥本哈根时尚自行车"跻身其间。此外，我没有发现任何地方有专门讨论城市自行车的博客。我反复搜索，只能找到关于运动和休闲自行车的博客。街道博客（Streetsblog）有几篇关于城市自行车的文章，但没有太多其他文章。

我的博客继续引来更多关注，我增加了内容。读者过去大多数是，现今仍然是女性。尽管博客以街头摄影为特色，街头风格的感觉是主要的吸引力，而事实上我们对自行车的关注，使它独一无二。

时尚自行车博客继续发展，高峰时，全世界有200多名模仿者。2007年春天，我开始详细思考为什么这些照片会引来如此多的想象力。一些对我和我的哥本哈根同事来说很寻常的事情却令全世界的人都很兴奋，即使是骑车穿越城市的简单行为。我开始研究哥本哈根是如何变成这样的。作为一名记者，好奇心让我走上了"向哥本哈根学习网站"（Copenhagenize.com）的道路，网络博客和期刊上的《时尚自行车》栏目如影随形。

我读过一篇关于某个城市学习哥本哈根的经验，或者说"哥本哈根化"（copenhagenization）的文章，一名记者以略微负面的方式使用了"哥本哈根化"（copenhagenization）。我让"哥本哈根化"（copenhagenization）从我的舌头上发音几次，并喜欢上了它。接下来，很自然地用谷歌搜索"哥本哈根化"（copenhagenise和copenhagenize），看看有什么其他的意思。除了一个可以追溯到19世纪早期的海军术语外，别无他物。过去这个术语用来描述英国从海上炮轰敌人，迫使其投降，然后撤走。英国人在1807年对哥本哈根做了这些，"哥本哈根化"（copenhagenize）一词起源于此。当然，直到2007年，我赋予了这个词新的含义。

我所在行业的其他人借用了这个术语，用它来描述来自哥本哈根各种方面的都市化影响，但这从来不是我的意图。我不忘初心，那就是把自行车作为城市主要的交通工具。

"向哥本哈根学习"博客与"时尚自行车"一样，很早就引来了大量关注。这个小博客似乎填补了自行车在城市中作为交通工具角色的空白。事实上，我已考虑过博客全部回归自行车主题。这就好像我们都在等待着某种东西，任何东西，作为我们都应该朝着城市发展和环境问题的方向前进的象征。自行车回归城市生活后，毫不费力地扮演了它在19世纪末被发明后所承担的期许——务实知性、现代时髦、社会革新。

可以肯定地说，2006年很少有城市讨论将自行车作为交通工具。而现在，很少有城市没有讨论过自行车。一种强烈的团队精神已经形成。荒野中一个孤独的声音变成了合唱。

这两个博客重建公众意识中自行车的角色，无论多么不经意，不局限于世界其他地方。自行车是阿姆斯特丹形象所不可分割的一部分，但在哥本哈根，尽管自行车普及程度相同，但它却不是城市品牌或形象的可见部分。2006年，很少有酒店会出租自行车给游客；相反，他们把游客送到一些出租自行车的场所。现在，不提供自行车出租服务的丹麦酒店已很少见，自行车经常出现在城市的旅游资料中。哥本哈根的自行车骑行绿色生活方式成了世界各地其他城市的绿色发展榜样。

一个多世纪前，自行车本可以在城市历史的短短一章中扮演主角，现在它又回来了，比以往任何时候都更大更强。是时候把它牢牢地融入城市故事了。

我以全新的眼光来看待这个主题，不受学术教化的束缚。源于自身想法，也借鉴世界各地数十个城市从事自行车城市规划、战略制定、基础设施设计和交流沟通工作时获得的经验。

历经一个世纪的城市混乱、错误配置的能源、过度复杂的交通技术的诱惑，都到了该清理的时刻了。回归物质艺术的精神——必要性乃人类的发明之母。我们需要行动起来，从手中拯救我们的城市和我们自己。用工具来修理这个世纪留下的残缺。

让我们开始吧！

第 1 章

人本尺度城市

爹地,我的城市什么时候才会适合我?

露露 – 索菲亚·莫德勒 – 安徒生

笔者有一种奇怪的感觉,怀疑我们被黑客侵入了。作为一个个体,又或者作为一个集体,都被误导,相信大就是好,增长就是好。这么多年来,可以轻易宣称,过去是与崇尚大的狂热在一起的一个世纪。就经济而论当然如此。提起经济就不能不提增长。但我不是经济学家,我的工作是在都市生活的领域,而在城市里,事情同样如此。城市必须建设得越来越大。城市必须向目光所及的远处蔓延。这是城市伟大而美好的原因。我们也已被这样告知多年。建筑必须更高大、更闪亮、直插云霄,打破世界纪录。成为工程纪念碑,很可能成为设计和建造这些纪念碑的以男性为主的行业的阳性崇拜符号。道路和高速公路必须更长、更宽、更远,有更大的容量、更好的流量、减少拥堵。这是城市规划中最可悲的讽刺之一,我们从过去一百年的交通工程中学到的唯一东西是:如果给汽车腾出更多的空间,就会有更多的汽车出现。如果想想过去一个世纪为此投入数千百亿美元,你会感到忧伤。

向哥本哈根学习
全球自行车城市化的决策指南

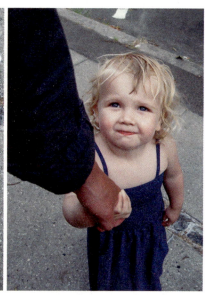

露露－索菲亚在哥本哈根，2011年。

巨大项目风靡一时，常常延期完工，总在实施过程中超出工程预算，却占全球GDP（国内生产总值）的8%。我们痴迷于大项目的规划和建设。我们——作为民众或消费者——被告知要提高消费水平，购买更多的物品。我们买得越多，对经济越有利。为了经济增长，我们已被如此告知很长时间了。

也许已被黑客入侵了，但笔者相信我们体内仍存有原始代码。作为智人，存世30万年，有原始代码。一个纯净程序。想要理性，便可得到。每人内心明了，一小勺美味冰淇淋和一大团冰淇淋之间，如何舒适选择。偶尔我们会暴食，但小勺通常更佳。与择食类似，我们天生了解城市生活的根基。每个住在城市的人都知道，一条好街道应该是什么样子。在我们的城市基因中，知道一条对行人和骑车者友好，并多绿色空间的人性街道是最好的解决方案。凭直觉和本能知道，尺寸大并不重要。幸运的是，在某个地方，在崇大狂热的暗影下，在强迫增长的大山后，有一处可爱之所，笔者称之为"人本尺度的城市"，那边的情况有所不同。

创造人本尺度的城市已经成为我工作领域的哲学根基。这一概念是来自我一生最伟大的城市学灵感——我的女儿露露－索菲亚传给我的。我们手牵手，在附近街区邻里散步，等着过马路。她很安静，环顾四周的城市风景。突然，她转过身，抬头看着我说，"爹地，我的城市什么时候才会适合我呢？"当时她五岁。我低头看着她探询的脸，向她保证随着长大，会有适合她的城市。她只是耸耸肩，点点头。她知道答案，但在那一刻，她觉得对她的城市来说，她太小了，许多其他的孩子也一定有这种感觉。但是她天真的想法深深印在我的脑海里。我不再思考其他的东西，只想知道我的城市是否适合我。

哥本哈根有很多地方让我觉得，这个地方是为我自己设计的。骑行在路易斯皇后大桥4米多宽的自行车单向道上，城市就像一只手工做成的手套那样适合我。在其他地方，尽管有金牌标准的基础设施可供骑车，但周边的建筑物不成比例，与自行车道平行的道路上挤满了喧嚣嘈杂、污染严重的汽车，在这样的地方，我无法得到以人为本的尺度感。事实上，世界上很少有让我觉得这个城市适合我的地方，更别说露露了。

从一个孩子的头脑得到的启示中，我想到了"人本尺度的城市"这个词——既作为一种描述当前城市的生活方式，又作为一个城市应该如何再达到的目标。

人本尺度的城市理念得到了场所精神概念的补充。将这两个概念用于城市规划将使城市规模恢复到正常尺度。我们都有一种既普适又个人化的渴望，想要拥有身处环境的归属感。

想想你的家。想想你在设计、制作和创造一个空间方面所付出的努力，在这个空间里你有一种持续的、坚定不移的归属感和幸福感。想想你在哪里工作，那里的人们（希望）已经做出了相似的努力，创造了一个激励你成为有生产力员工的空间。

想想你的家。想想你在设计、制作和创造一个空间方面所付出的努力，在这个空间里你有一种持续的、坚定不移的归属感和幸福感。

经过几十年以汽车为中心的城市空间规划发展思路，对于我们每天在世界各地走过的大多数城市景象来说，情况并非如此。

到底城市是什么呢？当我旅行时，我经常听到这样的话，"哦，但那是哥本哈根……那里不一样……。"公民自豪感很重要。没错。我不想生活在一个无法每天给我归属感的城市，甚至政治环境也无法满足我的愿望。尽管城市是有机的，但自从发明了汽车，我们就接受将城市设计为在时空中扭曲，符合世代增加的生育需求和人口趋势。这样的城市，是由此时此地的城市居民定义的，但愿能考虑一下未来。这样根本就无法设计出居住着各种人的有机场所，也不需要。

城市如同语言。每种语言都有不断变化的方言和独特的音调特质，使它与周边的郊区有所不同。这些城市方言汇总为一种全球城市语言——让我们的城市变得更好，需要做些什么。假如城市是一种语言，那么自行车就是一个复合修饰词汇。

第 2 章
自行车城市化的设计

人人都要看到变化,却没有人愿意改变。

索伦·克尔凯郭尔

这是城市发展的基准线。人类共同在城市生活的历史有 7000 多年。大体而言,人类利用 7000 年时间进行了关于公共空间内的共栖空间和交通方式的一系列最佳实践结果,证明了对社会结构的重要性。发明汽车后不久,就把大部分知识抛到了车轮之下,随后在城市环境中经历了恐怖的安全危机。我们对技术的过度热情和对城市的短期健忘倾向,进一步导致了我们对以往经验的极大漠视。

城市令我激动,而街道一直让我着迷不已。街道是城市有机体如骨骼血脉一般的联系。血管将城市生活的血液从一番场景传递到另一番场景。7000 年来,城市街道是智人历史上最民主的空间。我们在街上做过一切事情。我们自己需要移动和交通,但我们也在街上买卖、调情、闲聊、议政。孩子们会在街上玩耍。它们是我们的家和起居室的延伸空间区域。城市发展是自然而有机的,基于在街头巷尾人们的即时需要,以及全城人的需要。物流的需求和社会的需求。

在我读完电影学校后的几年时间内，我教讲故事和编剧。作为智人，在我们满足了三个基本需求——水、食物和住所——之后，我们的第四个需求出现了：讲故事。在人类历史的大部分时间里，我们在一天结束后聚集在篝火周围——讲故事，建立联系，进一步建立信仰体系和文化神话。有些人可能会认为性爱是我们的第四基本需求，但讲故事或听故事是走向爱情的重要一步。

当汽车出现在我们的城市时，它是一种入侵物种，为市民所憎恶。

篝火周围，或壁炉前的空间，是我们的聚会场所，我们的锚固点。随着城市的出现，室内生活成为我们生活的一部分，街道仍然是我们城市火堆周围的空间，在这里我们讲故事，形成联系纽带。

在我们的城市中，汽车车道基础设施为街道和事故救援队敲响了警钟。经过30万年的智人发展和7000年的民主空间发展，我们对街道的看法发生了巨大变化。汽车工业发展得非常快。两件事改变了人们的看法。当汽车出现在我们的城市时，它是被市民憎恶的入侵物种。驾车者遭到鄙视，许多美国城市为数量惊人的车祸受害者，尤其是车祸受害儿童，竖起了临时纪念碑。

交通安全问题几乎马上就出现了，每个人都不知道如何解决。在快速扩张的城市中，工程师被认为是城市的英雄。工程师可以设法让水电入户，将污水排走。那几代工程师才华横溢，被赋予解决交通屠戮的重任，让最才华横溢的工程师解决如此严重的问题是明智选择。然而，事实是街道从被视为潜意识下民主火堆旁的空间，变成了公共基础设施。不是从人类空间的角度，而是从数学方程去解决问题。

汽车行业也遭遇问题。有闪亮的新产品出售，但人人都讨厌。他们认识到需改变公众对街道的看法，所以利用营销、颠覆和老式嘲讽展开行动。这是他们延续至今的，在市场推广方面压缩预算的绝活。

一方面，工程师们调整交通灯的运行方式，以适应不断增长的汽车数量；另一方面，汽车行业看到机会，开始极力推销，仿佛城市的所有街道道路空间都应该百分之百地分配给汽车。

想法很简单：不允许其他的交通方式。它始于报纸上的专栏和广告，内容是行人远离街道，使用越来越多的人行横道。招募童子军分发传单，惩罚行人的行为。在街区中段过街的行为逐渐变得不被社会接受。任何抵制这种新想法的人都被贴上过时的标签。这成为进步的绊脚石。

有个非常美国化的词——横穿马路的乡巴佬"杰伊"——仅仅是为了嘲笑那些不适应汽车工业需求的行人。"杰伊"（Jay）是一个贬义词，指乡巴佬——不知道如何在这个又大又酷的城市里生活的人。如果我们住在城市，我们最不想被视为局外人。我们想要一种集体归属感。只需一个简单的词，就令人很不悦了。

那些想为汽车获得街道空间的人，面临的最后一大障碍是愤怒的美国母亲，她们不断看到自己孩子在街上被汽车屠戮和伤残。解决办法：操场。人们持续把孩子放入的那个动物园一样的花园，是汽车工业的一项发明，是为了驱赶小淘气鬼走开，安抚他们的母亲。最后，舞台设置好了。海岸线再没有恼人的泥沼障碍，城市历史上最大的模式转变业已完成。用了不到20年的时间，颠覆了7000年来人们认为街道是民主空间的看法。我们仍然深受其害。（彼得·诺顿的书《与交通抗争》是你了解交通历史上这个迷人而压抑时期的第一本书。）

此外，那些可以带来社会文化的空间环境也被结结实实地阻隔了，仿佛沉入了水底，埋在看不见的地方，之后铺上了沥青。一些城市又出现了社会火堆。行人友好型街道、公共交通和自行车重新带来了城市人群聚集的空间环境。不管我们是否互相交谈，我们都和同胞并肩作战，分享潜意识的城市体验。在哥本哈根上下班的高峰时间，每个街道的十字路口都有小的社会星火，市民们骑着自行车回家途中，可以在路口交通灯的停留处产生美丽的火花。

让市民们聚集在一起，在城市中走过。

篝火周围的空地被高效移除了。沉入水下，埋在看不见的地方，铺上沥青。

不应低估感受过篝火的城市人的优势。如惯常下驾车者们走出房子，到达车库，走进汽车，开车去上班，停车并进入办公室。在这种真空包装的生活中，很少与其他公民互动。然而，骑自行车穿越一座城市，你会用你所有的感官与城市的景观紧密相连。每天早上，当我经过市政厅广场时，骑车者都会回头去看市政厅的钟楼时间，或放慢速度，或加快速度，这取决于他们的时间安排。红灯时我不直接和别人交流，但我们也是有联系的。我看到人，听到咳嗽或电话交谈，闻到洗发水和周围烟雾的味道。当我看到别人穿的衣服或鞋子时，会有购物的想法。我交换眼神或微笑。

步行或使用公交时也能那样做，但自行车道和红灯处有惊人的动感。争夺空间，保持平衡，在靠近下一处篝火前吸取感官印象。

1944年诺贝尔文学奖获得者、丹麦小说家约翰尼斯·詹森（Johannes V. Jensen）在他的作品中多次提到城市自行车。在1936年的小说《古娟》（Gudrun）中，他写道："就像身处一个大房子，哥本哈根开始了一天。尽管是走在街上，就像一个人在家，蓬松的头发，骑着自行车和蔼可亲地穿过狭长的起居室里。身处办公室、工作室和小商店，就像自己的家里，都是一个大家庭的一部分，这个大家庭分散在城市里,却像在一处房子里那样步调一致运行。每个人都有自己的角色,每个人都能得到他们需要的东西。哥本哈根就像一座大而简单的房子。"

确实如此。一个家。有一团急需的篝火。以免我们忘记,这是地球上大多数城市几十年来的常态——从 19 世纪末的自行车热潮直到至少 20 世纪 40 年代和 50 年代。自行车骑行成为从曼彻斯特到新加坡、从悉尼到塞维利亚城的日常交通工具。一个世纪前,洛杉矶自行车的出行分担率是 20%。骑车者聚集形成社交的篝火,温暖我们的城市。

一名哥本哈根人正在查看哥本哈根市政厅钟塔上的时间。© 洛伦兹·西格尔

新模式赋予交通工程这个新生的行业以全权，继续我们街道的激进改造。20 世纪 30 年代和 40 年代在美国发展起来一套新标准，与此同时，人们越来越相信，汽车是美好未来的载体。这些标准开始传播，并很快被世界各国所采用。这一发展在 20 世纪 50 年代和 60 年代加速。世界上大多数城市的自行车交通在 20 世纪 40 年代末达到顶峰，然后开始急剧下降，甚至在哥本哈根和阿姆斯特丹亦然。1949 年，55% 的哥本哈根人骑自行车。到 1969 年，随着道路拓宽容纳汽车，这个数字下降到 20% 左右。交通工程最令人惊讶的是，20 世纪 50 年代以来的几十年里，它基本上毫无变化。在现代社会，如果一个重要职业落后了，我们会非常愤怒。想象一下，如果医疗保健仍然像 20 世纪 50 年代那样，使用同样的科技，或者教育，或者育儿，那将是不可理喻和无法接受的。然而，我们承认交通工程没有实现现代化，或者我们的交通工程技术完全是一种失败。

当你开始触及表面之下时，你会发现，我们生活在被不可理喻和常常过时的数学理论、模型和工程"解决方案"所控制的城市中，尽管这些理论、模型和工程"解决方案"对现代城市没有多大好处，但它们仍被继续使用。

其中一个称为"第 85 百分位"——这是一种全世界城市用来确定限速的方法。这一标准无人质疑。那些几十年来在研究过程中囫囵吞枣的工程师和规划者不去质疑它。这让我想起了一个老交通工程师的笑话：为什么工程师要过马路？因为他们去年就是这么做的。

这个概念相当简单：道路的限速是由 85% 的驾车者的速度设定的。换句话说，速度限制完全由司机的速度决定，这是决定全球交通速度的基本规则。包括读者家门口的街道。

自行车是从曼彻斯特到新加坡、从悉尼到塞维利亚的日常交通工具。

当然，它可以修改——但这种情况很少发生。工程师们只会耸耸肩，说 85% 的方法是唯一的方法，不能改变。数字不会说谎。问题是人而不是数字。这是第 85 百分位方法中最棘手的部分。它的假设如下：

大多数司机都是理性和谨慎的，不想撞车，并希望在尽可能短的时间内到达目的地；在良好的天气和能见度条件下，85% 的人在任何给定地点驾驶的速度可以被认为是该地点的最大安全速度。

"我是一名交通工程师，但我是一名问题解决者。从来没有人告诉我有一个不同的问题需要先去解决。"

如果他们假设大多数司机都是合理和谨慎的，那么少量不要命的司机呢？我们是否只是假设把街道的全部权利交给驾车者，一切都会好起来？更不用说将人类学假设和伪科学混为一谈了？

另一方面，这是交通工程师对"安全"和速度的看法。从图表中可以看出，他们的看法很不一样，也很过时：

想象一条平均速度为每小时 50 公里（约每小时 30 英里）的街道。如果车速降低 5 公里 / 小时（约 3 英里 / 小时），那么，根据这种古老的模式，司机将会面临更高的风险。最令人震惊的是，整个概念完全忽略了行人和骑车者。从这个图表中得出的另一个可怕的结论是，当你提高速度时，撞车的风险小于慢速时。

所有这些疑似是修建更多快速路和高速公路的理由——正如他们（曾经）所说，"速度越快，安全性越高"。该图仍被吹捧为"最新研究"，称为所罗门曲线。在"向哥本哈根学习"设计公司办公室里，我们都猜测它有多老，我们的猜测是在 15 岁到 30 岁之间。但并不接近。实际上，它是基于大卫·所罗门（David Solomon）1964 年的一项研究，题为《主要农村公路上与速度、驾驶员和车辆相关的事故》。

你没看错。"主要农村公路"——不是城市街道。它仍然完全得到了美国商务部和公路局的认可，公路局在进行该项研究时由雷克斯·惠顿（Rex Whitton）负责管理。作为联邦公路管理员，他也感到惊讶，非常惊讶。好吧，别惊讶。

从本质上说，1964 年的一项研究仍然是建设更多快速路和高速公路的主要论据，即使手段忽视了行人和骑车者等弱势群体，并假设公共交通不存在，但只要目的证明手段是合理的就可以。这项研究现在仍服务于远离高速公路的人口稠密的城市地区的汽车道路。

交通工程师协会写道，"第 85 百分位是司机用脚投票的方式。"交通工程师协会没有提到，当涉及在城市设立速度限制时，行人和骑车者被排除在选举之外，甚至没有机会去投票。当读者阅读本文时，这一切还在发生。在道路基础设施投资上花纳税人的钱。

亚当·米勒德·鲍尔（Adam Millard-Ball）是圣克鲁斯大学的助理教授。他研究了高峰交通和未来交通需求预测。他深刻批判了交通工程的另一个关键点，即交通建模（它试图描绘出未来的交通需求模式），这些模式对能源供应和环境有着巨大的影响。为了向政治家和工程师推销对更多高速公路和街道扩建的需求，他们试图确定未来人们将走多远，以及采用何种交通方式。他们用披着羊皮的猜测技术和数学方程式，且几乎每次都出错。

米勒德·鲍尔用了两个例子。分别是英国交通部和美国华盛顿州的预测。实际交通增长用黑色标出。而飘飞到星际的狂野彩色线条显示了预测。米勒德·鲍尔说，世界各地都有一种趋势，那就是大幅度夸大交通量的增长。现实与交通部门仍然使用的计算机模型大相径庭，后者产生的预测影响了政治家和数百万人的生

第 2 章
自行车城市化的设计

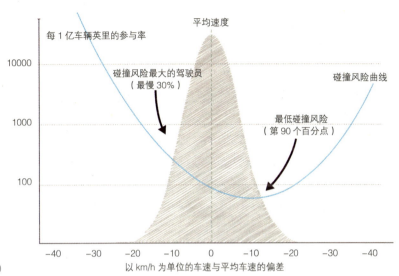

所罗门曲线（The Solomon Cruve）

活。这些图表是政治家们看到并相信的真实情况。但模型是错误的，且无可救药地过时了。

我可以继续。众所周知，我对交通工程及其作为城市交通规划唯一解决方案的基础持批评态度。我在世界各地的主题演讲中谈到了这一点。听众常联系我，想进一步私下讨论这个问题。在六个不同的国家，我遇到了六名交通工程师，在演讲后走过来对我说了一模一样的话，这让我很迷惑："我是一名交通工程师，但我也是一名问题解决者。却从来没有人告诉我有一个不同的问题需要解决……"

六个交通工程师，用六种不同的英语口音，说出了几乎一字不差的同一句话，他们对存在其他可解决的问题并且这些问题被蒙在鼓里感到沮丧。就像发现冰箱里有冰淇淋很久了，但你却被告知没有。在本书的后面，我将讲述我们是如何迫切需要改变近一个世纪以来我们在城市中一直提出的问题。

不过，首先，我想提出一些可供选择的哲学。我们可以正确地假设，在汽车出现之前的7000年里，有"设计"在起作用。道路和广场被修建起来，建筑物也在旁边。罗马人和其他人一样，擅长建筑开发。总的来说，这是一个更加有机的过程。工程响应了住在那里的人们的迫切需求，并与他们一起工作。必然是发明之母，这是理所应当的。虽然不再是了，但看起来，我们生活在一个过度科技饥渴的世界里，我们发明东西是因为我们可以，而不是因为我们真的需要。没有人能向我解释"智慧城市"这个短语应该是什么意思。相信我，我已经问过了。这是一个花哨、诱人的口号，但没有任何具体的定义。

为了规划我们的城市未来，我们需要仔细审视我们的城市之前的发展模式。几年前，我和当时九岁的儿子一起看《回到未来》。这部电影结束了，他问我是哪一年拍的。我告诉他那是 1985 年。他笑了。"所以博士从过去走向了未来的 30 年……也就是……现在！但现在还没有飞行汽车和如动漫形象高飞般的衣服。"

没能搞定。一个世纪的技术和时尚——承诺至今未能兑现。我们需要从恐惧里恢复。请将自动驾驶和围绕它们的宣传归为一类。当我谈到回到未来的重要性时，我指的是我们的理性和现实。回到我们做有意义的事情的时代。

精心设计的自行车城市化，是进步之路。

我们被日常生活中需购买的商品环绕——如果不是轰炸的话。看看你周围已经获得的许多产品。智能手机、牙刷、遥控器、鼠标、椅子。它们都有一个共同点。有一个设计师或设计团队致力于确保您在使用它时拥有积极的设计体验。生产智能手机的团队受雇于一家跨国公司，该公司致力于提高利润率，当然，但设计师们竭力确保我、我 10 岁的女儿和我 88 岁的父亲都能轻松、直观、愉快地使用手机。从想法到购买是一个人与人之间的过程。他们唯一的任务是思考过程另一端的人类。在世界上大多数地方，交通工程甚至交通规划却都不能这么说，在这一领域，焦点集中在汽车移动的数学模型。

这是一个简单的问题：如果我们像设计生活中的其他一切一样来设计我们的街道呢？就

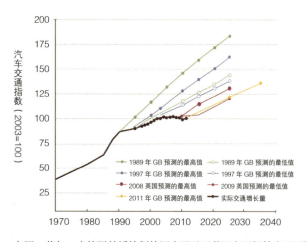
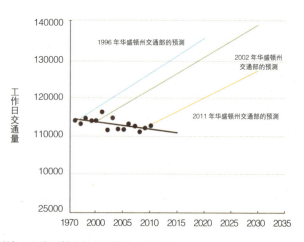

左图：菲尔·古德温教授绘制的图表显示了英国交通部的交通预测（彩色）和实际的汽车交通增长（黑色）。
右图：视线研究所的图表显示了美国华盛顿州交通部的类似交通预测和实际的汽车交通增长。

第 2 章
自行车城市化的设计

像我们期望我们过去设计的一切一样?众所周知,丹麦有一种设计文化。短语"丹麦设计"用引号着重一下,我的孩子在哥本哈根这里三四年级就上设计课。丹麦设计的三个原则刻在石头上:实际、功能、优雅。人类喜欢椅子,几千年来一直在设计椅子,以及阐释它们。设计师和建筑师总是在试图让椅子变得不舒服。从有趣的到古灵精怪的,各种阐释都已见诸天日。我们可以把展览中的椅子装扮成章鱼或购物车,要么令人喜欢,要么令人讨厌。关键是没人为了让客人坐在椅子上,而对客厅里的椅子有四种疯狂的阐释。

这是一个简单的问题:如果我们像设计生活中的其他一切来一样设计我们的街道呢?就像我们期望我们过去设计的一切一样?

你所在城市的自行车地图?基础设施的支离破碎。并不真正地在一个连贯的网络中有效连接。有很多锐角。图片:"切断的椅子"彼得·布里斯托尔。

然而，椅子设计可以作为自行车基础设施的隐喻。彼得·布里斯托尔（Peter Bristol）设计的椅子可能是世界上大多数城市自行车地图的类比。它支离破碎，在任何地方都没有真正连接起来，并且有许多锐角——但是这个人向我们展示了它"运行"得有趣。然而，我们日常的餐桌上仍然没有六把这样的椅子。人们想要的只是一把椅子。当读者阅读这篇文章的时候，可能已经坐下来了。想想你坐的椅子或沙发，你走向它，转身坐下。你不必绕着椅子转，沉思地挠着下巴，想知道设计师的意图是什么。没有必要去寻找开关键。当你读到这些话时，你根本不担忧椅子是否会从你下面消失。你坐下了。这既简单又直观。

想象一下，如果在城市骑自行车或走路就像那样简单直观。嗯，设计良好的自行车基础设施网络就像设计良好的椅子。它实际且符合功能，使用时几乎无需解释。如果也很优雅，那就更好了。记住我的话，这不是白日梦。这是一个现实，而且是可以实现的。在研究"理解能吸引人的体验"中，设计师朱莉·卡斯拉夫斯基（Julie Khaslavsky）和内森·谢多夫（Nathan Shedroff）探索了设计能吸引人的本质。套用一句话：设计的魅力可以超越价格和性能，它们有能力与观众建立情感纽带，这几乎是必须的。

在哥本哈根骑自行车，在整洁和流畅的最佳实践基础设施上骑车时，会因为审美体验晕倒吗？不，我也不会因为丹麦建筑师阿诺·雅克比松在我客厅里的"7"椅的美丽而跪倒在地，或者当拿出三星 Galaxy S8 智能手机时，也不会感时花溅泪。然而，一切都非常吸引人。吸引力，在我与这些事物情感关系的早期阶段浮出水面，但现在吸引力已被我的潜意识所吸收。我不怀疑我在使用这些物品时会感到快乐，但我需要它们。我需要在使用它们时不断体验到幸福感。我不需要去想它们，只需要如常工作，如常展现。就自行车基础设施而言，我需要安全和有安全感，不用花太多心思就能到达我想要去到的地方。

当我和我十岁的儿子费利克斯（Felix），在我们的 Xbox 上玩赛车游戏时，设计的诱惑对我来说变得显而易见。这是一个游戏，你可以选择你想和哪辆车比赛，你可以从所有主要品牌和汽车历史中选择汽车。费利克斯在滚动选区时，我注意到他不时会说，"爹地……好酷的跑车。"

据我计算，在哥本哈根的日常生活中，我的孩子们一年在车里待的时间不超过五个小时。我们可能在暑假租一辆车，但是在一年其他时间里，汽车根本不会被他们注意到。我们的家庭本身不是一个反汽车之家；我们没有理由谈论汽车，因为我们从来不使用汽车。所以看到费利克斯看着老式汽车并对它们做出积极的反应就更有趣了。当他滚动时，我开始记录他对哪些汽车做出了反应。我把它们写下来，然后查阅。每辆车都是 1972 年以前的，不管是沃尔沃、宝马、福特,随便你怎么说。回到汽车设计很酷的时候,而不是我们今天看到的匿名无色汽车一般模糊。这个孩子看到了很酷的设计,并且知道它很酷,但没有对这个主题进行任何投资。别担心,我也有一个费利克斯小时候与自行车的轶事,事实正好相反。汽车不在我们谈话中的地方,自行车肯定在,因为它们是我们的主要交通工具。在一个 62% 的人口骑自行车上班或上学的城市,自行车是我们交通习惯中的一个关键因素,但它们也是难以置信的匿名。我注意到费利克斯从四岁开始学骑自行车,从一辆自行车到另一辆自行车,他总是选择看起来像其他人的自行车——尤其是他同学的自行车。在孩子们当中,从众的愿望很强烈。

你坐下了。这既简单又直观。想象一下,如果在城市骑自行车或走路就像那样简单直观。

直到有一天,他寄给我一张照片,照片是在他学校外面的一个自行车架上拍的,并附有文字:"爹地!一定有!"这是一张老式施文牌高把手自行车的照片,配有香蕉形鞍座和靠背。这位在 20 世纪 70 年代学会骑自行车的父亲非常激动,但奇怪的是,他对自行车设计的反应不同于同时代人的审美类型标准。当我问费利克斯时,他回答说:"这真的很酷。"所以我开始执行一项任务来满足他的要求,最终为他找到了一架兰令高把手自行车(Raleigh chopper)。除了享受他的新旅程之外,他开始体验哥本哈根的一些不寻常的事情:人们注意他的自行车。在森林里,很难欣赏到一棵树,哥本哈根的自行车就是这种情况。但是费利克斯会走到红灯前,男人会低头看着自行车,点头表示赞同,然后说:"很酷的自行车,孩子。"小孩子会指着他骑自行车经过,大声喊道:"哇!好酷的自行车!"

小心照看。保持干净、光亮、美观。珍惜它。

在匿名骑了多年自行车后,费利克斯发现他的个人化设计选择是如何在陌生人中间获得好评的。他被设计而不是被性能所诱惑,因为——让我们面对现实吧——兰令高把手自行车骑起来不舒服。

哥本哈根市民被自行车基础设施网络所吸引。它既现实合理又富有功效,能让他们快速方便地到达他们想去的地方。优雅则体现在路面平顺、结构一致和高标维护。丹麦最光滑的沥青路面总被用在自行车道上。即使天气很糟糕,这在哥本哈根经常发生,吸引力仍在继续。75% 的哥本哈根人整个冬天都在骑自行车。冬季不大适合骑自行车,但尽管有挑战,这仍然是最快的出行方式。这座城市了解如何让骑自行车成为全年最可行的交通出行选择方式。冬

向哥本哈根学习
全球自行车城市化的决策指南

"爸爸!好酷的车!"在费利克斯身上引起积极反应的汽车设计之一。来自 Flickr.com 的布莱恩·罗伯茨

天,官方政策是早上 8 点清除所有自行车道上的积雪。目标是在市民外出工作或上学时清理出"黑色沥青"路面。像在许多城市一样,街道被分门别类来清雪;自行车道则位于街道清扫的首位。如果暴风雪更猛烈,可能很难保持基础设施不下雪。市民们知道市政在尽最大努力,困难是短暂的。尽管气温在零度以下,回家的旅途会更加愉快。

当你买来设计良好的椅子、桌子或灯具时,会好好照顾它。为什么自行车基础设施的综合网络会有所不同? 保持干净、抛光、美观,并珍惜它。设计是有吸引力的,拥有巨大的力量——改变人类行为的力量。当你读到这篇文章的时候,无论你在哪里,你都可能听到过同样的关于骑自行车者的评论。你甚至可以自己说出来。"那些该死的骑车者……无法无天……"插入任何可能相关的本地骂人的话。当我听到这个消息时,我说的第一件事——我在世界各地都听到——是,当城市没有给自行车手提供实践中最合适的道路基础设施,或者更糟糕的是,根本没有道路基础

第 2 章
自行车城市化的设计

费利克斯 2012 年骑高把手自行车。

设施时,责骂他们是完全不可接受的。就像如果我们家里连饼干罐都没有,不能责备我的孩子吃别人家的饼干。

通过设计,我们对人类行为产生了积极的影响。

智人用行动对设计做出或积极或消极的回应。如果你不喜欢他们的行为,重要的是在生气之前,仔细研究一下原因。智人天生不喜欢违法,或参与社会不接受的行为。我们是一个非常保守的兽群物种。我不会每次路过窗户都四处寻找石头扔出去。你也不会这样。我只想愉快而高效地过我的日常生活,而不用花太多时间思考怎么做和为什么。我在一个为我和像我这样的人设计的网络上骑车,这个网络使我不用克服违背寻常的负担。

事实上,哥本哈根骑车者在世界上表现最好,因为哥本哈根的自行车基础设施具有统一性和直观设计。我将在本书的后面讨论这一方

上图：哥本哈根街头自行车基础设施网络地图。
下图：显示冬季维护优先基础设施的地图。数据来源：哥本哈根城市

法，但通过对哥本哈根道路交叉口的 80000 多名骑车者和"向哥本哈根学习"设计公司的意愿线分析研究，可以得出结论，只有 5% 的自行车骑行者违反了丹麦的交通法规。

通过设计，我们对人类行为产生了积极的影响。观察哥本哈根一群在红灯前的骑车者，或急着出发，或查看电话，或环顾四周，或直视前方，如此这般，都是美丽的平凡瞬间。

即使会遇到街口的红绿灯，我们知道仍然会比使用其他交通工具时更快、更准时地到达我们要去的地方。如果你想解决骑车者的行为问题，首先要建立一个基础设施网络来保证他们的安全，并与其他的机动车交通方式分隔开来。为骑车者创造一个独立的空间——这是一种长久以来给予驾车者和行人的奢侈——在道路交叉口优先考虑骑车者，然后……只有那时……你才有权利去批评他们吧？尽管到那时，仍有个别坏果子需要被批评，但有满园丰硕的果实景象值得欣赏。精心设计的道路基础设施创造了公平的竞争环境。使用它的人会照顾它、保护它。这会是民主条件下沥青路上发生的事情。通过为自行车和城市空间的使用者提出基本的设计原则，而不是延续使用交通工程中有缺陷的数学模型，我们将加速迈向自行车友好型城市未来的旅程。

第 2 章
自行车城市化的设计

哥本哈根索尔维特区在二月的一天下午,大雪纷飞。

第 3 章

自行车在城市生活中的角色

一个人要么像在节日宴会上笔挺地坐着，要么像考试不及格一样痛苦地弓着背，这些都是由所处的境遇、爱好或天生性格决定的。

约翰内斯·伍尔夫

自行车自从发明以来，已经对城市生活产生了惊人的影响。对许多人来说，我们在城市骑自行车的人越来越多似乎是新现象，但值得强调的是这与19世纪末和20世纪初自行车首次崛起有着相似之处。老实说，阅读卡尔顿·里德（Carlton Reid）的《自行车热潮：骑行的意外复兴》一书绝对是探讨自行车在历史上崛起的最佳方式。我想讲述自行车在我们的城市和社会中的作用。虽然对一些人来说这似乎是显而易见的，但仍然有很多误解，令人遗憾的是直到最近，我们才试图找出如何将自行车编织到壮观宏伟的城市空间结构中。

我们集体遭受短期城市失忆的痛苦，这是我们要应对的第一个挑战。邻避（不在我的后院）方法完全牢牢地植根于"这是新的。这以前从未发生过。我不需要它。"我在全世界都听到同样的事情。从"我们从没在这里骑过自行车"之后，自行车就不再上路了（期待本书后面的"流言终结者"章节，在那里我会处理这样的评论）。

众所周知，自行车被从 20 世纪 40 年代到 60

年代出口的美国交通工程标准的欺凌影响所排挤，更不用说行人和公交使用者了。我们倾向于看到就在我们面前的东西，或者近期发生的，或者在马上到来的未来发生的。除此之外没有更多的了。

自行车的故事正在被复述。它是如何比人类历史上任何其他发明更快、更有效地改变人类社会和运输的。自行车曾经是纨绔子弟们有趣而昂贵的玩具，但从钻石型车架发明以后，它变成了一种非常了不起的东西。大规模生产开始了，价格暴跌。我怀疑当时有谁能猜到19世纪最后20年的未来。自行车解放了妇女和工人阶级，为她们提供了一种负担得起的独立交通工具，从根本上增加了她们的出行半径。女性不再需要依赖丈夫四处走动。工人可以走得更远，去上班或寻找工作，也能骑得更远去寻找伴侣。强有力的证据表明，自行车改善了人类基因。在英国的出生和死亡记录中，由于自行车，几个世纪以来，被封闭在一个小镇或郡县的姓氏，开始出现在更远的地方。

在马匹是豪华交通工具的地方，99%的人都可以骑自行车。有趣的是思考当时社会是如何看待自行车的——自由的机器，也是现代性的最终象征。未来是辉煌的，自行车证明了这一点。当我几年前第一次参观哥本哈根博物馆的照片档案时，可以想象我有多惊讶。我在延迟了一段时间后，终于在他们短暂的开放期里，找到了时间去参观。该死，我非常期待这个展览。我戴上必备的白手套，郑重其事地索要"关于自行车的材料"，这名员工耸耸肩，走开了，只带了三个档案盒回来。

"就这些？！在世界上最大的自行车城市之一，三个盒子装了一个多世纪？！"她解释说，档案是根据街道或广场分类的。我可以得到某些地方的材料，而且里面可能有自行车。谈论虎头蛇尾。当然，我在这三个盒子里找到了一些令人惊叹的照片和文件，但我仍然感到惊讶的是，自行车对这座城市历史的巨大影响没有更好的记录。这就像在研究港口历史的同时发现了关于船只材料的缺乏。我从朋友和同事那里也听到了同样的消息——在世界上的哪个地方，他们会在当地的档案中探索自行车历史。当你深入挖掘的时候，你会发现很多材料，但是自行车的照片从来没有详细存档过。随着档案和博物馆数字化，搜索变得越来越容易，但是一个多世纪以来，基本没有发现城市自行车的照片。为什么如此？答案很简单。自行车在城市里是如此普通和不起眼，以至于我们从未想过要记录或保存它的历史。

通过我的网站，来自世界各地的许多城市自行车的照片纷纷出现。这是对越来越令人生厌的"我们从未在这里骑自行车"言论的完美回击。20世纪40年代，澳大利亚凯恩斯的电影院外，是自行车的舰队。20世纪50年代，上班族骑自行车在新加坡工作。在20世纪20年代，自行车警察维护着洛杉矶的安宁。照片例证，揭示了这一切是多么正常，就像约翰·伍德·福尔

第 3 章　23
自行车在城市生活中的角色

上左图：两个朋友正在穿越城市时聊天。照片来源：赞·克拉伊纳
上右图：音乐家骑行之旅。
下图：骑着载重自行车带着自家的树回家。

德（John Wood eforde）的书《自行车的故事》（1970）中的一句话："在19世纪末，大量的妇女已经骑自行车上班，女性上班族和商店店员每个工作日的早上都从郊区来到镇上。"他们发现自行车是一种方便的交通工具，最远可以行驶10英里。嗯，别紧张。自行车曾在那里发挥作用，服务于它的目的，使我们的日常生活变得更容易和更方便。这是我们城市叙事中一个平淡无奇而又不可或缺的部分。就是如此。

理解自行车在城市中的作用，不过是理解行人作用的延伸。自从自行车成为城市街道上的正常景象以来，时间上的差距已使我们忘记了这个简单的事实。在街道上骑车的速度，有利于城市生活和估计速度。当智人物种移动速度超过每小时30公里（大约每小时20英里）时，他们就失去了用视觉记录他们所经过事物的能力。

对于生活在哥本哈根的人来说，很容易看出自行车的运作方式及对日常生活的贡献。有时候，我会边走边思考。如果我开会快要迟到，就走得更快。大多数时候，我在没有意识到的

1937年，澳大利亚凯恩斯的一家电影院外停着自行车。摄影师未知。昆士兰州立图书馆

第 3 章　　**25**
自行车在城市生活中的角色

当人类的速度增加时，他们就失去了视觉记录所经过事物的能力。

情况下，体验着我的城市，我看到数百个我的同胞也会这样做。查看钟楼上的时间，经过店面时逛商店，向朋友挥手，停下来和他们聊天。以更快的速度做着步行者几千年来所做的一切。哥本哈根每天 40 万名骑自行车的人，在集体潜意识中设定的平均速度是每小时 16 公里（略低于每小时 10 英里）。在阿姆斯特丹，测量速度约为 15 公里 / 小时（略高于 9 英里 / 小时）。

自行车曾在那里发挥作用，服务于它的目的，使我们的日常生活变得更容易和更方便。这是我们城市叙事中一个平淡无奇而又不可或缺的部分。

　　自行车的潜力和机会，似乎都容易达成。然而，这也是世界上许多地方普遍存在城市自行车观念的一个根本缺陷。在丹麦和荷兰的规划中，骑车人被认为与行人划归同类，属于城市居民自我运输的不成文分类等级。而在交通工程占主导地位的世界其他地方，骑车人被错误地与轿车和卡车混为一谈，与行人分开。好像有人在想："嗯，有轮子。有轮子的所有东西，都应该放在一起。"这是一个排除人性因素的机械决策过程。一旦这种有缺陷的分类被确立，接下来就是让骑车人遵守各种以汽车为中心的交通法规。当然，交通法规是必要的，但是当时许多为汽车服务的法律没有考虑到城市骑行者的交通心理。这就像是强迫羽毛球运动员在比赛中使用橄榄球规则——不可理喻，毫无意义。

在类似北美这样的地方，有缺陷的分类与观念是一体的，自行车若非用于运动或娱乐，那么就用于通勤。自行车工业，基于更长驾乘里程的需要，或以速度为目的的人群生产自行车，而缺少日常城市自行车的许多配件。例如，哥本哈根下雨时，交通中最不被社会接受的事情，就是后轮没有挡泥板。你会想走到售货窗口前花钱买一个。但是抱歉，我离题了。

自行车属于城市。它是交通工具，是购物推车，是家庭黏合剂，是真实世界里的交友应用。

自行车绝对可以让你去工作。本部分讨论是自行车如何能很好地做其他事情。

我们可以一如既往地依靠交通工程来识别我们的主要对手，但挑战也会出现在你意想不到的地方。很明显，我们现代文化的本质是发明一大堆短语，来解释7000年来城市中普遍存在的事物，其中之一就是美国人的场所营造概念。根据维基百科："场所营造是公共空间规划、设计和管理的多重方法。场所营造利用当地社区的资产、灵感和潜力，旨在创造公共空间，促进人们的健康、幸福和福祉。由于地方认同的性质，它是政治性的。场所营造既是一个过程，也是一种哲学。"

伙计，听起来很酷，不是吗？有点过于学术化了，但是很酷。然而，我注意到，现代的场所营造，尤其是在美国，在认识到自行车于城市中的作用方面，悲惨失败。它很少被提及。每次在会议上看到关于这个主题的演讲时，我都会数一下图片中的自行车。事实上，公平地说，经常会有自行车的特色——自行车在梦幻般的城市镜头中总是看起来很棒——但这就是它的终点。场所营造者们不知道如何从那里开始。或许他们不想，因为他们成长在一个误解了自行车几代人全部潜力的社会里。

我将在本书的后面讨论这种亚文化的本质，但有趣的是考虑一下如何围绕其带头人简·雅各布斯（Jane Jacobs）和威廉·怀特（William H. Whyte）如何建立场所营造社区。显然雅各布斯骑着自行车到处跑，这太棒了。但到他们写作经典的时候，自行车计划根本就不存在，所以也许这就是它会被搁置的原因。场所营造非常注重步行，这很重要，也很奇妙，但我有时觉得自行车被视为对步行的竞争。但是，嘿，场所营造是一个自述行为，声称其目标是改变世界。还有什么比自行车更能影响城市生活的方方面面呢？

一方面是喜怒无常的学者们考虑在杂乱无章的NoHo办公室里铺设瓷砖设计和长凳美学，另一方面是突然插手城市规划的"刻板印象"。是的，就是诺曼·福斯特（Norman Foster）。几年前，英国建筑师的办公室里出现了一个奇特的想法。这原本是一个学生的想法，诺曼掸去灰尘，粗暴地把它推到了互联网上。他建议伦敦在城市的许多高架铁路上修建自行车道——他称之为空中自行车。

当然这不是个好主意。这是经典的"噱头建筑"（magpie architecture），试图吸引人们去建造那些耀眼的，但在城市发展中没有什么实用价值的大而闪亮的东西。话说回来，福斯特就是建造又大又亮的东西的大师。

像他这样的想法是城市生活的杀手。将大量可能在上班或上学的路上骑车穿过城市街道、商店和咖啡馆的市民转移到远离其他任何东西的架子上。所有这一切都发生在一个城市里，这个城市在重建自行车作为交通工具方面落后得令人尴尬。大多数人已经在街上抱怨自行车了，把它们举在空中，不要挡路，这很难帮助我们把自行车还给城市肌理。

现在比以往任何时候都更加需要城市规划回到为未来而设计——回到城市是生活尺度的地方，有合理和实用的解决方案让人们四处走动——像空中自行车这样的想法则非常突兀。

加拿大作家克里斯·特纳（Chris Turner）的书《希望的地理》（The Geography of Hope）是必读之作，当我批评这个想法时，他在推特上回应道："你说的好像福斯特和明星建筑师联盟，曾试图理解街道一般是如何运作的。"确实如此。我们稍后再谈。

福斯特在曼彻斯特长大，在那个年代，该市自行车拥有大约30%的出行分担率。他没有意识到现代城市规划正在寻求让我们的城市回到汽车出现之前的状态，而是坚持宣扬杀死城市的《银翼杀手》的幻想。你会希望福斯特能回到他的根，拥抱他成长的城市。他古怪的想法引发了一系列其他的想法。泰晤士河上的浮动自行车道。废弃地铁隧道中的自行车道。所有未能解决自行车友好型城市基础问题的想法，以及继续巩固以汽车为中心的现状的想法，这种现状让我们的城市以及我们如此悲惨地失败了。

我的同事、哥本哈根市自行车办公室主任玛丽·科斯特鲁普（Marie Kåstrup）说，即使哥本哈根有钱在我们的铁路上建造空中自行车道解决方案，它也不会这么做。将自行车从街道上移走，不是丹麦首都的目标。

自行车绝对可以让你去工作。本部分讨论的是自行车如何能很好地做其他事情。

自行车属于城市。它是交通工具，是购物推车，是家庭黏合剂，是真实世界里的交友应用。随着载重自行车的兴起，它成了一辆运动型多功能车。这是你能想象的一切，你想要的一切——130年来一直如此。这种最人性化的交通方式代表了技术和人类移动愿望之间的完美协同。它是有史以来最完美的城市生活工具。

第 4 章
骑行的再民主化

伟大城市是拥有最伟大男女的城市：即使只有几间破旧茅屋，它仍然是世界上最伟大的城市。

沃尔特·惠特曼

在 7000 年的城市民主后，我们在全球各地经历了 70 多年的交通独裁。我们的街道被征用，以支持我们现在所知的城市中有缺陷的交通方式。自行车是一个以如此壮观的方式改变人类社会的最民主的发明，但被宣布为不受欢迎的事物，流放到郊区的车道、公园、零散的基础设施和偏远的乡村道路。它受到压迫、羞辱和嘲笑，尽管尽了最大努力，还是无法根除。自行车仍然藏身于车库、避暑别墅和地窖，像蒙尘但依然坚挺的乐器，等待着新乐队的到来，却又不知道它什么时候真的会到来。骑行就像音乐，你永远无法真正远离它。

自行车是政治派别双方的宠儿。对左派来说，它是梦幻般的载体，体现了社会平等、凝聚力以及实现环境目标的所有潜力。对右派来说，它是最终的自由机器，提供无与伦比的独立流动性和无懈可击的投资回报。为了社会而骑车，还是为你自己而不是别人骑车，自行车是不在乎的。它一如既往地服务大众。它也一直会如此。

事实上，我对自行车了解不多，但我对骑行者了解很多。无论我如何努力，保持一种冷静的北欧实用主义来评价自行车在城市中的作用，当我想到自行车已经为我们做了什么，以及它还会继续做什么的时候，激情便充满了我的内心深处。

我学会骑自行车的那一刻，是我生命中的一个决定性时刻，深深地印在我的记忆中，以至于坐在这里写下这句话，我都会热泪盈眶。我厚脸皮地依靠孩子们的记忆，非常详细地回忆起，他们的大脑掌握物理和协调能力，并获得骑行所需动能的那一刻。记住所有通向那一刻的艰苦劳动，与他们一起练习，分享经验，但专注于单一目标。我父母在教他们骑自行车方面的骄傲，被愉快地降到了第二位，以便让他们真正独立的辉煌时刻占据一席之地。作为非自行车骑手的骑行者，本可以就此罢休，但现在我把我的一生都奉献给了不是教会人们如何骑自行车，而是教会城市如何将自行车作为交通工具，为城市的公民重新提供自由和独立。

我想我已经忘了工作中参观了多少城市。我和"向哥本哈根学习"设计公司的合作客户城市，以及我做过主题演讲的城市，加起来已经有100多个了。它们的共同点是，所有这些地方的人们都有使用自行车让城市变得更好的愿景。

在巴西圣保罗发表主题演讲后（这是我第一次去那个国家），我和一群观众站在一起，他们问了一些问题。一名年轻女子站在一旁，耐心地等待轮到她。最后，她打断了流程，说她只有一个简短的评论。"我只想说，我已经订阅你的博客很多年了，你是我现在在圣保罗骑自行车的原因。谢谢你。"她握着我的手离开了。就这样。

没有自行车，丹麦将陷入停滞，这将对粮食生产产生负面影响，并有激怒全体居民的风险。

我很荣幸认识世界各地分享我激情和灵感的人，但对我来说，一个女人总结了这一切。圣保罗不是一个我每天都想去的城市——或者任何一天，真的，它远远落后于经济发展曲线。然而自行车依然存在。一位音乐家已经把它捡起来演奏了。管弦乐队又开始组建了。几十年来，没人需要问谁"拥有"自行车，因为每个人都拥有。自行车是一种不起眼的工具，本质上是无名英雄，它只是帮助我们完成事情。有时，自行车的力量被认为是一种威胁。

尽管希特勒在大战期间是一名陆军自行车信使，但他尽了最大努力通过了反自行车法，支持汽车，并且禁止有社会主义倾向的自行车俱乐部。第二次世界大战期间，德国驻荷兰占领军在1942年7月首次禁止犹太人骑自行车，但一周后，这项禁令扩展到了所有人。德国人会在突袭中没收所有自行车，甚至儿童自行车。多年来，当荷兰在足球比赛中对阵德国时，荷兰球迷有一个用这样的歌曲来嘲弄对手的传统：Ik wil mijn fiets terug（我要我的自行车回来）。自行车为市民提供了危险的机动性和抵抗性。在更北的地方，丹麦的德国占领者面临着类似的问题。骑行者很难控制和抓捕，自行车也带来领先的抵抗力。德国最高层讨论了自行车是否应该像荷兰一样被完全禁止。然而，经过多次讨论，决定不禁止它们。德国人利用丹麦作为粮仓来养活他们的军队，如果没有自行车，丹麦将陷入停滞，这将对粮食生产产生负面影响，并有激怒民众的风险。自行车被认为是危险的……但有点是像圣雄甘地那样危险。

我们都拥有自行车。它是无名英雄的。这种情况在荷兰、丹麦和日本等国家持续至今。自行车是城市重要的交通工具。你投资它们，当然是为了使用它们，如果它们被偷了，当然会沮丧——尽管令人沮丧的往往是突然减少的移动性，而不是物品的丢失。

我曾经在哥本哈根犯了一个错误，当时我把我的布利特（Bullitt）载重自行车停在我的公寓前，而不是后院——我只用一把车轮锁锁住了它，而不是用一条链子拴在一个固定的物体上。载重自行车很贵，高质量的丹麦品牌保持着很高的二手销售价值，所以我就买来了它。

1979 年，哥本哈根市政厅广场举行大规模示威，市民要求更安全的骑行条件。© 索伦·斯文森

作者的女儿露露－索菲娅学习骑自行车的神奇时刻是全家人的一大乐事。学会骑自行车的体验是我们童年记忆中独立的第一步。

第二天早上，我带着我的孩子们匆匆下楼。那是星期六。费利克斯不得不去参加足球训练，露露·索菲亚去参加生日聚会了。后来，我有差事要办。当我意识到我的自行车被偷了，我的第一个想法是我的一整天都完了……在我的脑海中，我只看到了通勤物流——所有我需要去的地方和我需要做的事情。我打电话向一个朋友借了另一辆自行车。当我快要解决通勤问题时，当时四岁的露露－索菲亚说："我喜欢那辆自行车。"这让我想到，我也是如此。这是事后的想法。我需要那个工具，但它不见了。这是个不错的工具。这个故事结局很好。通过我的社交媒体网络，我找到了这辆自行车，并把它拿了回来。

哥本哈根每年有大约18000辆自行车被盗。几十年来，常见的谎言一直是东欧帮派随机把自行车装上卡车，海运回国。这是一个有缺陷的谎话，因为在东欧市场上一般质量的普通型自行车几乎一文不值，很少有人骑它们，至少直到最近是如此。运动型赛车？没问题。它们

自行车作为游行示威的工具和符号。

相当普遍,在整个大陆都有二手卖出的价值。

事实是哥本哈根大多数自行车盗窃都是哥本哈根人干的,他们当时没有自行车,但需要一辆。多年来,我看过很多调查,丹麦人被问及是否偷窃过自行车。当然,这样一个问题只会给出公开的偏好答案,这很棘手。最近的一项调查告诉我们,20% 的 18-29 岁的丹麦人偷过自行车。30-39 岁的公民中,只有 8% 多一点的人偷过,而对于 60-74 岁的丹麦人来说,这个数字是 2.4%。

我问我十几岁的儿子,他的朋友是否偷过自行车,他耸耸肩说是。他不需要这样做,因为我总能为他弄到一辆自行车,但是自行车盗窃在他 15 岁的朋友中并不被认为是奇怪的行为。他补充说,通常,被偷的是没上锁的自行车。我问他们是否偷了别人的智能手机之类的东西,他的脸色变了:"没门,不会偷别样的东西!"他也为朋友们的偷车行为感到愤慨。

在某种程度上,它是内置在系统中的。我有一个朋友,他有一辆自行车,在他周末狂欢痛饮直到凌晨的时候使用。我采纳了这个想法,当我去镇上的时候,我会骑一辆旧的黑色普通自行车,上面有一个直通式车架、生锈的链条和贴纸。坚固、可靠,但完全匿名。我从没锁上过。经过两年的夜间旅行,我在凌晨四点走出酒吧,发现它不见了。有人需要一辆自行车回家,找到了一辆。10分钟的自行车骑行时间变成了30分钟的步行时间,但是我一直在等白天——或者晚上——所以我耸耸肩,继续往前走。我认识的许多人会在一辆新自行车上贴上贴纸或增加一个难看的篮子,以降低它的吸引力。尽管如此,他们还是接受了在不方便的时候,被征用来满足陌生人临时交通需求的可能性。

是的。这是不对的!我们都同意这一点。自行车盗窃也是新兴自行车城市的一大问题。自行车是一种闪亮的新商品,具有快速二手卖出的潜力。但这是丹麦,这不是狂野西部。这是世界上最幸福的国度,世界上最廉洁的国度之一。国家繁荣和社会福利的中坚力量。我儿子的朋友们住在相对富裕的社区环境,他们什么都不缺乏。然而,人民仿佛有一种感觉,就是城市的自行车应该属于我们所有人。

另一个解释因素就是这个国家的自行车太多了,丹麦有560万人口,每年大约有购买50万辆新自行车的市场需求,同时也有40万辆自行车需要报废。这也是为什么丹麦每过10年就增加100万辆自行车。城市一直在清理自行存放架上的无主车。我住在一家受年轻学生欢迎

1972年,在旧金山的一次实际自行车示威中,为《女孩》(Madmoiselle)杂志拍摄照片。照片来源:让-皮埃尔·扎卡里亚森(Jean-Pierre Zachariasen/Mademoiselle)© 孔戴·纳斯特(Condé Nast)

的酒吧旁边。每天至少两次,我走过他们停车的小广场,对没有车主的自行车做上标记,其中许多是永久停放的,三个月,六个月,直到城市和警察们最终移走处理掉这些自行车。

在我家住宅小区的后院,大约有80套公寓共享中间的草地广场,我们每年清理两次未使用的自行车,每次有15-20辆自行车,有些完全

报废了，但除了轮胎漏气或刹车线生锈，很多都尚好。有趣的是，如果一群未使用的自行车没有运走，并被允许靠在墙上，它们要么慢慢消失，要么开始失去座位、轮子或篮子。它们被全部或部分地重新投入自行车组件流通市场。当然，即使这样也是非法的。在丹麦，自行车总归是某人的财产，不是所有者就是保险公司。然而我自己的邻居会看到这些自行车，等一会儿，然后开始回收某部分零件供个人使用。

你和我可以分享对自行车盗窃的愤怒和沮丧，但我仍然着迷于在某种深层的社会层面上，自行车如何被视为属于我们所有人的东西。早在分享经济成为一件事之前，它们就已经成为某种约束性因素和分享的民主工具。也许这只是世界上最大的自行车共享系统。我有一个能激起愤怒的装满诗歌的小口袋。这一切都很混乱。我还说，你可以通过计算有多少辆自行车停在一个城市的港口、湖泊和河流中来衡量重建自行车作为主流交通工具的成功与否，这让其他人感到困惑。越多越好。自行车是一种至关重要的工具，但也是一种完全普通、不被迷恋的工具。

20世纪70年代石油危机期间，全球自行车热潮把自行车带了回来。在丹麦，这是重启自行车道基础设施的催化剂。在世界许多地方，自行车实际上完全未被当作交通工具的重要组成部分，但却相对狭隘地在运动和休闲方面繁荣发展。

结果是骑自行车的人群仿佛是社会的精英阶层，包含了对自行车齿轮的装备水平、自行车的定位、最新最酷的炫耀性消费的极大关注。所有这些都使自行车骑行变得平易近人。

我清楚地记得，在纽约的一次主题演讲后，我和两个纽约人交谈过，他们都是20多岁或30出头的白人男性。我评论了骑自行车运送这么多货物是多么令人惊讶，并补充说，我认为这些人是了不起的工人阶级英雄。它们应该被视为使纽约成为自行车友好型城市难题中的一个重要部分。我与之交谈的两个人吃了一惊。一个说："但是他们不像我们。他们必须骑马，因为他们是移民，没有多少钱。我们选择骑车……"这提示我认识到城市自行车有一个额外的层面，这只会阻碍我们不仅把自行车带回城市，而且把它视为民主工具的目标。

在中美洲和拉丁美洲的城市，人们也持有同样的观点，奇怪而又不可思议的是，自行车和载重自行车仍然大量用于送货物流的需求。巴西自行车非政府组织"阿蒂沃交通"（Transporte Ativo）计算出，在里约热内卢的科帕卡巴纳社区，每天有超过11000人骑自行车或载重自行车送货。那里的一切都是通过骑自行车完成物流交通运输的。干洗过的衣服、床垫、宠物食品、日常杂货。我在这个城市和时髦的年轻文化精英交谈过，当我把这两个城市的所有送货自行车归于一类，都能促进民主社会进步时，他们和纽约人一样惊讶。

另一方面，我在 2007 年开始的哥本哈根自行车时尚博客上收到的回复，向我展示了自行车的力量。大多数读者是来自世界各地的女性，这些年来我收到了许多鼓舞人心的评论和电子邮件。当自行车在 19 世纪末首次出现在我们的社会中时，它对妇女解放起了重要作用。

我能理解为什么许多人认为狂热的骑自行车者的亚文化协会导致了入门自行车的障碍，但我亲身了解到许多女性对自行车感到特别疏远。这里有四个例子：

在某种深层的社会层面上，自行车被视为属于我们所有人拥有的东西。

"多亏了你精彩的博客，我终于开始在骑自行车时，穿上合适的服装。我在五月开始骑自行车上下班，现在我很喜欢。你所有的照片都说服我试着穿裙子，上周我就穿了。今天，我穿了一件连衣裙和高跟鞋。这比我想象的要容易得多，我非常喜欢。人们看到我时都很震惊，但我告诉他们这很简单也很有趣。"风格比速度更重要，是我的新口号。"

"你在改变人们，一次一张照片。你的评论和照片让我瞥见了如此美丽的东西，我非常嫉妒。我喜欢这个网站，真的。骑自行车时尚影响了我做出在冬天骑自行车、穿裙子和高跟鞋的决定，而不在乎别人怎么说。"

"在我的小城市，我骑自行车几乎完全是为了通勤的需求。你的自行车时尚运动博客，让我为身为女人而感到高兴，并通过在自行车上穿裙子和连衣裙来庆祝。"

让我们说清楚，哥本哈根的男女是灵感之源。我只是把照片上传到网上的邮差。但是如果博客在某种程度上有助于扩大城市自行车运动的民主和人口吸引力，那么它就达成了一个伟大的目标。

人们把骑自行车视为爱好、运动、娱乐活动、激情或生活方式，这很好。但它不应该就此止步。从来没有过。几十年来，世界各地的公民从未给他们的自行车命名或崇拜它们。我自己觉得这种拟人化很奇怪。把人类的特征和情感化身于无生命物体。伙计，别让我开始研究这些昵称指谁。我不会取出朋友阿奇（Archie），组装起来，清理地板，向脸书上的朋友感叹他似乎不喜欢躺在沙发下面，我需要和他谈谈这件事。我用电钻公主——我希望她今天不要在组装新桌子时喜怒无常——我想我会叫她布丽吉特（Brigit）。不，等等。布里吉特——因为觉得她是法国人，你知道吗？我想我保留了一个地方，在那里，我明白像自行车这样一项了不起的发明，是如何激励一些人给它们起名字，谈论它们，就好像它们有生命一样。当然，人们对轿车和卡车也做同样的事情。我只是认为，我们的目标应该是回到一个认为自行车是一种强大、有用的工具的地方，没有它，我们就不好生活，但却很少受到关注。在丹麦语中，我们仍然给自行车使用普通而亲切的昵称，如"铁马"（*jernhest*）或"老黄牛"（译注：原文用的是丹麦语的花园门 *havelåge*，因为花园门常吱吱作响、蘸着泥土还很沉，这个词在丹麦指老式载重自行车），这是自行车很好的总结，而不需要拟人化命名。

你想知道地球上最受欢迎的自行车是什么吗？任何一辆老自行车。老式复古自行车市场的大规模崛起，证明了过去设计和构造的高质量，以及普通市民对骑老车的渴望。自行车生产企业已迟到了。在过去10年里，世界各地涌现出无数小的自行车品牌，它们在很大程度上借鉴了与大多数老式立姿型自行车相似的经典设计。公平地说，大型自行车品牌体量巨大。他们需要更多的时间来推出新产品、调整生产计划等。然而，有趣的是，在酷孩子们停止骑自行车两年以后，新的公司配件出现在自行车展览会上。尽管一个世纪以来的立姿型自行车的设计蓝图唾手可得，但大自行车厂一直在努力重塑自己，应对令人惊叹的新兴市场。

我们难道没有天生的权利在可以吸引我们的城市景观中移动吗？人类历史的大部分时间我们都是如此。

现今生产的自行车被称为混合车，试图将对速度、性能的渴望与实用性相结合起来。显然，40年来自行车的制造产业仅仅是为了运动和娱乐的需求进行投资，这对于把自行车作为普通通勤工具的人群是个问题，这也是老式自行车重返流行回潮的原因。老式车用坚固、严肃的构造与合理的功能填补了这个市场的空白。价格也很有吸引力，尤其是在注重性能、重量和科技含量的市场上。我不时阅读一些文章，关于如何让美国人骑自行车，速度并非一个主要因素，而是舒适性、安全性和功能性。人类在任何地方都一样。

我受雇于许多自行车公司，包括巴塔乌斯（Batavus）和比梅加（Biomega），对不断增长的市场进行趋势分析，以帮助他们更好地定位自己的产品。作为市场调研工作的扩展，我做了一项市场调查，最终得到了来自世界各地的数千份回复，其中包括关于人们会购买什么类型的自行车、应该是什么颜色以及他们会选择什么配件的问题。大多数受访者不是运动自行车手，只是普通市民。结果很清楚。尽管颜色列表很长，但黑色占压倒多数。一辆黑色立姿型自行车，带一个车筐或更大的驼包。历史上最实用的选择，是理想的。在许多地区，这样一辆普通自行车仍很难买到。很明显，自行车市场上挤满了准备好并愿意购买自行车的人，但他们却没有购买到这种自行车的选择权。

看看自行车在1000多个城市的普及程度，它植根于我们的交通习惯。对普通市民来说，这些是实用高效的自行车。对骑行运动爱好者来说，它们是笨重的坦克。任何真正知道自己的自行车有多重的人，可能都不是你想要的倡导99%的骑行者。像崔克（Trek）这样的大型美国自行车品牌，从台湾订购5万辆基本的黑色立姿型自行车的那一天，你会知道变革就在眼前。

这一切都是关于我们城市空间的再民主化与再分配——也是关于自行车本身。它也是关于一些像基本人权一样伟大的事情。我们难道没有天生的权利在可以吸引我们的城市景观中移动吗？人类历史的大部分时间我们都是如此。

如果这个问题的答案是肯定的，那么这无疑将意味着我们需要竭尽全力，让我们的街道对所有使用者都是安全的，包括那些想骑行的人。而不要让自行车在以汽车为中心的城市网络中，只占勉强很少的份额。我们面临的最大城市挑战，是通过大规模的努力使我们的街道和城市再民主化。

左图：自行车。19世纪80年代以来的自由机器。
右图：笔者和儿子费利克斯在丹麦博恩霍尔姆岛度假。

第 5 章
驯服瓷器店里的"公牛"

在一个人生命历程中，总有一天他必须勇敢地面对现实。

W.C. 菲尔茨

这是一个很好的比喻：社会就像瓷器店。一个时尚明亮的房间，有各种精心制作的珍贵瓷器可供选择。它已经经营了 7000 年，但是一个世纪前有人把一头公牛放了进去。如果你真的拥有一家瓷器店，而有人真的放了一头公牛进去，你会相当沮丧。你不认为你会放弃一切，把你所有的精力都投入把公牛弄出去吗？

然而，当你寻求帮助时，你被告知你无能为力。你会被引导到一些网站，建议你穿戴安全设备，并把它们发给任何进去的顾客。你的瓷器？你需要开始购买几公里长的泡泡包装并打包了。与此同时，公牛刚刚在 9 号通道的地板上拉屎，撞倒了另一个架子。

欢迎来到我们城市的汽车世纪。每个人都可以同意，事实上，我们已经让公牛在我们城市里自由活动了，但是在全球范围内，我们几乎没有做任何事情的欲望。最好的选择是消除危险。要么把公牛带出商店，要么杀了它，然后举行庆祝烧烤。在那之前，我们难道不应该至少把危险降到最低吗？套上绳索，把它拴在角落的畜栏里，以限制它的活动。阉割或药物麻醉怎么样？有许多种选择，然而，在社会层面上，我们选择完全放任公牛。我们背对它站着，给任何进来的人分发安全服。如果他们拒绝穿上所有的衣服，指责的手指指向他们的方向，伴随着令人厌倦的、指责受害者的独白，关于"安全"，以及你选择不承担"你的那份责任"就进入瓷器店是多么可笑。

在你读到前一段的时候，在世界的某个地方有一个人被狂暴的公牛杀死，大约50人受伤。在欧洲和美国过去的60年里，每个月都有需要呼叫紧急电话911的车祸发生，但是没有战争针对这种特殊的恐怖活动。

有趣的是，几十年来，汽车第一次开始有了担忧。

汽车工业比任何人都更热衷于我们放任公牛。对自行车在我们社会中的作用充满信心，但我们面临着一个令人生畏的对手：一个世纪的汽车文化和以汽车为中心的规划。我们如何开始向大汽车时代开战？你会认为生产这种危险车辆的公司会被追究责任，或者至少会认真努力阻止人们死亡。尽管如此，对于所有的安全气囊、防抱死制动系统制动器和安全带来说，死亡和重伤（KSI）的人数保持稳定。什么都没发生。

有趣的是，几十年来，大汽车时代第一次有了些担忧。我第一次注意到汽车广告的焦点转移是在2009年，从奥迪开始。你知道汽车广告通常是怎么运作的。他们在一个竞争很少的市场中磨练了几代人的营销技巧。汽车呼啸着穿过令人惊叹的风景或者沿着不切实际的空旷城市街道行驶。自由、性、冒险和冷静，具有疯狂的生产价值和天文数字的预算。但是奥迪A3车型的广告采用了新策略。自行车热潮正在如火如荼地进行，关于改善公共交通的谈论也在增加。广告只是展示了其他选择。大雨中一个摇摇晃晃的自行车手、一个被其他乘客推来推去的公共汽车乘客，还有一个"赛格威"平衡车上的傻瓜。看起来又蠢又可怜。然后，金钱出手了。一辆破旧的挂着"植物油动力驱动"保险杠贴纸的旅行车艰难爬越一座小山，此时奥迪A3呼啸而过——在一条弯道上超车，这一点也不安全。

令人困惑的男性画外音："多数人都在努力做事，但少数人能做得更快乐。新款奥迪A3 TDI清洁柴油车。"

这只是我在过去八年里，从各种各样的汽车制造商那里发现的许多广告中的一个。反汽车时代初出茅庐的汽车工业发明和采用的策略至今已经休眠了几十年。嘲笑、傲慢和颠覆。准备从抽屉里拿出来拍一个昂贵的广告。如果你仔细想想，回归这些策略的原因，是积极的。自行车大约在2006年或2007年重新出现在城市的舞台上，汽车行业将它视之为竞争对手，追逐它，将公共交通工具也卷进来。

不仅是汽车工业。保险和汽车股份等行业的公司也参与其中。必须指出的是，有一些汽车公司在广告中用自行车粉饰自己，用自行车作为拍摄汽车的陪衬，甚至生产适合行李箱尺寸的自行车。

他们很担心，不知道该怎么办。宝马和福特这两家主要的汽车巨头正试图将自己重塑为"出行公司"，但在很大程度上，汽车行业仍然停滞不前。除此之外，人们正齐心协力地宣传电动汽车和无人自动驾驶汽车是将改变世界的下一件大事。前者只消除了问题的一个方面——排放。后者带来了新的问题。我记得在推特上读到一句话，"在阿姆斯特丹，一辆谷歌自动驾驶汽车会在几分钟后自动停车并开始哭。"这两种东西，仍然傲慢地占据着城市空间。

几年前，我在墨尔本的设计节上发表了演讲。该活动由两位主旨发言人以书面形式结束。美国人克里斯·班戈（Chris Bangle）是宝马公司的前设计主管，他将会启动这个项目，几天后我会把它包起来。班戈是一个迷人的、风度翩翩的人，作为一个演说家很有趣。我期待着一位大汽车公司代表在设计和可持续发展节上发表演讲。

该节目对他的演讲做了这样的简介："我们越来越意识到'个人出行'，这是我们四处走动的选择。然而，班戈意识到，如果我们要认真应对行为变化，开发更具可持续的出行产品，就需要考虑'个人情绪化出行'。人们已经对他们惯常的交通出行方式产生了'情感'依恋，所以如果我们想要改变，我们需要提供新的体验，新的体验可以作为情感联系和可持续结果的催化剂替代原有的依恋。"

没有艾伯特·奥古斯都·波普，就没有亨利·福特。没有早期自行车营销的巨大成功，就无法华丽地销售他们的产品。

好吧，还没有涉及保护环境或城市的可持续性，但是有一个奇特的新短语：个人随性出行。听起来有多时髦和酷？这是班戈谈话的关键点。汽车行业需要重新思考他们的设计，这样人们就能感受到对汽车的高度情感依恋。他强调说，美国16—18岁青少年几乎不费力气就可以获得驾照的数目正在直线上升。同样的趋势正在世界各地都在发生。但后来班戈说："我们必须把它们们勾引回车上。"没错。他是这么说的。对于那些坐在观众席上的人来说，看到有多少人面带探询的表情把头转向旁边的人，默默地问对方，"他刚才是这么说的吗？真的吗？"我的儿子费利克斯在旅途中和我在一起，他在谈话中忙于他的任天堂掌机——这在你八岁的时候已经够公平的了——但是他确实抬头看了看我，轻声对我说："爸爸……他谈论汽车，而你却在这里谈论自行车，这难道不好笑吗？"很明显，我的孩子。

当我们到达时，我们和班戈在机场共用一

辆车，我们讨论了各自领域的各个方面。在谈话过程中，班戈问了我两个问题。我认为自行车应该像汽车一样注册吗？我说不，当然。这是个荒谬的想法。然后他问了一个有趣的问题，自行车是慢行交通系统的前端交通方式还是机动车交通系统的后端。我回答说自行车是前者。骑行者比行人走得快，但能像行人一样可以自由移动。

孩子们，这是一个新世纪。

在他的谈话中，他提到了我们的谈话，并增加了一些对自行车的抨击。他提到了顶端和底端问题，并建议骑行者两者兼而有之。脸上带着扭曲的微笑和翻白眼的表情。他还抛出了一句话："必须有人为道路付费。""我缴纳道路税"缴纳道路税的好人值得好好对道路投资进行一次实地考察日。

那天晚上，我在我们一起去的餐馆找到了他，并提到了这个关于"支付道路费用"的留言。"哦，我知道……"，他笑着回答。所以他知道……但还是把台词扔给了听者。费利克斯那天晚上在墨尔本出名了。他在桌子旁画着黄色便利贴。他问我如何拼写自行车，我帮了他，不知道他有什么计划。他踮着脚走到班戈面前，在背上贴了一张便条。简单写着："I ❤ Bicycles"（我 ❤ 自行车）。

"大汽车行业的大哥们"笑着接受了这一事实，但是桌旁的一大群人都发了短信，说这位八岁儿童天真有效地倡导自行车运动。

所以……什么是个人情绪化出行？汽车行业会喜欢你一边用手抚摸方向盘上精心挑选的材料一边小声嘀咕"哦，宝贝儿"和"哦，是啊"……当你顺着优雅的帽檐往下看时，他们想引发人们的情绪反应。这些人一直被监禁在他们的车内——与他们生活的社会完全隔绝、孤立和疏远。众所周知，汽车工业在过去的一个世纪里一直在自由地向自行车行业借鉴。没有艾伯特·奥古斯都·波普（Albert Augustus

Pope）就没有亨利·福特（Henry Ford）。没有早期自行车营销的巨大成功，就不会华丽的销售他们的产品。

这就是我们应该做的。从汽车行业的魔掌中，摘下"个人情绪化出行"的口号，并将其牢牢地种植在城市自行车运动蓬勃发展的花园中。因为你知道"个人情绪化出行"最大的好处是什么吗？它完美地描述了自行车能给骑行者带来什么。这是对我个人在城市骑自行车的精彩描述。无论是骑自行车还是步行，我对城市景观以及我的同胞们的个人和情感依恋都在加强加深。

当我沿着自己或任何其他城市的自行车道或街道滚动时，我与我的城市景观互动。自行车是独立的出行工具，在自行车上，我是城市中不可或缺的、活跃的、可见的元素。提供了又一条加强社会结构的主线。谢谢你，班戈。谢谢你，宝马汽车。你不顾一切地试图出售汽车，却给了我们一个描述城市中自行车骑行之美的完美广告短语。

即使如此，毕竟是开始吧。想想你看过的所有汽车广告。想想汽车制造商的标志。骄傲的种马，雄伟的公羊，可怕的猛禽，大猫，神话中的龙。权力的男性化象征。现在，我们看到大汽车行业要么嘲笑竞争，要么试图变得温和模糊。但就像家庭聚会上的阿姨或叔叔喝得太多，想要拥抱每个人一样，尴尬而滑稽。

因此，也许大汽车产业正在努力重新发现自己在一个快速变化的社会中的角色，尽管人们都在谈论自行车、公共交通、宜居环境的和人本尺度城市，但汽车的陈规陋习在在被告知前不会改变。自从他们设计了我们对街道的认知范式转变以来，几代公民没有任何批判性思考就接受了它。

以汽车为中心的规划痕迹随处可见，就像我们城市皮肤上的伤疤。

以汽车为中心的思想无处不在。研究你邻居的每个角落。人行道上的每个裂缝。每一厘米的自行车道基础设施。每个人行横道和十字路口。以汽车为中心的规划痕迹随处可见，就像我们城市皮肤上的伤疤。每个国家的个人、组织和政策制定者下意识地去对标庞大的汽车行业，即使他们可能觉得自己的意图是好的。

交通安全组织比比皆是。地方、国家、国际。我的公司对他们中的一些人使用的通信技术进行了元分析。从丹麦道路安全委员会到国际汽车联合会——国际汽车协会。很容易找到它们的共同点。他们的技术深深植根于恐惧文化，这在英国社会学家弗兰克·弗雷迪（Frank Furedi）的同名书中有很好的描述。它们都是危言耸听，但没有一个是合理的，也无助于鼓励骑自行车或步行。事实上，大多数人试图把骑自行车和走路说成是危险的。如果他们关注汽车安全，总的主题是你和你的乘客在车内的安全。很少有活动关注你在车外杀人的高概率。科学在他们的交流策略中并没有占据重要位置。例如，丹麦道路安全委员会因精心挑选一两项支持其自行车头盔意识形态的研究而臭名昭著。他们把它们放在基座上，傲慢地宣称，"看到了吗？证据！"然后他们交叉双臂，拒绝进一步讨论。这些组织的所有活动和言论都是模糊的，基于一个失败的概念，即张贴可爱的标志暗示人们放慢速度会改变行为。几乎没有证据表明这种运动有任何可衡量的效果。全球组织使用同样模糊的策略，除了为头盔和反光服装融资之外，没有任何现实世界的解决方案。用情感宣传和以汽车为中心的傲慢态度，坚定地将责任推给弱势的道路使用者。

加泰罗尼亚汽车协会 RACC 发起的运动。"在巴塞罗那，三分之一的交通事故死亡是行人。注意，我们都是行人！"
图片来源：纽约市交通局艺术项目和约翰莫尔斯路边标语。2011，www.StarDogStudio.com。经艺术家许可方可使用图像。

纽约交通部时髦的谴责受害者运动。
图片来源：纽约市交通局艺术项目和约翰莫尔斯路边标语。2011，www.StarDogStudio.com。经艺术家许可方可使用图像。

试图令人绝望地在公众意识里巩固一种相当过时的哲学，即汽车主宰一切，其他人只是被不带悔意抛弃的棋子。

当审视所有这些组织之间的相似之处时，有一点非常清楚。他们中没有人会说减少汽车会拯救生命。他们只说不做。他们也倾向支持电动汽车和自动驾驶汽车，根本没有意识到这两种汽车仍然占据公共空间，并且仍然会讽刺性地造成伤亡。

他们中没有一个人有城市规划经验，或者如果他们接触过，就不再提起。他们大部分时间都在激烈地保护自己作为"交通安全当局政府"的地位。我从个人经历中知道这一点。我曾在各北欧报纸上接受采访，谈论自行车头盔的科学以及推广和立法对自行车骑行水平评级的负面影响。我从一些记者那里了解到，丹麦道路安全委员会与他们联系，意图诋毁我作为消息来源的声誉。我有邮件。很有趣的现象。其他国家的同事在他们的本地或本国版本中，也经历过类似的情况。

关键是这样的组织喜欢他们的地位，如果你质疑这一点——显然我们应该质疑——他们会像浣熊一样退缩到角落里。当意识形态高于科学时，你经常会看到这种模式。

城市采用各种方法来吸引人们的注意力。旅游活动、公共汽车站上的活动海报或市政服务等。城市品牌也是一件大事。国家和组织也这样做。通常这些钱花在突出积极的角度上。积极是一个基本的营销理念。经常被忽视的是，城市有一种传播悲伤和不可否认的事实的倾向，那就是他们通常完全不擅长维护街道安全。他们试图将自己的无能伪装成"安全"，但未能成功。这并不完全是宣称"我们烂透了！"但很近。这些活动通常由纳税人资助，所以你会认为这一过程中存在某种道德制衡。

来自世界各地的例子可以填满整本书。有些美国城市购买旗子，并把它们放在桶里，告诉行人在走过他们已经有通行权的人行横道时，抓起一面旗子，在头顶上用力挥动。说真的，你不能编造那样的东西。

即使在我住的地方，哥本哈根市中心的弗雷德里克堡，我们也无法逃脱这个宣称自己无能为力的城市。以丹麦语押韵，歌词是："他听着音乐动次打次，结果被车给撞死。"愚蠢的行人。汽车无所不在，而且不会很快消亡。阻碍汽车路线是自己的错。想想那可怜的驾车者，当音乐从他耳塞中响起时，他别无选择，只能选择把行人撞倒。司机只是上下班路上的普通公民。他们不仅被迫忍受杀害一名发着短信的行人的精神痛苦（震惊的是，他们不戴步行头盔），还被迫在事故现场等着接受警方问询，而且很可能晚餐或工作都迟到了。

丹麦道路安全委员会获得了该市的许可，可以在自行车道上绘制亮黄色图形。他们写道："注意路边。"我查看了路边是否有相应的路标，上面写着"注意有通行权的骑车人和行人"，但这是徒劳的。这是一场让骑行者承担责任的运动，尽管他们受到法律的保护，法律规定汽车必须停下来。

我家附近的人行道几年前出现一些贴纸。"到在十字交叉口过马路。"箭头指向两个方向。我在一段长长的街道上看到一个，左侧路口有250米（约273码）远。右侧有350米（约383码）。在丹麦人口最稠密的城市里，行人优先已经到此为止了。让他们走史诗一般的弯路。

想想学校路口保安的简单想法。这是一个全世界都知道的事情。嘿，我以前也是这样（我记得讨厌不得不这么做）。这件事尽管有实际可行的解决方案，但只能为不能尽责确保街道安全的市政当局做广告。所以只能把孩子们推到前线，把他们装扮成小丑。

让我们面对现实吧——如果一个城市有安全、人性化的街道，那么他们就不需要学校路口的交通安全员了。

让我们面对现实吧——如果一个城市有安全、人性化的街道，有智能低速限制，现代化的街道设计，以及优先考虑行人和骑自行车者的真诚愿望，那么他们就不需要学校路口的交通安全员了。纽约交通部门，一直在制作花哨的广告宣传，似乎是为了维持汽车在社会中的地位。

说真的……我想不出，最近地球上还有哪个城市，在针对其城市易受攻击的交通用户的指责和"行为"活动上花这么多广告费。试图令人绝望地在公众意识里巩固一种相当过时的哲学，即汽车主宰一切，其他人只是被不带悔意抛弃的棋子。挡住女王的路，你真蠢。你会被带走的。你知道吗？我们可以付钱让你滚蛋。

纽约交通部的态度，是纽约为何没达到生活尺度的主要原因，否则它很有可能变得对行人、公交和骑行更友好。巴黎让纽约看起来像

左图：丹麦道路安全委员会自行车道上以汽车为中心的运动。"注意路边"但驾车者并不以为意。
右图：在我的社区中责备受害者。"听着动次打次（music），结果被车撞死（traffic）。"这座城市无法保证他的安全。

罗伯特·摩斯（Robert Moses）和勒·柯布西耶（Le Corbusier）的私生子。这种方法完全出自美剧《广告狂人》。"汽车！它们准备好了！"如果我是一个步行/骑自行车的纽约纳税人，我会对这个城市向这样的活动扔钱感到相当愤怒。一次失败不算啥，但竟然次次如此。几年前，他们用一系列时髦的俳句海报来打击行人。"她走得很美/像夜晚一样。也许这就是为什么/司机看不见她。""迎面而来的汽车狂奔。每颗，是一颗三吨重的子弹。还有你，血肉之躯。"

我更希望看到一场宣布在全市范围内重新设计所有街道的运动，以减慢汽车速度，优先考虑行人和骑行者，并提高道路交通安全性。纽约市曾有过创意吧和惊喜设计的活动经费预算，但钱都打水漂了。

我花了几年时间，寻找关注实际问题的活动案例，这些活动将责任放在交通方程式中的强权参与者身上，而不是弱势参与者身上（或如丹麦的"柔性交通"）。一个例子，或相当意外，是上述的年度活动。当孩子们开始上学时，总会说。"小心劳拉，她在交通方面是个新手。"简单而有效的沟通，是的，但话说回来，没有现代道路设计来减慢汽车速度，是毫无用处的。这种积极的运动很少见。我从世界各地看到的90%–95%的活动都是以汽车为中心的，并且使用谴责受害者的沟通方式。我可以继续等等。取而代之，能快速果决地扭转局面的想法和活动清单会是怎样的？如果我们要运用理性，把注意力放在狂暴的公牛身上，我们可以考虑这样。

想象一下，如果所有的汽车都被要求贴上健康警示标语。

机动车健康警告

从2008年开始的趣味思维实验，变成了令人惊讶的现实。香烟包装现在必须包括健康警示，让人们意识到吸烟的危险性。一个常识性的想法和我们大多数人获知较晚的事情。早在2008年，欧盟就制定了标准，要求30%–50%的香烟包装覆盖这些警示标语。

与其让人们远离延长寿命、健康和可持续的交通方式，不如宣传当前汽车真实存在的危险更合适吗？许多以汽车为中心的国家的人不再认为汽车是危险的。或许知识就在表层之下，但汽车是文化中根深蒂固的一部分，人们对危险的感知很少上升到意识表面。如果我们开门见山呢？就在几十年前，无论你是否吸烟，香烟都是生活不可分割的一部分。这已经发生了根本性变化。我收集了所有被批准的香烟健康警告，并询问一位医生朋友它们是否也适用于汽车相关的健康警告。每一个答案都是响亮的"是"。

汽车尾气会导致肺气肿。开车会导致癌症。开车堵塞了你的动脉。不要开车送你的孩子。驾驶——死亡的主要原因。不开车会改善你的健康。开车伤害未出生的婴儿。驾车成瘾。汽车排放物有毒。

在这个大众化的时代，削弱驾车的地位会是一个缓慢发展的过程。加速这一过程可能是个好主意。我们甚至不必提自行车，因为这不是全部。它是关于减少由车祸、有害排放和噪声污染造成的社会危害。在丹麦，估计每年有 4000 人死于与汽车相关的健康危害——这是车祸中实际死亡人数的 20 倍。呼吸道疾病、心脏病、噪声污染引起的压力相关疾病等。各地数字都一样糟糕。很少有人意识到车内废气中危险微粒的含量，实际上比你在车旁骑车时高。所以让我们关注这个事实，希望能鼓励驾车者三思他们上个世纪的交通方式。

哪里有立法规定汽车表面积的 30% 必须有健康警告？说真的。想象一下汽车制造商不得不在汽车每一面 30% 的表面贴上健康警告。在卡车侧面，标识将是巨大的。想象一下它会每天对公众产生什么样的心理影响。如果我们实际考虑实施这一想法，某些条款将是必要的。电动汽车可能免于显示危险的排放警告，但不能免于驾驶如何杀人等的警告。

在这个大众化的时代，削弱驾车的地位会是一个缓慢发展的过程。

在第一阶段，一个好主意是，车主将被要求根据他们的车辆购买各种尺寸的大贴纸。使用反光材料使警告标识在晚上可见。一个小型行业将会出现，公司会生产警告标识，防止久等。消费者可以从批准的警告标识中选择，而不仅是被强行给予的东西所困扰。

随着时间推移，汽车制造商可以将警告标签直接应用到汽车的设计和喷漆中，只要它们遵守指令对尺寸和字体的要求。公交公司将从中受益，他们可以提出有针对性警告，有益于火车、公交，甚至自行车。如果为你的汽车购买贴纸需要一定的费用（这也是应该有的）那么这笔钱可以用于城市植树，或者捐给慈善机构，用于治疗肥胖儿童或汽车污染引起的疾病。这是一个好主意，它的时代已经到来，并且也得到了科学的支持。

汽车上的外部安全气囊

这个想法始于 2008 年荷兰自行车联盟（Fietsersbond）杂志上的一篇疯狂的《如果这样》文章，很快就变成实物。目前安全气囊在一定程度上保护了汽车乘员，但对骑行者或行人没用。如果我们真的想把责任放在它应该承担的地方——在交通中最危险的生物身上——那么把安全气囊放在汽车车身的外面是一个简单和明智的想法。

这个想法，吸引了荷兰当局的想象力，他们首先资助了一项可行性研究，然后进入了实际的原型制作，进行了碰撞测试。安全气囊会给汽车价格增加几百欧元，但最终会拯救生命。沃尔沃 V40 现在已有行人安全气囊，尽管负责开发同样有益于骑行者的安全气囊公司 TNO 发现行人和骑自行车者的安全气囊放置方式有所不同。技术就在那里，随时可以应用。这应该是每辆新汽车的标准。

严格赔偿责任

人们希望法律是平衡的、理性的、公平的，事实却并非总如此——以汽车为中心的思维主流并不这么想。在美国，杀人最简单的方法就是开车撞死他们。但追责却很轻微。欧洲许多国家都采用严格责任。事实上，只有五个国家没有，包括英国。严格责任——也称为推定责任——意味着一个人只要对其行为造成的任何人身或财产损害，而不论其过失如何，都自动承担法律责任。从你上车的那一刻起，你就被认为负有严格责任，仅仅是因为你开着一辆危险的车。法国在经历了许多骑车人死亡的黑暗时刻后，于1984年引入了这样一项法律。让驾车者承担责任。在接下来的20年里，死亡人数减少了60%。如果我被车撞了，碰撞是无意的，司机就有责任赔偿全部损失——这意味着我们俩都没有试图撞上对方。

> **人们希望法律是平衡的、理性的、公平的，事实却并非总如此——以汽车为中心的思维主流并不这么想。**

如果我在半夜闯红灯而自行车上没有灯，被撞了，司机仍有责任赔偿50%的损失。在荷兰，如果骑行者不满14岁，不管有什么过错，都给予100%赔偿。作为易受攻击的交通使用者，我没有义务证明驾车者的疏忽或意图。谈论公平竞争。我们在这方面没有看到太多的行动，但是2017年，加拿大奥纳特里奥省提出了一项法律，将粗心驾驶的罚款提高到5万加元，这是大胆而理性的举动。

建立30公里/小时（约19英里/小时）的区域

早在1983年，德国小镇巴克斯伍德就开始了一个试点项目。速度限制被降低到每小时30公里（约每小时19英里），以观察它对交通安全的影响。这是一次成功，"时速30公里"运动诞生了。超过100个欧盟城镇以30公里/小时为基线速度。在英国，"20英里"运动（20英里每小时，大约30公里每小时）鼓励更多的英国城市采用这一标准。

当我写这一章时，巴黎宣布到2020年，外环路内85%的城区将成为30公里/小时区域。这简直令人惊讶。巴塞罗那也在追求类似的目标。时速30公里运动已经真正到来。将速度限制降低到30公里/小时有多种效果，而且都是积极的。支持这一想法的科学团体，每年都在增长。首先，它大大降低了死亡和伤害水平。如果你骑自行车或走路时被时速30公里的车撞上，你有5%的机会死亡，15%的机会安然无恙地离开。以40公里/小时（约25英里/小时）的速度，你有50%的死亡率，而以60公里/小时（约37英里/小时）的速度，你有95%的死亡率。就在那里，我们可以看到降低速度对社会危害方面的降低是巨大的。

机动交通流量不大受降速的影响；事实上，常常反有提升。以这种速度在城市中行驶的车

随着速度的提高，受伤或死亡的风险急剧增加。

辆会安静地行驶。噪声污染减少了40%。在我所在的城市，数百上千万的丹麦克朗被花在昂贵的降噪沥青上，这种沥青只有几年真正有效。采用给机动车降速的手段则要便宜得多，对于降噪水平效果是相同的。

还有最重要的安全感和舒适感。骑自行车或在时速30公里的汽车旁边行走，令人惊喜。这座城市只是感觉更慢、更文明。我经常和孩子们一起在巴塞罗那度暑假，他们都注意到，人口稠密的街区汽车速度缓慢。尤其是和我们自己的街区相比，那里的汽车仍然以每小时50公里（约31英里）的速度飞速驶过我们的公寓。情况非常明显。

将速度限制降低到30公里/小时有多种效果，而且都是积极的。

改变限速标志和执法很重要。然而，道路设计也是一个因素。几年前我在哥本哈根做了一个实验。我每隔几年才在自己的城市开车。我在一辆共用汽车里，那天是星期天，所以道路是空的。我决定以每小时30公里的速度开车穿过一个居民区。街道很宽，该死的，并且行驶感觉很慢。因此，我们绝对需要改变道路设计，在这个过程中，为行人和骑行者赢得空间。

机动车头盔

20世纪60年代，瑞典出现了为汽车乘员戴头盔的想法。第一个商业模型出现在20世纪80年代的澳大利亚，由克雷格戴维斯（Davies, Craig）公司生产，该公司生产汽车发动机冷却系统。盒子上写着："克雷格驾驶头盔，你做出了购买戴维斯的明智决定。戴上它，不要感到害羞。即使是最熟练的人开车也是危险的。最终，驾驶头盔将变得司空见惯，但与此同时，你将成为一名领导者，而那些可能认为你的理智被放错地方的人将会跟随你。"说明书中提供了更多建议："克雷格戴维斯建议你在开车时随时戴上驾驶头盔，尤其是在以下记录在案的高风险交通出行时间：
> » 喝酒后。
> » 当其他司机可能饮酒时，尤其是周五和周六下午 4 点到凌晨 2 点。
> » 天黑后和黄昏时。
> » 下雨或道路潮湿时。
> » 在长途旅行中，当你可能已经有些累了。
> » 离你家或去某目的地最后五公里内
> » 圣诞节、复活节和漫长的周末。
> » 如果你年龄在 25 岁以下或 60 岁以上。"

危险控制层次……城市骑行情况下

（1）物理移除危险——减少——减少/消除城市机动车

（2）采用取代措施——取代——更多采用公交和自行车

（3）将人和危险分开——工程隔离措施——隔离交通的自行车道路和交通稳静化

（4）改变人的工作状态——管理干预——限制车辆移动性

（5）用个人保护装置——用个人保护装置保护——个人保护装置

基本上，如果你已经 30 岁了，就不必佩戴它，在某个阳光明媚的星期二，在离家八公里左右距离进行某次短途旅行。否则，就把它戴在你的头上。很有趣，对吧？古怪。愚蠢。听听这个。2000 年，阿德莱德大学道路事故研究组发表了一份题为 CR 193：汽车乘员保护头盔开发报告（安徒生，怀特，麦克林，2000 年）。

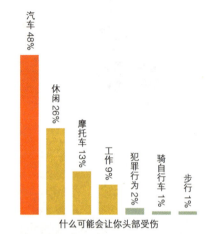

什么可能会让你头部受伤

上图：什么可能会让你头部受伤？数据：德国组织 ZNS·汉内洛尔·科尔基金会（ZNS Hannelore Kohl Foundation）
中图：克雷格戴维斯的商用驾驶头盔。©卡尔顿·里德（Carlton Reid）
下图：运用理性的方法来处理图形。

城市骑行的危险控制的层次。

它是由国家政府澳大利亚运输安全局委托的，该局正试图寻找解决车祸中大量头部受伤的方法。开发的原型最终更多的是头盔，因为这个区域是车祸中头部受伤最多的地方。头撞到车顶的情况很少见，反正车顶是有衬垫的。

该报告估计，即使使用安全带和安全气囊，头盔在减少社会危害方面的潜在好处也将高达3.8亿澳元。考虑到一半的头部重伤发生在车内，这种产品是有意义的。汽车行业当然不会用10英尺长的杆子碰它。想象一下，如果有人说开车很危险？对生意不好。对汽车业来说，商业比安全更重要。如果不将头盔推广到行人和驾车者，我们就无法可信地推广或立法为骑行者配备头盔。如果我们真的想认真对待骑车的安全性，我们应该将危险控制的层次结构应用到讨论中。这是一个用于工业的系统，旨在最大限度地减少或消除工人面临的危险。这是标准做法。如果我们把它应用到我们城市的自行车和行人危险中，情况也是这样的。

这些快速简单的想法呢？如果交叉路口是撞车最危险的地方，为什么驾车者不必停下来，按下按钮，等待允许继续前进呢？或者更好的是，在骑行者下车的位置，让我们迫使驾车者这样做。他们也会得到一些锻炼。这对双方都好。

经济学家戈登·塔洛克（Gordon Tullock）曾经开玩笑说，如果政府希望人们安全驾驶，会要求在每个方向盘中间加一个尖刺。交通死亡人数会立即直线下降。

最后，让汽车喇叭在车内和车外一样响。想象一下宁静会降临。

学习过程曲线

我们所有的成果都在这里。自行车作为交通工具凯旋回归我们的城市大约十年了。世界各地的城市都在想该做什么和如何去做。在全球的叙事中，有些城市鼓舞人心，有些城市仍未获灵感。城市自行车国家的状况如何？哪里有最低矮的围栏，哪里在加固城墙？为了理解我们在哪里，我们将走向何方——让我们来看看我们的城市所面临的一些主要挑战。

第 6 章
哥本哈根之旅

这座城市之所以如此，是因为我们的市民就是如此。

柏拉图

每年有数百个代表团来访哥本哈根和阿姆斯特丹等城市有充分的理由，研究和学习这些城市是为了使自行车成为受人尊敬的平等交通工具，并解决各种交通和社会挑战所。如今的哥本哈根并非与生俱来——记住这一点非常重要。这座城市也曾犯了大大小小的错误。在20世纪50年代和60年代，这座城市和地球上其他任何地方一样被汽车堵塞。从1949年的自行车骑行比例到达顶峰之后，我们走上了建设大尺度的机动车交通道路，为汽车腾空间的长达20年的道路。我们建造的大量自行车专用车道的基础设施，在与汽车争夺空间的竞赛中，都不幸被拆除了。

从20世纪40年代在诺瑞伯格迪（Nørrebrogade）令人惊奇的日常场景的巅峰时期开始，城市自行车开始衰落。在美国领导下，许多欧洲城市制定了大规模高速公路系统的计划，这些系统将在城市景观中开辟道路。赫尔辛基、奥斯陆、斯德哥尔摩、哥本哈根和阿姆斯特丹也跻身促进这种计划的城市之列。

20世纪40年代哥本哈根诺雷布罗加德的高峰时间交通。© 丹麦国家博物馆

　　1958年哥本哈根，西区城市规划（City Plan Vest）被制定出来，作为塞林格（Søringen）——环湖圈——计划的一部分，哗众取宠。一条巨大的高速公路从北部蜿蜒而下，渡船从瑞典赫尔辛堡开来，穿过街区，右转，在标志性的湖泊里呼啸驶入市中心的北部，直到维斯特伯罗（Vesterbro）邻里区域，在那里，一个仿佛巨型意大利面条的交叉口，将建在一个推土机营造的贫穷、人口稠密的地区废墟上。不能再像罗伯特·莫斯克（Robert Mosesesque）的手笔了。

　　从1962-1976年，哥本哈根市当期的市长勋爵，其名在政治历史上极具讽刺意味：鄂本·汉森（Urban Hansen）。他有一大桶汽车

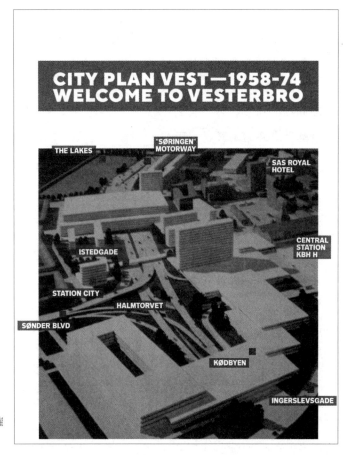

拟建的环湖高速公路交叉口的模型，该模型将摧毁维斯特伯罗街区的一部分。© 哥本哈根城市

燃料，一饮而尽。他对哥本哈根的愿景，完全围绕着以汽车为中心发展的空间系统。在1972年，他甚至拆除了这座城市令人惊叹的有轨电车铁道，哥本哈根市的有轨电车轨道系统自1863年以来一直为市民服务。城市向西发展的规划和环形湖的空间进展如此之快，以至将城市的低密度的公寓楼一栋栋被推倒拆除，以腾出空间，建造大量的高密建筑，以迎接即将到来的城市高速公路体系。丹麦国立医院和帕努姆研究所建筑物就是其中的两个代表项目。在哥市中央火车站以西的维斯特伯罗区，一座奇怪的超高建筑，矗立在哈尔姆托维特广场上，目前那里有本地的警察局办公。它是模型左边的那座高楼。

阿姆斯特丹的城市发展速度也同样很快，建筑工地的推土机处处可见，为大规模发展城市高速道路的建设平整道路地基。幸运的是，哥本哈根、阿姆斯特丹、奥斯陆和赫尔辛基，以及世界上其他城市，如温哥华，由于昂贵的城市基础设施建设资金的缺乏，没有完全实现这一以车为空间发展的城市愿景。瑞典在第二次世界大战期间是中立的，斯堪的纳维亚城市规划中讽刺性的笑话是，它们都没有经受过战争的摧残，但是战后这些城市选择自己重建城市。斯德哥尔摩，像无数在20世纪50-60年代开始实施的这种以汽车为中心的计划的城市一样，现在正在努力解决如何摆脱限制其通向城市港口滨水空间的宽阔高速公路。一些城市，如巴黎，走在了曲线的前面，将沿塞纳河道两侧的滨水岸线空间（如乔治·蓬皮杜高速公路）还给了本地的居民，并且创造滨水活力的公共空间区域。城市决策者把滨水两侧的步道和环境还给了本地市民。

说20世纪70年代的两次石油危机深深的打击了丹麦，今天对于这两次石油危机的描述在很大程度上属于轻描淡写了。今天，在一个生活质量水平如此高的国家，这种情况几乎无法想象，当时冬天，我所在小区公寓里的家庭，不得不挤在一个房间里的烧柴炉周围度过严冬。

今天晚些时候，在我写完这一段后，我将和我的女儿露露－索菲亚一起去哥本哈根享受无车日。丹麦第一次出现这种情况是在1973年11月25日，那天是因为当时的政府为节约化石燃料而不得不采取的行政举措。在丹麦的许多城市，每隔一秒钟就有一盏路灯因为同样的原因被关闭。

首都哥本哈根市市政厅广场上有大规模的公众示威，数万人骑着自行车，要求更安全的骑行条件。

可悲的是，第一次石油危机发生在最后一辆电车驶过哥本哈根仅仅一年半之后。公共汽车已经取代了它们，但是汽油价格飞涨。那时，自行车在世界上大多数城市几乎完全消失了。在哥本哈根，自行车的出行份额仍然在20%左右。然而，自行车作为重要的交通出行工具并没有完全被消除，人们再次使用两个轮子四处走动。问题是，由于缺乏合适的自行车道基础设施，丹麦自行车死亡人数飙升至历史最高水平。人们需要他们的自行车，但是他们不再安全了。但是，嘿，那可是70年代，伙计。一个公众参与和政治家愿意回应的时代。至少在丹麦是这样。首都哥本哈根市市政厅广场上有大规模的公众示威，数万人骑着自行车，要求更安全的骑行条件。

努力提高交通慢行系统设施与安全性，满足人民的需求。然而，直到20世纪80年代初，才有意愿和预算开始重建专用自行车道的基础设施网络。起初这是个缓慢的过程，但在真正加快步伐之前，它在 20 世纪 80 年代和 90 年代都在缓慢加速。

第一个自行车专用车道空间是在 1892 年的哥本哈根，当时一条马术路线被重新分配给自行车。然而，世界上第一条受保护的街头自行车道于 1915 年在哥本哈根的斯特布罗加德 Østerbrogade 道路上迎来了曙光。尽管几十年来自行车骑行水平很高，但当城市规划者不得不重新开始规划时，处理以汽车为中心的 20 年留下的现状充满了挑战。

最大的不同是，现在有一大群令人畏惧的轿车和卡车，主宰着街道空间。规划师和工程师最初非常勉强地从汽车车道中折减空间，就像当今世界上大多数人一样。骑行者又回到了街上，尽管从统计数字的概念来看，证明如此是正确的，骑行者的伤亡率开始下降，但空间困境仍然是规划的首要问题。

像美国这样的国家，我们最近看到了像自行车大道这样的想法的出现。这环形路线很漂亮，不是吗？一些市场营销思想被灌输到了这一思想中。一条供自行车使用的大道——宽阔而别致。就好像骑自行车是被优先考虑和培养的。现实是完全不同的。事实上，自行车大道是一条迂回路线，让骑行者远离城市自然愿望的路线——眼不见，心不烦——并且很少优先考虑骑自行车作为一种交通方式。懒惰的、缺乏思考的自行车规划。这不过是政治家们的狗皮膏药式的解决方案。

我在许多国家听到同样的话。"但是机动车、非机动车从交通道路中完全分离开会更好。这就是骑行者想要的……"不管交通方式如何，大多数人都不想被迫走弯路。他们想从 A 地到 B 地。我在美国看到过许多自行车运动员的休闲路径，它们呈波浪形，即使没有障碍物，而

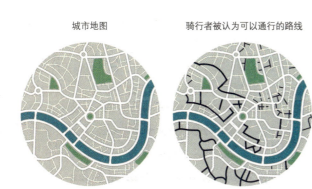

骑行者不想绕路。他们像其他人一样想要完全进入这座城市。

直线也是完全可行的。这是非自行车使用者的工程师用"直行一定很无聊,让我们给他们多一些弯路"这样的先入为主的想法设计自行车道基础设施的结果。

自行车大道于20世纪90年代初在哥本哈根试用。沿诺瑞伯格迪主干道的自行车骑行水平呈指数级增长,但没有自行车道专用道基础设施。好心的城市规划者认为骑行者更喜欢不那么拥挤和安全的路线,所以一条平行机动车的街道闪亮登场了。"这是为你准备的,骑车者!那是你更愿意骑的地方,对吗?"

并非如此。这是一个失败的设计。实际上,没人喜欢绕路。如果你去过宜家,只需要一件特定的物品,你知道宜家有意设计的迷宫路线会有多让人恼火。同样,当你早上去上班时,你不想被迫偏离你的路线,沿着街道不停骑行。在大多数城市,首选路线已经规划了很长时间——往返城市的自然意愿路线。让骑行者去外围地区做国家地理式考察,就并未促进或优先考虑自行车;而是不情愿地在容忍自行车。伴随着几乎听不见的叹息和鬼鬼祟祟的眼神。"希望这能让他们闭嘴……"

值得称赞的是,他们很快从这个重大错误中吸取了教训,理解到骑自行车的城市居民应该有平等的出行路权机会。这是哥本哈根现代自行车城市化开始的催化剂之一。重点转向了在通往市中心的主干道上,重新分配城市交通空间。20世纪90年代肯定比20年代更艰难,现在所有的汽车都占据了城市空间,但这是前进的方向。

缓慢但坚定地,网络扩大了,骑行水平也相应提高了。学习曲线变化很大,但周期很短,因为市中心外仍有自行车道基础设施,所以没有必要从头开始重新思考设计。

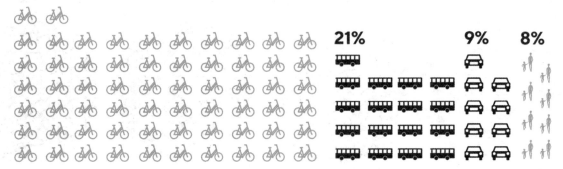

2016年,进入哥本哈根市中心的自行车数量自1970年以来首次超过汽车数量。数据来源:哥本哈根城市

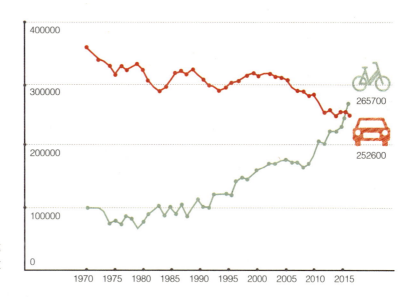

2016年哥本哈根市民如何到达城市工作或接受教育的统计数据。数据来源：哥本哈根城市

几十年来，一个严格的运输工程系统得到了实施和坚持。我把它比作电影《骇客帝国》，感觉我们、市民，只是在一个虚构现实中游荡，不自觉地受到复杂且过时的数学模型的控制。是时候重塑标准，开始将城市变回成一个有意义的地方了。

焦点转移到重新分配主干道上的城市交通空间。

在世界各地，这种虚构现实持续存在。防火墙和安全系统在许多国家已经到位，使得黑客攻击更加困难，但进步也在缓慢发生。

得益于20世纪20年代开始的几十年的规划和最佳实践标准，哥本哈根开过一个好头，但现在游戏已经改变了。有人试图将自行车挤进矩阵，就像我们在世界许多地方看到的那样，但很明显，如果重建自行车作为交通工具要取得成功，就需要专用空间。

有人试图在街道一边布置双向的街道自行车道。这是典型的懒惰规划，在丹麦自行车规划中，这种设计在20年前就被抛弃了，因为它不够安全，而且很难将双向与单向车道连接起来。我们将在本书的后面，回顾最佳实践设计，但关键是，我们犯了错误，然后它们被修复了。从石油危机到今天，哥本哈根走过的路，在许多方面与阿姆斯特丹和其他荷兰城市的路相同。世界范围内的石油禁运，欧佩克（石油输出国组织）的毁灭性打击，是以简单的实用主义处理的，而结果是惊人的。

北欧国家文化的标志之一是强烈渴望寻求共同承诺——确保每个人都得到考虑。在许多层面上，这是一种令人钦佩的品质，避免了在政治和社会背景下不断冲突。几年前，哥本哈根市为交通规划制定了一个粗略的指导方针，称自行车和公共交通的交通分担率绝不能低于30%，小汽车交通分担率绝不能超过30%。

该市使用的主要数据是人们如何到达哥本哈根去上班或上学。2016年，数字表明30-30-30的目标是完整的。在哥本哈根当前的政治气候下，这种预先建立的互相退让，现在似乎成了阻碍前进努力的障碍。有一个公开的政治目标，即到达该市的50%的工作和学校旅行，将骑自行车。最初目标是到2012年达到50%。后被推迟到2015年，现在被定为2025年。哥本哈根骑自行车的人越来越多。自1970年以来，进入市中心的自行车数量首次超过了汽车数量，目前42%的自行车交通分担率高得惊人。值得一提的是，在哥本哈根有地址的人中，62%会骑自行车去上班或上学。然而，为了向前迈进，需要更多的空间，需要重新调整昔日的妥协，以跟进现实。

像冠军一样从失败中学习

总的来说，过去40年，特别是过去10年，目睹哥本哈根的所有投资和努力，你会认为代价高昂的错误是可以避免的。不幸的是并没有。

最近的一个错误发生在城市决定在自行车道表面做尝试的时候。默认情况下，优质沥青总是好的，但是在新的奥瑞斯塔德（Ørestad）发展中，采用了铺路石。实验性设计从来都不是一个坏主意，但过快地付诸实施了。石头的质量不达标，容易裂开，尤其是在冬天。铺路石被质量更好的材料取代了。

然后，在市中心，结合Vester Voldgade的街道重新设计，决定使用相同的铺路石概念。哥本哈根的人行道设计和自行车道上沥青有明显的视觉差异。在这条街上，铺路石被用于两者，没有任何物理界限。起初，这对大多数哥本哈根人来说似乎很奇怪，但很快就搞清楚了。问题是这个地区的大量游客，他们大多数不习惯寻找自行车，更不用说认出自行车道了。

为了解决这个问题，该市现在已经添加了一些油漆来标识这两个不同的区域，但是在市政厅广场，为了让游客远离自行车道，他们还添加了行人路障，这从来都不是一个好主意。如果你必须用额外的基础设施投资来修复一个设计方案，那么它从一开始就不是一个好的设计。

自行车文化库最近增加的一个项目，是内港大桥——丹麦英德拉夫斯堡（Inderhavnsbroen）——它在一个关键的标志性地点，横跨哥本哈根港。它将明信片青睐的市中心——完美的新港（Nyhavn）与克里斯蒂安沙文（Christianshavn）的小区和更远的南部小区联系在一起。这

最近重新设计的 Vester Voldgade 街，自行车道路面的选择是为了美观而不是理性思考逻辑。© 洛伦兹·西格里

座桥于 2016 年 7 月开通,是过去几年城市交通网络里新增的 17 座自行车交通桥梁或地下通道之一。让我说清楚:我很高兴,我们在港口有了一条全新的现代化道路,来容纳自行车交通和行人。我欣喜若狂,每天骑行者的数量,超过了各种预计人数。该市估计将有 3000–7000 名骑行者使用这座桥,但截至 2017 年年中的最新数字是 16000 人。

所以可以看出,这是巨大的成功。但是有时你可以看到白璧微瑕。对不起,但英德拉夫斯堡是座愚蠢的桥。是的,它完成了允许人们穿越海港的主要交通功能。但这是一件麻烦的、令人讨厌的事情,在它所处的微妙的城市、历史和建筑环境中完全不合适。简单、永恒的造桥艺术的奇妙的过度运用。由建筑师塞扎里·贝德纳尔斯基(Cezary Bednarski)设计,他来自一个建筑设计单位,扎根于波兰和英国这两个自行车不再是主流交通工具的国家,它在尊重自行车城市化的基本概念以及道路基础设施的既定标准方面却惨败。

内港大桥上新的滑动标志指向警告标志。如果你需要在设计上贴警告标志,这不是一个好的设计。

骑自行车过桥，需要两个急转弯——两个减速弯。这是不骑自行车的人去设计带来的障碍。骑行者被粗暴地急速分流到桥中央，然后又回到一边。像减速弯这样的最佳实务标准细节已经存在了一个世纪。我们知道什么程度的弯曲最有利于舒适和安全。然而，这些减速弯带来了严重的问题，任何人都能清楚地看到。你可以在雨天从自行车专用桥的设计上发现它的偷工减料。

一个更严重的问题是，当你在两边向下骑行时，你会在桥上看到许多打滑痕迹。我每次过桥，都会停下来研究它们。如果你去参观，看看。总是有新擦痕。人们在桥中部达到最高点，然后加速，但是许多人没有意识到建筑师没有画直线，他们不得不踩刹车，有时甚至撞到玻璃。我不知道是否有人越界落入水中，但物理学预言了一场完美的风暴，会出错。该市已经意识到存在一个问题，他们在玻璃护栏上贴了一个大大的红白警告标志，告知人们这是一条死胡同。再一次，让我们面对它。如果你需要在一个设计上放置警告标志，它基本上是一个蹩脚的设计。句号。

桥面坡度也忽略了自行车基础设施的最佳实务标准，这些标准大多建立于20世纪20年代和30年代。建筑师可能会想到"自行车"，一个骑着赛车穿着纤维骑行服的人突然出现在他的脑海里。这座桥太陡了。它不是为主流自行车城市设计的，建筑师也没有费心去研究这样一个事实：在哥本哈根，我们有40000辆载重自行车，里面装满了孩子和货物。

丹麦设计的基本原则——实用、功能、优雅——在这座自行车桥的设计中不幸被遗忘了。

在哥本哈根的所有其他自行车桥上，当桥打开时，一个简单的吊杆会随着一个愉快但持续的铃声落下，以阻止骑行者和行人。将这个简单的设计与巨大的哼哼叫的屏障相比较，这些屏障像生物一样从英德拉夫斯堡的黑色泻湖中升起。

另一个细节是人行道一侧的楼梯没有坡道——这在哥本哈根不常见，但在这种情况下是必要的。与噩梦的其余部分相比，这很容易解决。这座桥也是由慈善基金资助的——但这是否意味着当我们得到免费的东西时，我们不必理性？我可以轻松而正确地批评在任务中惨败的建筑师，但是，为了避免我们忘记，一个哥本哈根评委团，实际上看到了这一点并投票赞成。所以这个派对上有很多傻瓜。

有这么多活动部件，故障就不可避免了。这已经发生过很多次了，因为桥打不开，船只被困在了海港的一边。德国基尔一座奇特的桥最终出现了如此多的问题，以至于旁边又建了一座桥，当这座奇特的桥发生故障时使用。这就是我们在哥本哈根要去的打卡地吗？

> 自行车正在回归城市，但不幸的是，它没有任何像样的设计一致性。我看到了一些奇怪的东西。

这座桥只不过是"噱头建筑"——一个闪亮的物体，吸引了选择它的人的青睐。被闪亮和虚假的创新所诱惑，而不是被永恒的理性和丹麦设计的基本原则所引导——实际、功能和优雅。他们在选择这座桥时不幸被遗忘了。阳光会逐渐消失，我担心，我们将面临更昂贵的问题。犯错误很重要，但从中吸取教训才是最最重要的。

国际挑战

我工作中的情绪，就像坐过山车。我经常去城市旅行，不管是做主题演讲，还是和客户城市一起工作。我看到了世界各地正在发生的事情，在最不可能发生的地方。我天生就是一个乐观的理想主义者。我先找出积极的一面，然后从半满的杯子里喝水。看到自行车交通的设计和智能交通形式的城市空间重新分配取得进展，我很兴奋。自行车正在回归城市，但不幸的是，它没有任何像样的设计一致性。我看到了一些奇怪的东西。

我看到了一种模式。市长在顶端发出指令。"让我们为自行车建造一些交通基础设施。"你几乎可以听到工程部传来的抱怨声。很像从前，工程师们在没有任何经验或知识的情况下，被赋予改善交通安全的任务，现在工程师们被派去把自行车挤进他们的基础结构里。

自行车基础设施的蹩脚例子可以填满一本书，有一些例子是由于人为的失误。你可以在斯洛文尼亚卢布尔雅那的照片中看到这一点。是街道设计忽略左侧大量可用空间，取而代之，从行人手中夺走空间的典型。奇怪的安全隔离柱被加入到这个混合物中。不管是谁把这个隔离柱放进去，他都没有考虑到逻辑、安全或者人类的经验，并且对这一切都一无所知。幸运的是，这条街后来被重新设计得更好了。

2017年，我在巴塞罗那看到了自行车道的新设计。当我站在那里看着它时，我笑出声来。这完全行不通。我给两个孩子看了设计。"你觉得这个怎么样？"露露-索菲亚研究了一会儿，得出结论说，"它看起来不太聪明。"费利克斯，在他喜怒无常的青少年时期，只是哼了一声，说，"太愚蠢了"，然后走进了他的房间。他们两个都是绝对正确的。奇怪的是，更远的下一个十字路口有一个完全不同的意大利面条一样复杂的画线。灯柱上有一个牌子，用来教人们如何使用它。和以往一样，如果你不得不张贴一个标志来解释一个设计，那么这是一个蹩脚的设计。

巴塞罗那是一个有点超前的城市。他们又一次把自行车当成交通工具，把钱放到嘴边。但是如果像他们这样随意，就不会加速迈向自行车友好的未来。怀疑论者，总认为他们冒着设计失败的风险。

我不知道是哪个人,负责在车门开关区域旁边的第一条自行车道。世界上不少城市的城市规划者和工程师很容易列出他们的名单。这不是好的基础设施。事实上,这根本不是基础设施,只是油漆。在私人汽车社会中,把骑行者放在车门开关区域和交通道路之间是疯狂的。这让我有点哑口无言。它无助于保护骑行者或鼓励骑自行车。但这有利于政治家们不用花太多的钱或做任何认真的努力就可以宣称他们都是自行车友好型的城市。

与汽车共用的自行车车道标识?天哪!别让我从共用车道标识开始。这是自行车城市化中不受欢迎的弃儿。我很高兴外国研究证明了我们一直以来所知道的事实:共享车道标识完全无用。当城市公布自行车道的总长度时,不应该允许他们考虑共享车道。车道中间仓促绘制的象形图案,不是基础设施。他们是懒惰的政治家和懒惰的交通专业人士的尴尬印记。

车道中间仓促绘制的象形图案,不是基础设施。

还有道路中央的自行车道。这些是自行车工程领域的唐纳德·特朗普(Donald Trumps)干的好事。(恰巧的是,华盛顿特区已经安装了一个。)最初,当我们看到"向哥本哈根学习"设计公司总部的国际规划师和城市设计师团队

上图:卢布尔雅那将自行车挤进以汽车为中心的城市基础结构而做出的奇怪而失败的尝试。
中图:巴塞罗那世界上最混乱的自行车基础设施设计之一。
下图:将骑行者置于最愚蠢的空间:在开关车门的区域和正在行进的交通车流之间。

向哥本哈根学习
全球自行车城市化的决策指南

 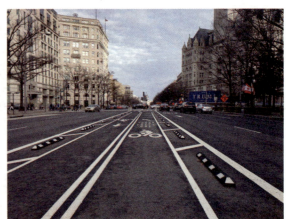

左图：华盛顿的道路中央的自行车道 © 奥莱·卡索
右图：自然环境中可怕的共享车道标识

拍摄的一张照片时，他们开怀大笑，但随后，他们会意过来：这实际上是一件事。有人被要求安置自行车基础设施，这就是一个城市的最终结果。纳税人来之不易的钱被使用了。我在推特上建议，负责的人应该被找出来并立即解雇。虽然这是直率的言论，但也是严肃的评论。

那么，为什么我们看到这样的垃圾出现在城市街道上？在他们头脑清醒的时候，谁会真的选择把骑自行车的市民放在马路中间，两边都有超速行驶的汽车？当然，没有人理解自行车在城市生活中作为交通工具的作用，也没有人真心希望鼓励骑自行车并保护人们的安全。看到这张照片时，我的第一个想法是：我该如何到达街区中央的目的地？我要走到下一个十字路口，然后骑自行车回去吗？如果我和我的孩子或老人一起骑自行车呢？当驾车者像1962年一样飞驰而过时，我真的想和他们在一块路面上骑车吗？这个解决方案的开发过程中，没有考虑到任何人。不尊重衔接或安全，也没有更广泛的智能、内聚网络的概念。"哦，但是它在起作用！"有人在城市化阴影的庇护下抱怨道。到底什么有效？是的，沿着这一段骑自行车是可能的。但这不安全。安全感充其量是虚假的，可能根本不存在。我们正在为下个世纪的交通，规划我们的城市。利用经过尝试和测试的解决方案，进行正确的规划非常重要。当我们知道最好的方法时，在懒惰的、以汽车为中心的工程师东拼西凑的解决方案中，把骑行者当作实验品，是荒谬的。

这种道路中心车道的支持者称之为"文脉敏感设计"。仅仅使用"设计"这个词，就是对几代努力建立最佳实务的自行车规划师的侮辱。

也许他们话语里的"文脉"是白痴。这个华盛顿解决方案，是披着羊皮的工程。由不理解以人为本，把自行车当作汽车的人建造的。但是对于那些坚持把人类放在废墟里的人来说，全力说服他们怎么样？前几天晚上，我在当地的酒吧测试了这个理论。一点也不舒服。"哦，但是巴塞罗那有！"是的，巴塞罗那有，南特也有，圣保罗也有。但知道哪里没有吗？在已经这样做了一段时间的国家里。

仅仅因为其他几个城市犯了同样的错误，并不意味着这是个好主意。仅仅因为UGG牌靴子或CROCS牌洞洞鞋盖住你的脚并保持它们温暖或干燥，并不能意味着它们就像鞋子一样有意义。所发生的一切是，这些城市让自己相信工程师，而不是设计师或自行车规划师。

我在巴塞罗那的道路中央自行车道上骑过几次车，和我的孩子一起度假，在城市工作。中间街区没有目的地或出发地。有很多傲慢的交叉口迫使你快速穿过它们。交通灯与汽车交通相符合，所以你必须用力才能跟上车流，这对于一个9岁的孩子来说是很困难的。我们花了几天的时间在每一段愚蠢旅程的终点等待光明。幸运的是，该市已经意识到这样的解决方案，对城市的安全和日益增长的自行车运动起到了相反的作用，当地的倡导者也参与了这场斗争。

法国城市南特市中心的中央自行车道也是蹩脚的设计，它由低速汽车和电车车道承载，可以方便地在街上来回通行。然而，它失败了，因为它几乎不能提供任何分离。这像是一个筛子，任何人都可以通过它漫步。但是，至少，它有一种平静、低速的感觉。在圣保罗标志性的保利斯塔大道中间切开的那个空间比华盛顿的那个更大。这简直就是丑闻。

巴塞罗那和南特一样，有一个不同之处，那就是这座城市的大部分地区是30公里/小时（约20英里/小时）的区域。为了拯救生命，减少伤害，创造一个更像生活尺度的城市，这个城市正致力于减缓整个地方的速度。中央自行车道通向大型环形交叉路口，这至少比把你一头栽进以汽车为中心的十字路口更有意义。华盛顿的基础设施是为健身者和勇敢者设计的，而不是99%的大众。作为交通工具，骑自行车可不是一种明智的方式。

双向自行车道比两个单向自行车道对骑自行车者的风险高得多。交叉路口的差异是由一个因素决定的。

需要考虑的一个经验法则很简单：如果你在荷兰或丹麦没有看到这样的道路基础设施设计，那可能就是一个愚蠢设计。如果你不把行人放在来往车辆之间的中央车道上，你为什么要把骑行者放在那里？古老的经验法则。别担心。解雇的工程师和规划师可能会找到其他工作。毕竟还有其他工程工作可做。

请容忍我的咆哮。我对这种设计的思考和评

论非常沮丧。要挑选的主要谈论对象，是街道上的双向隔离保护的自行车道或单向自行车道。为了清楚起见，当我说在街上时，双向指的是为自行车创建一条由虚线分隔的车道，在城市街道上的允许双向交通的车道。我指的不是穿过公园或其他没有机动车辆的地区的双向道。

在丹麦，20 多年前，双向自行车车道实际上已被排除在自行车基础设施标准之外。这本身应该是任何关心这件事的人的一个警钟。这些双向自行车道被发现比道路两侧的单向自行车道更危险。让自行车同时从两个方向来是一种低劣的设计。事实证明，很难将它们与单向道连接起来。两个交叉点会把车流弄混。

把自行车带回城市时，我们尝试过，在自行车文化中，骑行者和驾车者终于习惯了彼此。当我看到这个错误设计在新兴的自行车城市实施时，那里的自行车仍然被重新引入，这让我脚趾发麻。

不是用沥青建造东西。我们正在播种，并希望茂盛的花园能够生长。

哥本哈根有双向隔离保护的自行车道，我会在适当的时候把他们选入最佳实践标准。他们穿过公园和绿道，与机动交通分开，有时他们在没有十字路口的街道上穿行。在任何时候，它们都被放置在它们行得通的地方，以消除与汽车和卡车碰撞的风险。自行车道就像人行道……要么把它们放在街道的两边，要么你把它们放在一边。

我问了西奥·塞格斯（Theo Zeegers），一位曾在荷兰国家自行车组织菲茨尔邦（Fietsersbond）工作的科学家，关于这个问题。你可以在荷兰城市看到双向自行车道。他告诉我：

"双向自行车道比两个单向自行车道对骑自行车者的风险高得多。交叉路口的差异是由一个因素决定的。因此，特别是在交叉路口多的地区（即建成区），单向车道是首选。然而，并不是所有的城市都明白这一点。"

想象一下，拆除街道一侧的人行道，迫使行人共用街道另一侧狭窄的人行道。如果你想优先考虑走路，你不会这么做。如果你对安全和优先骑自行车是认真的，你就不应该这么做。

我们在新兴自行车城市看到的双向自行车道不可能被那些知道自己在做什么、了解自行车使用者需求或真正希望自行车繁荣的人放在那里。你还可以看到，在分配给许多自行车道的宽度上——窄得令人难以置信，让从迎面而来的骑行者身边经过成为一种咬嘴唇的体验，甚至让从同一个方向经过的骑行者觉得有点太令人毛骨悚然了。

蒙特利尔长期以来一直是北美首屈一指的自行车城市，早在 20 世纪 80 年代末，他们开始修建自行车道，其中大部分是双向的时候，就已经走在了前列。2017 年，该市最终计划沿人行道修建单向车道，但他们发现难以将这些车道与现有基础设施连接起来。我的团队用我们的意愿线分析工具研究了蒙特利尔的一个十字路口,我们观察到的骑行者强调了设计工作的困难。

另一个经常嘀咕的借口是,"嗯……总比什么都没有好"——通常用防御的语气说。这是一个有缺陷的论点,缺乏远见、承诺和经验。如果你想减轻负担,两条腿的椅子总比没有强。但是这不是一个长期的设计解决方案,尤其是当我们为未来做计划的时候。

不是用沥青建造东西。我们正在播种,并希望茂盛的花园能够生长。我们有我们需要的种子。它们肥沃、自然,可以在最少的维护下生长。然而,取而代之的是,人们从交通规划公司的沃尔玛超市里,选择成袋的转基因种子。有限的生育能力,为瞎子园丁的简单需求而改变。盆栽而不是花园。如果有人提倡这样的基础设施,并且实际上认为它是好的,他们可能不应该提倡自行车道基础设施。如果我在丹麦的一个城市提出上述任何一项,我都会成为笑话。让我们面对现实吧:自工业革命以来,美国已经给了世界许多辉煌的、改变世界的思想

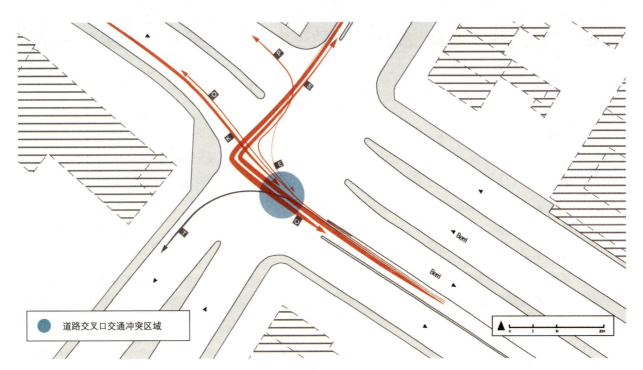

蒙特利尔十字路口的期望线分析,显示双向基础设施存在固有缺陷。

左图：笔者在哥本哈根道路中央测试咖啡椅。
右图：巴塞罗那狭窄的双向自行车道。© 洛伦兹·西格里

和技术，但自行车道基础设施不在其中。

几十年后，美国交通工程师做出了同样硬核、失败的基础设施，终于从包里拿出了新东西。请看DDI：双菱形立交。他们的行业称赞这是革命性的，但实际上这只是一个小小的改变。事实上，这是世界上最昂贵的交通调整，这将帮助他们继续为高速公路获得大量资金。

加州交通部，告诉"向哥本哈根学习"设计公司的客户城市，加州长滩（Long Beach），他们引导其中的两个高速公路系统进入他们的城市。这座城市在洛杉矶的位置一直很幸运。高速公路在那里结束，但并没有分割城市景观。长滩说不想要双菱形立交——但这事是由加州交通局大叔定下来的。

我们的任务是通过新的互通式立交改善自行车和行人的机动性。我在该项目上花了一大堆心思试图弄清楚。制造这种怪物的工程师们当然没有帮忙。当你看这些设计时，你会注意到标有"非公路特征"的区域是交通工程学对人行道的描述，人行道被认为是如此不相关，以至它们甚至都不被称为人行道。自行车道基础设施？完全不存在。

第 6 章
哥本哈根之旅

经过几周的集思广益，认为以任何连通的方式，重新设计双菱形立交来改善自行车和行人的可移动性是没有希望的。这是我们想出来的。没问题。无视汽车洪流，但是这样做可以改善长滩的交通网络。

除了这些对城市景观的物理添加之外，您还可以添加各种管理配置，如共享道路、选择车道和规定最小通行距离。没有油漆、沥青和混凝土那么明显，毫无疑问，它们是由好心人设计的，但仍然是汽车交通破产的宣告。他们仍然尴尬地承认汽车占主导地位，自行车被视为入侵物种。

蒙特利尔的公路，工程师称之为"非公路物"。你知道它是人行道。

"向哥本哈根学习设计公司"提出的加州长滩自行车和行人友好型双菱形立交桥的解决方案？我们只是忽略了车辆洪流。建筑师：陈侃

第 7 章
坏天气恐惧症和隔绝环境的城市

你不能在真空中创作音乐。

布莱恩·梅

当我写这篇文章的时候,我在一个隔绝外界环境的机舱里,在欧洲上空的空气中飞翔。此时,我很高兴被隔绝了外部环境。我很感激几代设计师和工程师已经完善了这项技术,让我可以避开飞机外面零下 70 摄氏度(约 –94 华氏度)的温度,边写边喝咖啡。我仍然很惊讶这是可能的。就像美国喜剧演员路易斯·C. K.(Louis C. K.)会说的,"你坐在天上的椅子上!你现在就像一个希腊的神!"

几年前,在艾伯塔的埃德蒙顿(Edmonton, Alberta),我以独特的视角在一次会议上做了主旨发言。为鼓励冬季城市,在二月举行。这一切都是关于设计和城市化,关注冬季城市的生活。我也在冬季自行车大会上讲过几次话,这次大会在冬季气候恶劣的主办城市之间轮流举行。虽然我喜欢这两个独特的会议角度,但我不禁想知道,为什么它们甚至是必要的。在我们城市和社会的发展中,我们发现有必要讨论极端天气条件下的城市生活,这一点到了哪里?与城市历史上最近的——最近的——关于人们对天气状况感知的发展作斗争。

关于这一点的一连串想法始于曼谷,在那里我和我的团队正在为一个客户做一个项目。由于我们东道主的热情好客,这个项目不仅要求我们在工作相关的事情上,而且要求我们在观光游览方面,奔波全市,动力十足。我们也花了很多时间在户外和公交上。我很快注意到我们业主的行为模式。

我们已经变成了坏天气恐惧症患者。一旦天气在温度范围的两端走出我们的舒适区,我们就害怕它。

这辆小面包车安装有空调,火车和我们冒险进入的每一栋该死的建筑也装有空调。每次我们进入一个有空调的空间,我们的主人——扇着扇子,撅着嘴舒舒服服地呼气——都会评论天气有多炎热。即使从小面包车到大楼入口仅20米(约66英尺)的距离。

曼谷的确很热——30–35摄氏度(约86–95华氏度),闷热潮湿。然而,这并不罕见。过去几年天气基本上是一样的……甚至几千年来都如此。至少。正是在这种天气条件下,这个国家的主人的祖先在这里出生并过着他们的生活、工作、养家。在几十年的时间里,随着空调设备的普及,热在不知情的情况下成为对手,仅仅因为空调存在。人们已经习惯于害怕酷热。

倒置的气象条件影响着北部城市,如埃德蒙顿(Edmonton)、卡尔加里(Calgary)和其他许多城市。在那里,按季节规律按时来袭的寒冷已经变成了怪事。从小在卡尔加里长大,所以我很清楚冬天草原的冰冷狂怒。我记得它是如何在七八十年代的冬天成长起来的。在零下25摄氏度(约–13华氏度)的室外运动场打曲棍球。仅仅因为没有别的事可做,而我是一个精力充沛的普通年轻人。我穿着非常不合适的鞋走进高中——船鞋是当时的时尚,但船鞋里穿袜子是禁忌。我讨厌戴帽子,每天早上当我洗头没有时间擦干的时候,我的头发在步行20分钟去学校的路上就冻成了冰。我一直认为这只是有几分凉爽。

我是个坚强的年轻人吗?不,我只是一个冬天城市的普通人。我记得在大约九岁左右的时候发现,房子里的恒温器升到了30摄氏度(约86华氏度)。令我困惑的是,我爸爸把它设定在22摄氏度(约72华氏度)。为什么30度就能变成22度?!我一直调高到30度,直到他走近我,粗暴地解释了供暖账单的概念。我很快就被送回了"穿上毛衣"的文化中,这是我母亲向我们所有孩子介绍的。也许当时在泰国某个城市的另一个我被告知"如果你太热,就扇扇你自己"我很高兴自己经历了"算了吧,小宝宝"式的育儿学校,我的孩子们肯定也已经被介绍过了。

有些事情已经改变了。在曼谷。在卡尔加里。在埃德蒙顿。当哥本哈根人觉得他们必须在气温飙升的夏季热浪中购买风扇时,我笑了……哦,大约28摄氏度(约82华氏度)。但是哥本哈根也发生了一些变化。世界各地也是如此。

第 7 章
坏天气恐惧症和隔绝环境的城市

我决定给它取个名字：坏天气恐惧症。对天气的恐惧。不是恐惧像破坏性飓风那样的极端天气，而是正常天气。

我们已经变成了坏天气恐惧症患者。一旦天气在温度范围的两端超出了舒适区，我们就害怕它。在丹麦，舒适区很窄。在哥本哈根生活了20多年后，我注意到丹麦人的最佳温度是25摄氏度（约77华氏度）。在24摄氏度（约75华氏度），他们抱怨这个糟糕的夏天。在26摄氏度（约79华氏度）时，他们戏剧性地喘着气。当夜间温度保持在20摄氏度（约68华氏度）以上时，丹麦气象研究所宣布这是一个"炎热之夜"这很少是一个愉快的声明，而是一个可怕的警告。

我爸爸在北朱特兰的一个农场长大。他会讲述传说中的冬天的故事，那是当时的常态。1940年或1941年，那是一个冬天。从1953年到2015年去世，他一直住在卡尔加里，所以冬天的温度比他童年时稍微冷一点。当他通过电话告诉我卡尔加里的这个或那个寒流时，他会笑得几乎要笑出来。当冬天的温度升到零度（约32华氏度）以上时，他听起来几乎很失望。

他那一代人对恶劣天气的不屑，也影响了我这一代人，但是现在坏天气恐惧症已经发作了。加上我们耸人听闻的媒体文化，寒冷的冬天变成了极地漩涡。厄尔尼诺（El Niño）和他的新娘拉尼娜（La Niña）已经产生了一群不守规矩的孩子，他们的名字是为了给这个渴望娱乐的社会留下印记。当然，恶劣的飓风值得命名，但是天气被庆祝的程度要比这普遍得多。

以前平淡无奇的天气状况被提升到真人秀明星的地位。这些天气总是被塑造成恶劣的。

作为一部电影，坏天气恐惧症将是缺乏说服力的。如果黑客在索尼服务器上发现了它，他们会删除它，而不是做BT种子来传播。主角将会是一个过着正常生活的正常人，也许会被不太理想的血液循环所困扰，所以他们的脚和手指经常太热或太冷。敌人的名字会让我们心中产生恐惧——热浪亨利（Henry Heatwave）、暴雨罗杰（Roger the Raindrop）、寒流查理（Cold-Snap Charlie）。英雄们会用电池驱动的风扇、吹风机、超级雨伞武装自己——这取决于我们在看哪部续集。

气象恐怖症成为大事，是因为我们已经花费了大量的金钱和精力，试图拼命地把天气因素在我们的生活中工程化控制出来。我坐在波兰上空10000米（约33000英尺）处，试图创造一个像这样的世界。

> **气象恐怖症成为大事，是因为我们已经花费了大量的金钱和精力，试图拼命地把天气因素在我们的生活中工程化控制出来。**

蒙特利尔有它的地下（因此是室内）购物中心，但卡尔加里市因其天桥系统而臭名昭著——或者说普拉斯15项目（the Plus 15），我年轻的时候，他们就开始开发它了。市中心的摩天大楼通过街道上方封闭的人行道连接起来，这样，你就可以穿着衬衫（即使在寒冷的冬天）从甲到乙，走出一条复杂而不太直接的路线。下面，汽车不受讨厌的行人阻碍地向前滚动。埃德蒙顿和明尼阿波利斯有相似的网络。

让我们面对现实：天桥概念是以汽车为中心的社会的直接产物。让人们远离天气是保持街道畅通无阻的额外好处。这是一个反乌托邦的世界。你坐在温暖的房子里，把车插上电源或停在加热的车库里。甚至还有遥控装置，可以让你从餐桌上发动汽车。我爸爸有这样一个装置并且他很喜欢。这个小玩意可以让他发动汽车，让它跑起来，在他跑完 5 米之前预热。然后在隔绝外部气温的汽车里开车到市中心，进入停车场，跑五米到电梯，然后进入大楼度过一天的剩余时间，直到是时候回撤他的（很少的物理）步骤。如果勒·柯布西耶还活着，他就不会看色情片。他会用谷歌搜索天桥的图像来获得快感。为了得到你的乐趣，你必须看一部讽刺电影，叫作《去往市中心之路》(*Way Down town*)。这是《辐射城市》(*Radiant City*)的一部很棒的配套电影——另一部关于无计划扩张的必看模拟电影。这两部电影都是加里·伯恩斯（Gary Burns）拍摄的，都发生在卡尔加里。

让我们从现在开始同意，任何包含"天空"这个词的东西可能都不利于城市生活。

埃德蒙顿和卡尔加里的市中心，和许多其他城市一样，都是工作时间以外的空心圈。工人们回家后就失去了生命。这些城市实际上切断了他们的街道生活，取而代之的，是空中的假肢。早在 1970 年，卡尔加里就试图把第八大道的一段路变成无车区，并改名为斯蒂芬大道，以此来吓唬它。这个想法从来没有真正奏效过，后来街道的一部分又被归还给了汽车，它是世界上许多其他步行化街道的可怜亲戚。

天桥系统和其他类似的概念，只是试图把街道生活和人放在一个架子上，好不碍事。还记得诺曼·福斯特的空中自行车道吗？让我们从现在开始同意，任何包含"天空"这个词的东西可能都不利于城市生活。

像冬季城市大变革这样的会议，是社会上坏天气恐惧症的产物。它的目标是让人们享受户外生活——即使是冬天。自从我们从非洲向北漫游以来，智人一直在做一些事情。别误会我的意思——这次大变动是一次伟大的会议，有来自世界 60 个城市的杰出演讲者参加。我只想把我的思路，放在导致它的社会发展上。

仅仅试着传达"嘿！冬天没事！"努力激励市民"重新发现户外冬季乐趣"——尤其是当他们的感知被一代隔绝外部的发明扭曲的时候？

不，这还远远不够。

为了对抗不好的天气，我们需要城市化和设计。但是藏在我们低成本电影舞台侧翼里的主角是——工程学艾迪（Eddie Engineering）。和大多数反派一样，这并不是他的错。他有一个糟糕的童年，成长在一个基于20世纪工程传统的社区里。在那个时代，人们认为只有工程才能拯救世界。在一个已经买断了未来的地区。

我们城市现代化面临的最大挑战之一是：如何改变公民的观念？对汽车之外生活的感知，以及人们如何在城市中运输自己的感知力。

百闻不如一见。在信息时代，我们需要学习的东西泛滥成灾——比我们希望了解的东西还要多——通过交流来讲述正在失去其有效性。你活着的每一小时都会有一万小时的电视播放，这还不包括网络内容。我们需要让我们的事业面貌焕然一新。工程过去被允许在很少检查和制衡的情况下实施。我们需要全权开始改善、修复和保护我们的城市。

好吧。我已经平静下来了。目前。我们面临许多挑战。设计以及经过测试的基础设施可以解决所有这些问题。我们仍然面临着整个社会——尤其是规划者、工程师和政治家——理解城市自行车运动的挑战。

我最近和一个亲爱的朋友进行了一次谈话。莱利·韦斯特菲尔德（Riley Westerfield）是俄勒冈州尤金市的一名教师，他为有特殊需求的儿童，特别是自闭症儿童工作。她解释了她和其他老师在她的领域面临的挑战，不仅仅是她关心的孩子，还有社会对自闭症的看法，我们才刚刚开始理解。她如此热情地谈论她的工作。正如她对我说的，自闭症儿童需要一个为他们设计的系统。你必须学会如何与他们交流。这一切都是为了找出答案。然而，教他们需要教给他们的工具和技能，让他们在一个完全不是为他们设计的世界里导航。老师必须学会如何模仿一个对这些孩子来说陌生，但对我们这些神经正常的人来说完全正常的系统。他们将永远是自闭症患者，并将永远被迫尝试以安抚他们周围神经正常的社会的方式行事。

这时，我对她说："就像城市里的自行车手一样。"她点点头。"没错。像波特兰这样的城市多年来一直被设计成以汽车为中心。开发了一个系统。郊区的人们很早就学会了这个系统，结果就是对汽车的依赖，这仅仅是因为实际上只有一个系统。骑自行车的人应该适应这个系统。没有真正努力去理解他们和他们的需求。骑自行车的人是当前交通系统的孤独症患者。"

她是对的。该死，她是对的。在丹麦和荷兰等国家，人们已经努力了解骑自行车者及其独特的交通心理和需求。在世界上的大部分地方，人们只是期望他们遵从一个不是为他们设计的"汽车型"社会。

在完美情境下，我们应该做什么？学习过程曲线因个人意愿之不同，或陡长，或短平。在一些城市，政治家明白过来，但是他们的想法死在了工程部门的门口。在其他国家，专业人士明白过来，但他们缺乏敢作敢为的政治家来促成事情。对于每个空想家，都有一堆懒惰的借口。

第 8 章
空间倒错

最无可救药的是那些沦为了奴隶却错误地认为他们还自由的人。

约翰·沃尔夫冈·冯·歌德

所谓自由是你如何应对生活。

让－保罗·萨特

当我们描述城市时，我们倾向于赋予它人性特征。这是一个友好的城市，充满活力的城市，无聊的城市。那么，也许一个城市可以傲慢自大。例如，傲慢的交通空间。

如果你恐高，经验法则是"不要往下看"当你与生活尺度的城市、交通和自行车城市化一起工作时，这条规则似乎也适用。几年前，我和我的孩子们站在埃菲尔铁塔顶上，我没有听从那个建议。我低头看着奎尔·布兰利十字路口，在那里它与塞纳河上的迪埃纳桥相遇。考虑到每年有 700 万人参观埃菲尔铁塔，这无疑是世界上最繁忙的行人交叉路口之一。

我低下头，倒错的交通空间也傲慢地斜睨着我。20 世纪 50 年代设计的宽阔、平坦的弯道让汽车平稳转弯，而不必减速太多。我决定在它上面贴一个分流标记，以便映射分配给交叉路口不同用户的空间。我估计每个方块有一平方米。当添加颜色时，那片红色的海洋真的很突出。

84

向哥本哈根学习
全球自行车城市化的决策指南

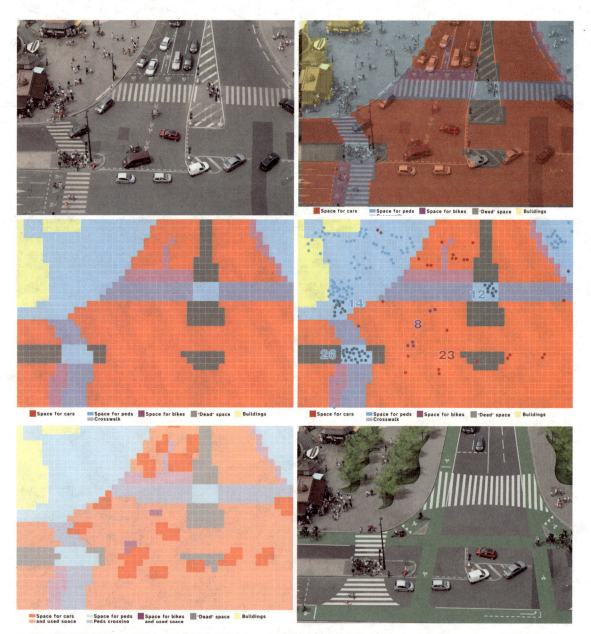

巴黎空间的倒错。规划分配给每个流量用户组的空间。这种以汽车为中心的十字路口可以现代化。

卡尔加里这样的宽车道可以很容易地缩小，为自行车道基础设施创造空间。

我决定计算使用不同空间的人数。在我拍照的时候，只有 23 个人正在通过分配给机动车辆的空间，而 38 名行人聚集在交通岛上等待交通工程模型的许可，该模型规定了进出该死的铁塔的通行时间。一些象征性的空间被保留给骑自行车的人，有八个是可见的，包括人行道上的，尽管我也数了数三轮车上的乘客。这显然是一个由 20 世纪交通工程主导的空间。这是一个失败的以汽车为中心的解决方案的博物馆——悲伤和有趣同时并存。

幸运的是，最佳实务是一件事。经过 15 分钟的草图绘制和几个小时的 Photoshop 处理，有可能展示如何使这个十字路口现代化，并且每个人都喜欢它。巴黎有一个公开的政治目标，到 2020 年，这座城市将成为"世界上最适合骑自行车的城市"。无视交通空间的倒错，把自行车挤进城市不是达到如此崇高目标的有效方法。

交通空间上的倒错不是巴黎独有的。遗憾

的是，它相当普遍，开普敦、圣保罗、巴塞罗那、莫斯科。

我曾经从酒店阳台上盯着卡尔加里的一条街看了一个星期，等着整条车道实际被车辆所填满。我从没见过。汽车车道，尤其是在北美，比一些欧洲国家更宽——这种交通空间的倒错也带来了机遇。狭窄的车道提高了安全性。司机必须集中精力——这在城市里是一个相当好的主意。如果车辆没有占用空间，那让我们重新分配。我从车道上拿走了没用的空间，很快！侧面有 2.3 米宽的自行车道空间。

交通空间的倒错甚至就存在于哥本哈根。

我们上个世纪最臭名昭著的遗迹，以汽车为中心的规划咆哮着穿过市中心，制造了一个已经讨论了几十年的巨大鸿沟。汉斯·克里斯蒂安·安徒生大道（Hans Christian Andersens Boulevard）不是童话，阳光。丹麦最繁忙的街道每天运送 50000–60000 辆汽车。污染水平继续超过欧盟的目标。多年来，人们一直在谈论将它入地，但政治家们抱怨成本太高。最近的一场公民运动呼吁挖掘通向它的漫长道路——布雷瓦登，并将多年前埋藏的原始河流重新浮出水面，这个项目受到了奥尔胡斯和首尔等其他城市的启发。

交通空间的傲慢 – 哥本哈根市中心汉斯·克里斯蒂安·安徒生大道的一段

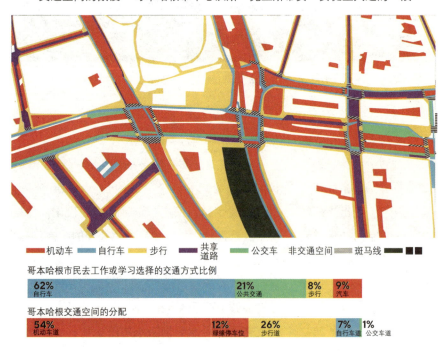

交通空间的傲慢甚至在哥本哈根也很明显，那里 66% 的交通空间被分配给汽车。

作者对哥本哈根市中心汉斯·克里斯蒂安·安徒生大道中心三栋建筑的概念化。设计：米凯尔·科尔维尔·安徒生 / 陈侃

哥本哈根高达 64% 的交通空间被分配给汽车——包括车道和路边停车。尽管如此，2016 年，91% 的哥本哈根人在前往城市工作或接受教育时，并没有每天开车。

哥本哈根高达 64% 的交通空间被分配给汽车——包括车道和路边停车。尽管如此，在 2016 年，91% 的哥本哈根人在前往城市工作或接受教育时，并没有每天开车。所以，如果政客们不知道该如何处理街道，请允许我提个建议。我们城市需要经济适用房，所以我设计了斜坡：三栋标志性建筑，提供 507 套 50 平方米（约 538 平方英尺）的公寓，建筑下方的三个绿地，屋顶绿化的 500 平方米（约 5380 平方英尺）以上的公共空间，以及丹麦首都中心的一些严重地形。当政治家不能发出呼声的时候，你必须自己去做。

自然也能在揭露交通空间的倒错中扮演重要角色。在美国，当路缘石被延伸以给行人提供更短、更安全的穿越距离时，它被称为"瓶颈"。来自街道电影组织网站（Streetfilms.org）的小克拉伦斯·埃克森（Clarence Eckerson Jr.）想出了"snowy neckdown"（雪后瓶颈）这个短语，并与街道日志创始人、前总编辑艾伦·纳帕斯特克（Aaron Naparstek）合作，后者发明了一个词，并贴上了"snow sneckdown"（雪后瓶颈）的标签，它描述了一个城市的降雪揭示出街道上还有多少未利用的空间。这是一种奇妙的揭示城市之谜的技巧。"雪后瓶颈"就好像都市化进程里的爱德华·斯诺登（Edward Snowden）一样。和以往一样，这一标签很值得探索。

第 9 章
消除谬见

真理的最大敌人往往不是刻意编造的谎言，而是长期流传的似是而非的谬见。

约翰·肯尼迪

任何认识我的人，都知道我只是在公司里的理想主义者，而不是一个有理想的商人。如果我是后者，我会想方设法将流言转为金钱。每当我不得不叹息、翻白眼、打破一个关于城市自行车运动的疲惫而无知的谬见时，又该如何从中赚取 1 块欧元？虽然浪费时间往往令人沮丧，但在努力纠正全球公众意识过程中，似乎仍有必要。有趣的是，不管我在世界任何地方听到关于骑自行车的谬见，它们是如此一致。同样有趣的是，不仅从不骑车的人那里听到这些谬见，有时也会从骑车人中听到同样的内容。

显然，人们有短暂的，或选择性的记忆。他们环顾四周，认为城市一直都是这样的。公民自豪感似乎起了作用。寒冷城市的人们，以冬为荣，瞧不起气候温和的城市。炎热的城市亦然。复杂地貌城市的市民喜欢嘲笑景象平坦的城市。

大多数情况下，人们表达他们对自行车的谬见，仅仅是把个人观点投射到多数人身上——取得缺乏经验或缺少数据的人的支持。

常常陷入这两种情况:"我自己不会在这里骑自行车,所以没人会"或者"我可以在这里骑自行车,我很强,但不是每个人都像我一样强。"

我们知道车道基础设施,是提高自行车骑行水平的关键。我们知道,作为个人,我们不会决定别人会做什么或不会做什么。如果你让自行车成为城市里,从 A 地到 B 地,到丙地最快的方式,那么人们就会骑自行车。旧金山可能永远不会像 2016 年的哥本哈根那样,有 62% 的人口骑自行车,但对于任何城市来说,20% 肯定是一个可敬、可行的目标。以下是我可以彻底粉碎的 11 大谬见。

谬见 1:人们只会在平坦的道路上骑车

该死的荷兰。这个邮票大小的、道路平坦的国家使得这些流言蜚语难于破解。"哦,但是荷兰的道路是平坦的"——这一定是我在全世界最常听到的借口。(有时也伴随着"丹麦/哥本哈根也是如此。")这一切被引人注目地用双臂交叉的手势所打断,好像讨论就要结束了。

但事实并非如此。当然,荷兰是木匠的梦想。26% 的人每天骑自行车是因为地势平坦吗?并不是。当然是平坦对建设车道基础设施是有帮助。但简而言之:(在那里)自行车是从 A 地到 B 地最快速的方式。去上班、去学校或去火车站皆然。

哥本哈根也是如此,相当平坦。至少 95% 的游客去过的范围内是平坦的。游客不会骑自

行车到城外很远的北方，去2011年自行车世界锦标赛的终点线所在的山区，或者山地自行车手们喜欢的森林。

环顾这个国家的其他地方，看看那些我们从未交谈过的人是怎么做的，你会看到更像鲁本斯克（Rubenesque）的地形。事实上，丹麦国歌自豪地赞美了山丘和山谷。有些人用谷歌搜索"丹麦最高峰"，并用它来说，"看到了吗？！"好像如果你的地图上没有勃朗峰，起伏的风景和陡峭的街道是不可能的。事实上，如果你在丹麦第二大城市奥尔胡斯骑行，当你带着自行车篮里的杂货回家时，你会感到大腿发热。然而在2015年，该市24%的出行都是骑自行车——预计这个数字还会上升。

几十年来，人们在丘陵城市骑自行车。那个时代的自行车，在今天会被认为无比沉重。他们穿着厚重的衣服和厚围巾，穿着靴子。现代自行车则在平整过的运动场地和地形上轻盈运作。

看看北美、旧金山和温哥华，是在城市景观中重建自行车最多的两城市。我和朋友们一起骑着立姿型自行车，在旧金山的山丘上起伏

哥本哈根索尔维特2月的一天下午，大雪纷飞。

而行。我并无特殊之处，只是一个穿着普通衣服的普通人，不是穿纤维骑行服的自行车选手。旧金山的市民已经在陡峭的山坡上找出路线，并把这条路叫作"盘山路"，现在这条路线标有官方标志来引导自行车使用者。温哥华也在推进自行车、行人和公共交通基础设施和城市规划，并且在这样做的时候，藐视地形。继续这样做吧。

另一个做同样事情的城市是挪威奥斯陆。该市不仅计划在一环路内打造一个没有私家车的市中心，而且还下决心修建自行车道和拆除停车场。2016年，我在这座城市呆了很长时间，虽然我从未喜欢过他们的山，但我确实学会了接受它们。奥斯陆的自行车共享系统非常成功，它使用三速车。骑着这些三速车，甚至是我的布利特牌载重自行车，上山都非常容易。

让我们看一看日本。世界上第三大自行车国家，全国拥有15%的自行车交通分担率。东京也有15%的交通分担率，我可以从经验中告诉你，那里地形起伏。像许多其他城市一样，人们过去骑自行车，现在又开始重新骑自行车了。

在里约热内卢炎热的夏日里骑自行车。

向哥本哈根学习
全球自行车城市化的决策指南

上图：里约热内卢骄傲的自行车的昔日辉煌。摄影师：未知
下图：格陵兰纳米塔利克的载重自行车运输。泰斯·莫滕森

不是说每个人都一直骑自行车去往任何地方。但有些地方更容易达成。比如当人们说，"像里斯本这样的城市怎么样？"你知道他们不是那里土生土长的，而是在度假时去过的。他们记得从爬山到拜罗阿尔托或阿尔法马去看旅游景点的大腿酸痛的感觉。该市最适于骑行的区域是该市 85% 低于 5% 坡度的地形，其中大部分范围都有通勤路线经过。从这些地方开始更容易。这也同样适用于挪威卑尔根。这座城市的大部分都在山谷里。就像你不会因为三天后可能会下雨而把自行车留在家里一样，你也不应该因为城市的一部分有山就不设计自行车道。

人们谈论的是山，但令人惊讶的是，风经常被排除在方程式之外。然而，丹麦和荷兰的情况并非如此，因为我们总是受北海狂风骤雨的摆布。

荷兰职业自行车手约翰尼·胡格兰（Johnny Hoogerland）说了所有丹麦人和荷兰人都知道是真的。他把在风吹中的荷兰骑车比作在比利牛斯山脉骑车。从根本上来说，强劲的逆风等于爬山。

事实上，我们在"向哥本哈根学习设计公司"做了一些计算。冬天的平均风速约为每秒 10 米。也就是每小时 22 英里或 36 公里。逆风骑车，相当于在 8% 的坡度上骑车。欢迎来到我们在哥本哈根一年中的这几个月的生活。没有山，但有风。相信我。

谬见 2：天气太热了！

"是的，米凯尔，但是人们不会骑在这里，你看。太热了。"哦。真的吗？带上护照。旅行到……比方说……塞维利亚。仅四年时间，这个城市骑自行车的人口就从原来的 0.2% 上升到了 7%。为什么？他们有没有举办楚门秀（Truman Show），把这个城市封装在一个空调下穹顶里？没有。他们建立了一个基础设施网络，使人们能够在周围骑车。夏天去那里，看着市民在 40 度的高温下骑车。市政府官员没有对酷热咕哝抱怨，也没有以此作为不投资自行车城市化的借口。他们刚刚做到了。南美洲最好的自行车城市之一里约热内卢怎么样？还是巴塞罗那？或者任何一个炎热闷热的地方，自行车在那里曾经繁荣过，现在又繁荣了。

> **冬天的平均风速约为每秒 10 米，即每小时 22 英里或 36 公里。逆风骑车相当于 8% 的坡度。**

澳大利亚？"太热了，伙计……"显然不是在昆士兰州，那里的档案照片显示 20 世纪 40 年代凯恩斯电影院外停放自行车或麦凯市政厅停放自行车的令人难以置信的场景。证据就在档案里。

谬见 3：但我们这里有寒冷的冬天！

天气环境经常与公民自豪感结合在一起。早在 2008 年，当我在"向哥本哈根学习"（Copenhagenize.com）和"哥本哈根骑行时尚"（CopenhagenCycleChic.com）网站上发布了哥本哈根市民在雪中骑车的一些照片时，主要来自蒙特利尔和明尼阿波利斯的男人很快就评论说那不是冬天。"我们有冬天。"还添加了关于丹麦温和气候的维基百科链接。当然，比他们的温和。显然，天气恶劣可以突显男子气概。

然而，2009-2010 年和 2010-2011 年的丹麦冬天，天气要活跃得多。漫长而艰难的冬天，那两年都如此。在我开始发布暴风雪高峰时间的照片后，一切都变得有点平淡。偶尔会听到关于"真正的冬天温度"的话题，但一般来说，照片清楚地表明了这一点。查看 #VikingBiking 标签。冬季骑自行车是一件再正常不过的事，自从自行车发明以来就一直如此。

冬季自行车大会始于芬兰的奥卢，这座城市有近 20 万人口，靠近北极圈，但 14% 的人口整个冬天都在骑自行车。温尼伯、明尼阿波利斯、蒙特利尔和莫斯科也曾主办过。蒙特利尔继续争论他们是否应该全年都把比溪（Bixi）共享自行车放在街上，但芝加哥和纽约等其他城市已经这么做了。

是的，冬季自行车不是什么新鲜事。几十年来，它无处不在。如今，减少冬天的影响要容易得多。哥本哈根和其他城市有专门服务自行车道基础设施的扫雪车队。先用盐处理，之后雪很快就被打扫干净。

大多数城市将街道划分为不同类别,哥本哈根也不例外。根据冬季维护作业需要,有甲、乙、丙三类机动车道。然而,自行车道网络优先级高于甲乙丙三类。如果你比较一下哥本哈根街头受保护自行车道的地图和需要先清除积雪的路段的地图,你会看到地图重合起来。该市的目标是所有主要自行车道,必须在早上8点前清雪,这是必要的。如果几十万人走出家门,面对20–30厘米(约8–12英寸)的雪,大多数人会打电话去工作单位,说他们走不到或去不了汽车站、火车或地铁站。从周二到周三,没有多少公交网能容纳20万新增乘客。许多人上班会迟到——或者根本不露面,这对经济不利。因此,需要使出浑身解数来确保自行车路面。

像哥本哈根这样的城市必须这样做,才能容纳大量骑自行车的人。而且要继续使自行车成为一种有竞争力、可靠的交通方式——这就是为什么新兴自行车城市必须从一开始就这样做。根据哥本哈根市的数据,该市75%的骑自行车市民整个冬天都在继续。城市里有多冷并不重要,有办法解决这个问题,让那些想骑车的人骑上自行车。

意大利最适合骑自行车的城市费拉拉的一名老年自行车手。

谬见 4：我们过去从未骑过自行车

啊，是的。那个名副其实的陈词滥调。在新加坡、温哥华、洛杉矶、奥斯陆等城市，我从普通市民和同事那里听到过这种说法。从编年史看，令人惊讶的事情出现了，就像 1897 年报纸上的一篇文章中显示的那样："世界上没有哪个地方比南加州更喜欢骑自行车，在美洲大陆也没有哪个地方像南加州一样一年到头都有如此有利的骑车条件。"

在接下来的几年里，洛杉矶享有自行车和公交车 20% 的交通分担率。

《谁陷害了兔子罗杰》仍然是好莱坞有史以来最伟大的都市主义电影之一。埃迪·维拉提（Eddie Valiant）骑在电车后座上，坐在那里做同样事情的孩子说："嘿，先生。你没车吗？"埃迪·维拉提回答说："在洛杉矶谁需要私家车呢？我们有世界上最好的公共交通系统。"我们都知道后来洛杉矶发生的事情。正如杜姆（Doom）法官在电影后段对埃迪说的：

"你缺乏远见，但我看到了一个人们上车下车，断断续续，一整天，一整夜。很快，香椿镇曾经的地方将会是一系列加油站、汽车旅馆、快餐店。轮胎沙龙、汽车经销商和奇妙的广告牌延伸到眼睛所能看到的地方。天啊，会很美的。"

没错。我们知道这个故事是如何结束的——但开始是来势汹汹的。在类似洛杉矶和新加坡这样的地方。听到两个来自那个城市的年轻城市规划者说"在新加坡从来没有人骑过自行车"，我发出了这段话，并从我们博客的一个读者那里收集了一些照片。新加坡市民骑自行车。20 世纪 40 年代甚至 80 年代。就在那里有各色自行车，棕褐色、黑色和白色。应有尽有。

巴西是另一个例子。虽然大城市对如何设计自行车道绞尽脑汁，但也有一些小城市从未停止骑自行车。

城市的名单还在继续。我发现即使在同一个国家，也有可能对显而易见的情形选择视而不见，更不用说短期的城市失忆了。我在捷克共和国布尔诺工作，当地人告诉我，这个国家从来没有真正骑过自行车。这让我很惊讶。"帕杜比斯呢？我刚从那里回来。"我与之交谈的那群人看起来很困惑。我说的是他们知道的一个城市，但我必须向他们解释，帕杜比斯有纵横交错的自行车道，自行车拥有可观的两位数的交通分担率。从布尔诺到帕杜比斯只有 156 公里（约 97 英里），两城都在同一个国家。我在意大利也有过同样的经历，不得不提到费拉拉和波尔扎诺，前者拥有约 30% 的交通分担率，后者位于"并不适宜自行车交通"的山区，却用自行车实现交通现代化。

巴西是另一个例子。虽然大城市对如何设计自行车道绞尽脑汁，但也有一些小城市从未停止骑自行车。乌巴图巴和洛雷纳都有大约

85000 名市民，每个城市 55% 的人每天都在骑自行车。阿拉卡茹有 640000 人口，有 100 公里的自行车道和 40000 名日常骑自行车的人。然后是里奥·布兰科、普拉亚格兰德、里约热内卢的佐纳奥特和蒙特斯克拉罗斯。据我所知，后者的交通分担率为 65%。像巴西的每个城市一样，里约热内卢有着自豪的自行车历史。你看到真实的模式了吗？伙计们，别再蒙蔽自己了。透过树木，看见森林。

谬见 5：丹麦人和荷兰人总是这样做。这是他们的文化。

我一直对自行车文化这个词感到尴尬。我为"向哥本哈根学习"设计公司开发的第一个口号是"建设更好的自行车文化"，听起来不错。脱口而出。然而，一位人类学家朋友对此提出异议。他说文化在自然进化——它们不是被建设的。公平点，这个短语在自行车这个词上也有同样的问题。它唤起了亚文化的形象，而不具有主流吸引力。

虽然我接受文化自然进化，但我坚信自行车文化并不真正存在于许多人听到或说出来时都会想到的环境中。这只是在受保护的车道基础设施网络上的自行车高效运输。当然，我使用过"文化"这个短语——讽刺的是，我也这么干过。

丹麦人和荷兰人的交通习惯没有什么独特之处，因为几乎所有地方的人都这么做了很长时间。事实上，自行车文化这个词在世界其他地方要流行得多。我们可以把它翻译成丹麦语——cykelkultur——但主要是指世界上其他人看着我们时所说的。我们在描述哥本哈根市中心的步行街网络时，也没有提到行人文化。事实上，许多人直到不久前才认为我们是行人。

1962 年 9 月 2 日，穿过市中心的主干道斯特勒格成为一条步行街。这是在汽车文化繁荣时期的大胆举措。这个想法并不新鲜。作者约翰尼斯·詹森（Johannes V. Jensen）早在 1913 年就写了一篇关于标志性街道交通的专栏文章，在引入公共汽车之后："我发现斯特勒格日益增长的交通变得极其危险。它早就应该被禁止了。这些公共汽车在世界任何地方都不会被容忍。在塞维利亚，那里有类似狭窄蜿蜒的街道，所有的公交交通都被禁止。在中国，几世纪以来都是这样。斯特勒格应该禁止所有车辆，包括自行车。这是我们市里唯一的散步场所。它现在并不漂亮，需要更多的树，但既然人们已经做出了选择，就应该允许步行道保持安静。"

另一个因素是经济繁荣。丹麦人想要一辆汽车，这几乎没有什么难度。

受扬·盖尔研究的启发，随着城市推进街道步行化的计划，出现了抗议来自……猜猜是谁……开汽车的人。据称，一个口号是，"我们不是意大利人！"这意味着丹麦人有车的时候，

一对情侣骑着自行车行驶在东京街头

不想在城市里走来走去。更不用说他们在过去的一千年里一直在首都这样做。尽管有抗议，这个项目还是完成了，瞧，哥本哈根的丹麦人发现了他们长着腿。其余的都进了历史垃圾堆。中世纪城市中心，一个精致的步行街网络纵横交错，大多数丹麦城镇中心至少有一个步行专用路段。如果必须起个名字的话，可以称之为文化，我不介意。但是基础设施影响行为——就这么简单。

谬见6：丹麦人骑自行车是因为汽车太贵了，他们买不起。

当你从远处看丹麦和哥本哈根，看到所有的自行车，也知道汽车要征收150%的税时，你会认为这两个因素是交织在一起的，也情有可原。不过，你可能错了。当今丹麦的现实是，即使征收150%的税——这是新车的最高税率——普通丹麦人也可以买车。此外，驾照的价格平均为2000美元。然而，在过去的四年里，驾照和汽车销量也都创下纪录，尽管主要是在各外省，而非城市里。

　　我有一个 15 岁的儿子，他的目光紧盯成年人。他含糊地提到过，希望在他 18 岁时获得驾驶执照，但是他的汽车在哪呢？他根本没注意到。有背包旅行可以去参加，有公寓可以去租住，有派对去欢乐。国家支付你上大学或任何高等教育的费用，所以把那笔费用从你的单子上划掉，买啤酒去吧。对我们邻近的朋友来说也是一样的。如果我看看和我同龄并有家人的朋友，他们中的大多数人在 30 多岁时买了第一辆车。也许是因为他们有这样的经济能力，但也是为了可以驾车去丹麦或瑞典乡下的避暑别墅。就我的朋友圈而言，我们仍然在一周内骑自行车去上班。在丹麦的其他地方，除了大城市，一个 18 岁的年轻人也会将驾照和汽车列为他的首选。如果那个孩子在那个年龄能得到一辆车，价格也不会高得让人望而却步。

　　另一个因素是经济繁荣。自 20 世纪 80 年代以来，随着丹麦工资的增加，税变得无关痛痒。今天买车比 20 世纪 70 年代的石油危机时期还便宜。汽油价格也是如此。丹麦人想要一辆汽车，几乎没有什么难度。

　　该税由以下要素组成：销售和注册、所有权税、保险税和燃油税。几年前，税率高达 180%，后降至 150%。当税率为 180% 时，丹麦政府年收入为 240 亿克朗（约 41 亿美元），随着丹麦人变得越来越富，这一数字下降到只

上图：双人共车的新方式。
下图：哥本哈根市民骑着载重自行车每周购物回家。现在被称为"奎科斯式购物"（quaxing）

有140亿克朗（约24亿美元）。确切地说在2017年的今早，我意识到当前右派政府已经进一步将某些中档车税率下调至85%，尽管仍对更昂贵的汽车保持150%的税率。几十年来，我们一直向窗外扔钱，但现今我们实际上在用钞票烧火。

谬见7：我们没有空间给自行车交通

在你的城市里，你也没有地方放汽车，但是天啊，天啊，看看你！这是一个经典的评论，这个或那个城市的所有汽车交通系统里，都没有自行车的空间。如果这是基础（情况），那么是的，这将是困难的。但是我们不应该试图把自行车勉强挤进我们的城市和街道。而应该将城市交通空间，重新分配给（自行车、步行等）其他交通方式，并在此过程中减少机动车辆的数量。

街道是建筑立面之间的空间。以及所有的一切。我们可以用它做任何我们想做的事。拓宽人行道，种树，铺设自行车道，缩小汽车车道的宽度，铺设电车或公共汽车车道——随便你怎么说。那些仅仅关注一条街，看一座固定建筑的人，对改善城市生活的事业没有帮助。在哥本哈根的中世纪城市中心和欧洲无数城市，他们已经明白了这一点。汽车限制在单行道，而自行车形成双向专用自行车道。或者自行车道上允许汽车行驶，车速必须跟随着骑自行车人的节奏。城市空间是我们的，听从我们的安排。如果你不认为骑自行车是解决办法，那你就是问题的一部分。

谬见8：我必须为现在骑自行车的少数人建造基础设施？！

这是我工作中从许多政治家那里听到的。你有点理解他们的观点，不管有多误导。圣彼得堡的副市长几年前说过，他试图拆除所有自行车道基础设施的谈论，声称在他每天两次往返涅夫斯基大街的旅途中，只看到几个骑自行车的人。然后自行车倡导者走出来，数了数自行车，登记了600名骑自行车的人——这当然让政治家们感到惊讶。

我喜欢哥本哈根67%的驾车者想要更多自行车基础设施的统计数据。

如果在勘测河流或港口时，没有看到任何人在游泳，是否意味着不需要桥梁？不，当然不是。如果足够安全，我们必须为骑行者规划我们的城市。不管怎样，这与那些铁杆自行车运动爱好者无关。主要不是为了骑自行车的人。而是为了那些乐意在任何城市中生活的人们的巨大潜力。

20世纪10年代和20年代，几乎没有汽车的空间。通过激烈的游说，大汽车公司开辟出了行车空间，并使后来几代人能驾驶他们购买的汽车。我们所需要做的对自行车骑行采用同样的办法。腾出空间，会有很多人骑车。每个城市都有至少 25% 的人口会选择"自行车"，就像它曾经被称为的那样，如果路面基础设施和交通稳静化得以实施。自 2007 年巴黎自行车共享系统"韦立吧"（Vélib）上街以来，巴黎已售出 200 万辆私人自行车。这是积极的引导需求。

如果你没有看到任何人游泳，这是否意味着你不需要桥梁？

我喜欢哥本哈根 67% 的驾车者想要更多自行车道基础设施的统计数据。为什么？因为我们给他们看了，他们明白了。他们可以直观地计算。如果一个驾车者坐在红灯前，前面只有五辆车，旁边自行车道上有 100 个骑自行车的人坐在红灯前，他们就能看到。如果那五个人骑自行车，我会是红灯前唯一的汽车……"我"很少开车，都是"他们"在开车——但他们明白。简而言之，如果你建造自行车道路，骑车者就会自然到来，每一次都如此。

谬见 9：**我们的城市已经蔓延！**

事实上，由于几十年有缺陷的规划（尽管人们花了一段时间才发现规划的缺陷），许多北美城市已经向四面八方蔓延开来，我经常听到人们评论说，与欧洲城市相比，美国城市太大了，自行车骑不进去。同样，这也不是说每个人都一直骑着自行车到处跑。这是关于先解决容易解决的问题。50% 的美国人住在离工作场所不到 5 英里的地方，所以可以开始。无论是将自行车和通勤列车结合起来，还是提供进出市中心以外车站的自行车安全基础设施，将公共交通与自行车的使用联接起来都是一件很重要的事。

在哥本哈根，在为汽车重新设计街道的 20 年中，大约 50% 的自行车基础设施被拆除。

哥本哈根也已经蔓延开来。实际上，它是欧洲第三大的城市。和许多其他地方一样，人们可能开车通勤一个半小时或更长时间到达城市。多方式联运是关键。骑自行车到当地火车站，结合各种出行方式，有助于增加自行车的份额。

这里的要点是很少有人会长途骑自行车。一个多世纪的经验揭示这一点。当然，如前所述，许多人"发现自行车是一种方便的交通工具，最远可以行驶 10 英里。"我们从丹麦和荷兰多年的数据中知道，绝大多数自行车行驶长达 7 公里（约 4 英里）。事实上，哥本哈根每天数十万骑自行车的人中只有 7% 骑得更远。它与人类学有关。人类更喜欢 30 分钟作为他们依靠自身体力而前行的最长时间。包括哥本哈根在内，许多中世纪城市步行穿越的时间大约需要 20-30 分钟。

让我们设计我们的城市,让我们先取得初步成果,然后开始专注于此并扩大成功。"我们的城市一直在扩张蔓延!"不是一个有用的论点。它是一个无知的借口。

谬见 10:自行车不能干一些事

在街上只剩下穿着弹力骑行服的自行车选手的地方,那么其他人认为自行车的承载力仅限于水壶、车载计算机和能量棒就还说得过去。短期失忆也会造成这样的结果。

我甚至不知道从何开始。自 2006 年以来,我在全球近 70 个城市,拍摄了 20000 多张城市自行车照片。新一点的问题是"骑自行车还有什么不能做的?"

几年前,我和一些朋友在一起,讨论我正在进行的摄影系列。为了好玩,他们开始挑战我。"我打赌你没有一张某人骑着车带着大提琴的照片。"我拿出手机找到了。"我打赌你没有一张有人骑自行车玩乐器的照片。"我找到了。"一个失去四肢的人?"我也有。"肩上扛着孩子的父母?"依然找到了。我们继续。我没能拍出一张骑在自行车上的猫的照片,但是找到了上百张各种尺寸的狗的照片。正如我将在自行车学一章中讨论的,骑自行车可以搬运的东西很多。

互联网既神奇又无情。回到 2015 年 1 月,新西兰奥克兰一位毫无戒心且相当不幸的名叫迪克·奎克斯(Dick Quax)的政客,卷入一场活跃的推特讨论,一名公民在讨论中建议当地的购物中心应该有更好的交通选择。迪克·奎克斯发了几条推文回应道:"在整个西方世界,没有人会乘坐火车去购物。""人们在火车上拖着每周超市购物回家的想法简直是异想天开。"……我骑自行车去买每周的东西——没错。其余的都是历史。欢迎来到不由自主的永生,魁克斯先生。互联网对您的功能固着做出了只有互联网才能做到的反应。照片开始出现在推特上,标签很快随之而来:#奎科斯。虽然最初的讨论是关于公共交通,但它很快演变成步行和骑自行车购物和运输货物。我知道有些人每周骑自行车购物,但大多数人——像我一样——几乎每天都去超市购物。大量研究表明,骑自行车的人比开车的人平均花费更多。无论如何,一个新西兰推特用户,非驾车主义者,用这样的定义使其官方化:

quax [动词](奎科斯式购物)——在西方世界通过步行、骑自行车或乘坐公共交通购物。

quaxer [名词](奎科斯式购物者)——通过步行、骑自行车或乘坐公共交通购物的人。

quaxable [形容词](能奎科斯式购买)——可以通过步行、骑自行车或乘坐公共交通购物的东西。

人们一定很喜欢。是全世界骑自行车的市民真正抓住了这一点,并散播开来。去探索标签吧。然而,请记住,用自行车运输各种物品的艺术和自行车本身一样是一件拥有悠久历史的事。

斯洛文尼亚首都卢布尔雅那市的基础设施网络的一部分，20世纪70年代初从丹麦哥本哈根复制其发展模式。

谬见 11：哥本哈根和阿姆斯特丹花了40多年的时间改造提升城市骨干绿道交通系统。我们也需要花那么长时间。

为更好的城市而工作的公民通常不会说出这个谬见。他们希望变化快点到来。这个说法通常是留给那些害怕承诺、不了解潜力或真的不在乎的政客们的。

花了40多年吗？是的。为什么？仅仅因为不着急。始于20世纪70年代的石油危机，到20世纪80年代和90年代加速的丹麦、荷兰和世界其他星罗棋布的一些城市，这是一个稳定、务实的过程。世界其他地方没有注意到这一趋势。丹麦人和荷兰人没有注意到世界其他地方的不一样的发展方式。他们只是继续奋斗。设计、建造、测量、测试、安装。不必真正匆匆忙忙，因为当他们走在正确的轨道上时，不知道真正要走多远。在哥本哈根，在为汽车重新设计街道的20年中，大约一半的自行车道路基础设施被拆除。手头的任务是慢慢重建自行车道，并对以汽车为中心的新现实做出适应。很少有丹麦人或荷兰人被邀请参加会议来谈论他们的工作。没有出版商，给像我这样的人发来电子邮件，来写关于以自行车交通作为骨干绿道交通路网的城市的书。这项工作在市政办公室悄悄地进行，没有大张旗鼓，也没有受到外界的关注。

随着道路使用者比例开始上升，引导发展的空间需求，使得道路网络和基础设施范围进一步扩大。如今，我们的政治绩效文化中设定了大胆的政治目标，以保持人们的兴趣，并让政治家当选或再次当选。

地球上的任何其他城市，都可以在40年内复制哥本哈根或阿姆斯特丹的成功。然而，我们现在看到的是，由于成功的蓝图模式可以很容易地复制实施，城市的发展速度实际上要快得多。为了找到最早的复制粘贴道路基础设施的最佳实践的例子，我们必须去斯洛文尼亚首都卢布尔雅那看看。

当我2011年在这座城市工作时，有一次我和这座城市热情而不知疲倦的自行车官员雅奈兹·贝尔通塞尔（Janez Bertoncelj）一起骑车。我们在一个新的十字路口进行实地考察，查看一些自行车基础设施问题。走出市中心，我低头一看，意识到我们骑在一些优秀的基础设施上，并发表了评论。贝尔通塞尔耸耸肩，解释说它可以追溯到20世纪60年代或70年代。

事实证明，大约50年前，卢布尔雅那开始考虑增加自行车交通量，同时保护骑自行车的人的安全。著名的斯洛文尼亚建筑师爱德华·拉瓦尼克（Edvard Ravnikar）在这一自行车循环道路的发展中发挥了重要作用。拉瓦尼克领导着新一代斯洛文尼亚建筑师，并受斯堪的纳维亚建筑风格的启发。他写了一两篇关于自行车基础设施优势的文章，这显然对接下来发生的事情起到非常重要的作用。一队规划师和工程师前往哥本哈根。

说不清先有鸡还是蛋，但一定需要自行车绿道慢行系统。

尽管丹麦首都的自行车使用率直线下降，但是仍有一些自行车道可被找到。这是冷战的巅峰时期，虽然南斯拉夫周边的帷幕是由串珠而不是由铁板制成，但在那个时代，能进行这样的调研考察仍然令人肃然起敬。

在研究了哥本哈根的自行车路面基础设施后，该团队返回卢布尔雅那，开始实施40公里（约25英里）哥本哈根品质的专用自行车道。一年后，骑自行车的比例从2%上升到10%。再读一遍这个句子。这是一年内400%的增长。在这个国家的第三大城市，采利市，仍然可以追溯到同一时代的受保护的专用自行车道——也是通过卢布尔雅那直接受到哥本哈根的启发。在接下来的40年里，首都的自行车水平一直保持不变，因为没有计划或建造更多的基础设施。近年来，卢布尔雅那又一次尝试自行车，将自行车视为交通工具的解决方案。他们现在有 73 公里（约 45 英里）的专用自行车道和 133 公里（约 83 英里）的自行车道来为他们的 28 万市民服务。

十年前，都柏林、巴黎、巴塞罗那、塞维利亚、波尔多、布宜诺斯艾利斯和明尼阿波利斯等城市几乎没有自行车了。现在，这些城市和其他城市正朝向自行车再次成为一种正常和受人尊敬的交通工具的未来加速前进。正如卢布尔雅那所知，说不清先有鸡还是蛋，但一定需要自行车绿道慢行系统。

在斯洛文尼亚卢布尔雅那的骑车人。

第 10 章
建筑

细部不仅仅是细部。细部是设计本身。

查尔斯·埃姆斯

在自行车城市化之旅中认识优劣成败至关重要，也要注意到那些事实上常是我们对手阵营里的盟友。交通工程就是其中之一，建筑也是。对许多人来说，这似乎有些奇怪。建筑不是和城市规划很相似吗？不幸的是，分歧比预想的大。对漂亮建筑的痴迷，往往也是存在于建筑，并未延伸到对建筑周围空间的理解当中去。

我曾在特隆赫姆待过。尽管气候和地形恶劣，挪威多年来一直是领先的自行车城市。大约 8% 的交通分担率。我在克拉里昂－特隆赫姆会议中心酒店的一次会议上做了主题演讲。这个酒店建于 2012 年，由 "空间组" 担任建筑师。我喜欢这栋大楼。在我看来，设计得很漂亮。我花了很多时间考虑结构和许多细节，包括内部和外部。然后我看到了。主入口外面是一个有四个点的小自行车停车支架。它不漂亮，但正在被使用。想象一下，设计一座壮观的建筑，然后有人在主入口旁边放一个便宜的自行车架。建筑师可能会相当恼火，（尽管我认为他们）更应该为自

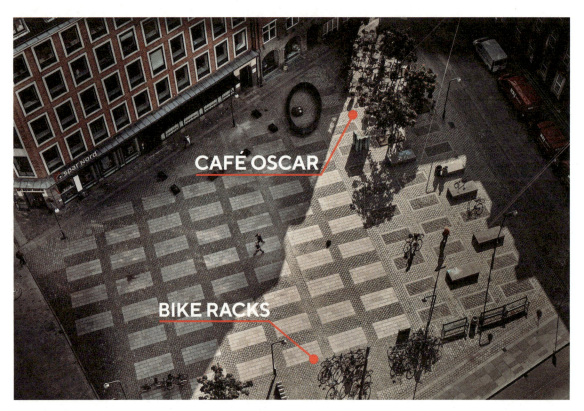

（上：奥斯卡咖啡厅 下：自行车架）自行车架远离哥本哈根雷根堡广场的热门目的地。史蒂文·阿奇姆/GHB 景观设计师

己忘记在入口设计自行车停车处而自责。它应该从一开始就被纳入整体画面加以设计。相反，建筑师现在在正门有了一个标志，表明他们在设计中是如何忽视交通设施的。

常春藤在丹麦有一个很好的名字——arkitektenstrst，或"建筑师的安慰"描述常春藤如何掩盖不良建筑的丹麦讽刺。就这家克拉里昂–特隆赫姆会议中心酒店而言，自行车架是一种安慰，与常春藤不同，它有实用价值。它被放在那里是有原因的：人们把自行车停在那里。从照片中你可以看出，多放些架子是个好主意。我在大楼里闲逛了一会儿，想看看建筑师是否不情愿地把自行车停放在其他地方，但是我没有找到。建筑师们似乎常常被他们闪亮的大东西迷住，以至于他们忘记了那些将要来和离开的人。如果这是凤凰城或自行车仍在努力扎根的其他城市，没问题，但这是一个自行车拥有 8% 交通分担率的城市，这只会让它更尴尬。

嘿，丹麦的项目也可能会失败，比如内港大桥。但会以你不会马上注意到的更微妙的方式。在哥本哈根市政厅旁边的瓦尔托夫广场（现更名为雷根堡广场，或彩虹广场）的重新设计中，作为整个维斯塔·沃尔德加德街重新设计的一部分，一个巨大的公共空间被创造出来。然而，自行车架被放置在自行车道旁边，在广场上与目的地相对的一侧，包括一家受欢迎的咖啡馆。我每个工作日都会经过这个地方，虽然有些人确实使用自行车停车支架，但许多人只是把自行车停放在离建筑物更近的支架上。离他们真正想去的地方更近。

建筑师们似乎认为最明显的停车地点是自行车道旁边，但是骑自行车的人更喜欢停在离目的地更近的地方，而且总是这样。一座没有设计自行车停车场的建筑从一开始就是一座未完工的建筑。

我们看到了一些来自诺曼·福斯特的经典噱头建筑和他的空中自行车道。我们希望这座建筑是空前绝后的，但唉，这似乎又成为一件事。建筑竞赛很棒。随当时的心情、趋势和想法用 Photoshop 软件做出一连串的设计，但我们也可以看到有多少建筑师对结构比对功能更感兴趣。

这是一条横跨世界城市河流的现代生命线，而不是咖啡杯。

有一个例子，是伦敦的一个新自行车和人行桥的公开竞赛，从九榆树到皮姆利科横跨泰晤士河，叫作 NEP（奈普桥）竞赛。竞赛任务书规定："……它的设计必须具有启发性、优雅性和功能性，执行起来也必须完美无缺，它还必须"为行人和骑自行车过河的人提供安全而又有魅力的连接，鼓励两岸之间的往来。"

透过自行车都市主义的视角来查看许多入围设计，有点令人沮丧。姑且说，曲线建筑似乎是建筑领域的一个新运动。在大多数渲染图中，为骑自行车的人提供一条简单合乎逻辑的直线未予以考虑。坡道似乎很受欢迎。

什么是桥？这难道不仅仅是从水的一边到另一边的一个重要的移动连接吗？这难道不是以历史上每座像样的桥为底线吗？请看巴黎或任何其他有桥梁的城市的地图。他们是直的。从此岸到彼岸，使用它的人得以从 A 地走向 B 地。

此轮英国国家开展的设计竞赛，看起来像是由不经常骑自行车的人设计的，更不用说常走路的人了。大多数是为那些在周日下午找个地方吃冰淇淋的漫步游客设计的。人们无处可去也无处可待。它们不是为一个不断运动的城市和有目的地走动的市民而设计的。想想坡道……那些坡道。我们一圈又一圈地走着，慢慢下降到河岸就像夏日微风中的花瓣。也许坡道是几十年以汽车为中心的规划的潜意识产物。设计师和建筑师的脑海中是否有一个小小的声音在说，"嘿……如果你必须上上下下，那么使用弯曲坡道。毕竟，这是他们在停车场和高速公路上做过的事情。"Adobe Illustrator 改进的绘制曲线功能显然大受欢迎。好吧，尽情炫耀你的烂桥，只是不要强迫人们仅仅因为你在 Illustrator 中学到了一个新技巧就改变他们的城市轨迹。

竞赛中的许多设计都没有任何特定原因而弯曲，没有考虑到让人们去他们想去的地方。相反，似乎有一个明显的重点是通过创建一个移动障碍跑道来增加旅行时间。

一些设计完全摒弃了坡道的想法，而将骰子掷在了楼梯上。一座横跨世界主要城市河流之上的大且充满奇思妙想的现代桥梁，你必须通过楼梯才能到达那里。尽管有些设计采用电梯来进一步降低速度，还有一种设计是在自动扶梯上放置自行车。

如果你想在新世纪的第一季度建造一座自行车和人行天桥，我们能同意楼梯和电梯不应该是你的出发点吗？

建筑竞赛可能令人兴奋。然而，那些将建筑与城市空间和／或交通结合起来的建筑，揭示了建筑与市民的可移动性需求之间的脱节。上面的竞赛任务书应该重新措辞……它必须在设计上发挥作用，在执行上完美无缺，而且令人振奋和优雅。这是一条横跨世界城市河流的现代生命线，而不是一个咖啡杯。

建筑师对城市可移动性和自行车在城市中的作用，缺乏真正的了解，而开发商似乎就更落后了。公平地说，许多城市都有过时的规范，强制开发商为新建筑提供一定数量配建停车位。同样，公平地说，我交谈过的许多开发商宁愿减少停车位的数量，取而代之的是创造额外的居住单元或零售空间。

变化来得很慢，但这是设计漫漫长夜里的一颗启明星。在瑞典马尔默，哥本哈根的对面，豪斯切尔德＋西格尔（Hauschild + Siegel）建筑师事务所设计了 OhBoy 自行车屋。这是一栋有 55 个单元的公寓楼，也是一家有 32 个房间的酒店。这座建筑只有一个停车位——瑞典法律要求的残疾人停车位。

整个建筑是为骑自行车的居民设计的。门和电梯比正常情况宽，以容纳载重自行车。原则上，居民可以把自行车开进大楼，上电梯，直接进入公寓。甚至直接到冰箱门口，这样他们就可以从自行车上转移他们的杂货。

如此聪明——但也如此简单。豪斯查尔德＋西格尔（Hauschild + Siegel）建筑师事务所和马尔默市走在了前面，但我们将会看到更多类似的开发出现在世界各地的城市。为自行车交通和城市生活而设计。

第 10 章
建筑

上图：一个急需的自行车架，放在克拉里昂－特隆赫姆会议中心酒店的门外。

下图：瑞典马尔默的 OhBoy 自行车屋开发项目。现代城市中的免车（carfree）生活。豪斯查尔德＋西格尔建筑师事务所。

第 11 章
意愿路线与对交通行为的理解

你可以通过观察,注意到很多东西。

尤吉·贝拉

"那些该死的骑行者。"没错,你以前可能听过别人说这句话。你甚至可能念出,或者至少在脑子里念出同样的话。随着自行车回到我们的城市,许多城市居民正试图找出骑行者,那些城市孤独症患者。总的来说,主要关注点是行为,但压倒性的负面焦点新闻掩盖了在一个城市有骑自行车的人口的所有积极方面。我们是保守的人群,受法律和道德规范的约束。人们很容易看到犯罪率高的低收入社区,列出人们可能的违法原因。缺少机会、工作岗位少、教育体系有缺陷、决策者未能致力于改善社会结构、忽略穷人的系统等等。

在骑自行车的时候闯红灯,就不会有人想要尝试理解这一行为。它被贴上了错误行为的标签,就这样结束了。遵守规则,你藐视法律!这是适得其反的。相反,我们应该质疑以汽车为中心的交通规则对骑行者来说是否真的行得通,并研究他们的行为,以便理解他们为什么违反这些规则。目前,如此多的城市都在努力弄清楚骑行者应该在哪里。他们经常被允

在哥本哈根,骑车的人正骑行在穿过十字路口的意愿路线轨迹上。

许共享人行道和使用公路。他们没有自己的系统或自己的活动空间。他们只是被粗暴地推进了现有的严密体系中，这只会引起所有人包括骑行者本身的反感。令人惊讶的是，考虑到自行车已经成为我们城市生活的一部分，超过130年了，我还没有成功找到骑车人行为研究的有用案例。看起来，几十年来，自行车是如此的正常化，以至于我们都懒得去看它，然后，一旦它从我们的城市大面积消失之后，我们甚至再也看不见它了。

即使在哥本哈根，我们也能听到和其他地方一样的关于骑行者行为的评论。对骑车人的行为有很多模糊的、经常是不准确的认知，而在对它的研究和数据收集中存在着一个巨大黑洞。个人对任何事物的感知，对个人来说都是有益的，但当你试图理解、描绘和解决一个特定的问题时，这种感知又是无甚益处的。

缺乏知识，导致我和我的团队开拓了我所说的意愿路线分析工具。是时候开始分析并希望理解骑车人的行为了。如果没有人能给我关于它的数据，我将不得不自己开始收集数据。

和自行车城市化的许多方面一样，缺乏知识迫使我们去其他地方寻求灵感。美国社会学家霍华德·贝克尔（Howard S. Becker）从他1963年的著作《局外人》（Outsiders）开始，在改变社会学家对离经叛道的行为的看法方面，发挥了重要作用。在贝克曼的分析中，偏离理论必须着眼于是什么导致个人或群体被视为自己人或局外人。

"向哥本哈根学习"设计公司的大部分项目是城市规划、交通规划和城市设计。我发现把社会学和人类学放在（思考层次）金字塔的顶端更有帮助，以便在为他们做计划之前，先了解公民及其行为选择。

个人对任何事物的感知，对个人来说都是有益的，但当你试图理解、描绘和解决一个特定的问题时，这种感知又是无甚益处的。

2012年4月的一个星期三，我把一架照相机固定在窗外，拍摄了哥本哈根的一个十字路口12个小时，以记录城市十字路口的交通流线分布。我选择了公寓外面的十字路口，在哥撒赛维（Godthåbsvej）和诺卓·法斯韦（Nordre Fasanvej）的拐角处，因为这很容易，也因为这个区间实际上是一个交通空间。诺卓·法斯韦（Nordre Fasanvej）是一条跨城街道，哥撒赛维（Godthå bsvej）大街引导人们进出市中心。这是一个人口稠密的社区，但是在这个十字路口很少有受欢迎的目的地。人们从四面八方穿过它。该十字路口的设计与世界上大多数其他十字路口相同，都是以汽车为中心，但是有自行车道通向这里和离开这里。拍摄结束后，我把录像交给了人类学家阿格内特·苏尔（Agnete Suhr），并让她研究骑行者和其他使用

第 11 章
意愿路线与对交通行为的理解

者是如何使用空间的。我们会把每个骑车人穿过十字路口的确切愿望线映射到厘米,记录有多少骑车人违反了丹麦交通法规,并研究骑车人和其他交通使用者之间的互动。我使用的是一种最直接的人类观察。

我相信意愿路线,也被称为"愿望之路",是城市规划中最美丽的表达方式之一。它描述了市民,或流浪动物,将如何选择最直接的路线,而不管他们如何努力用障碍控制自己的行动。例如,与规划好的网格城市相比,欧洲老城蜿蜒的街道似乎不合逻辑,但许多街道最初是由放牧牲畜的农民形成的,或者是古老的乡村小路,后来在它们周围建起了建筑。

意愿路线与交通工程的固定结构冲突,控制这些城市意愿的尝试,在城市中的任何地方都是可见的。安全护桩、栅栏和围栏已经竖立起来,希望行人和骑行者能被迫沿着预先确定的路线前进——其中大部分都为了避免扰乱汽

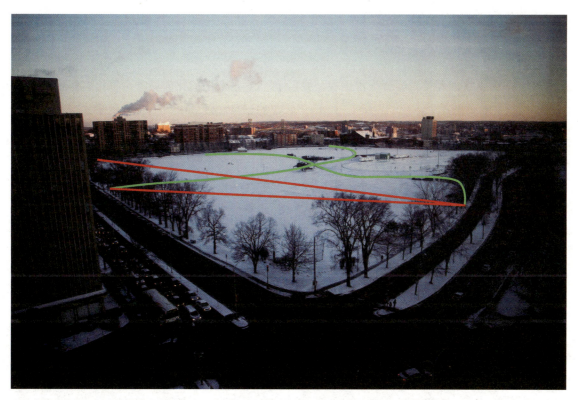

照片来自作者位于加拿大最古老的城市公园哈利法克斯的酒店公共房间,绿线显示了现有的道路,红线显示了穿过新鲜积雪的意愿路线。

左图：巴西圣保罗，一名骑行者沿着一条自己期望的路线走向一条高速公路。
右图：骑行者在都柏林的一条小路旁边刻出了一条意愿路线。

车交通。一如既往，人类对设计作出回应，并找到绕过这些障碍的方法。

几年前，在加拿大哈利法克斯的一个酒店房间里，我眺望着加拿大最古老的城市公园。哈利法克斯公园建于1763年，虽然大部分原始空间已开发出来，但它仍然是这座城市的主要公园。夜里下雪了。第二天早上，我查阅了一张现有道路的地图，但随后我看到两条笔直的道路穿过积雪形成于其他地方（非原有道路的地方），市民们在早上通勤高峰时从邻近地区步行甚至骑自行车前往市中心而产生。那天城市里也发生了交通罢工，增加了公园的客流量。两条期望路线，笔直的像雪地上雕刻的箭头。第二天晚上又下雪了，我就在那里，像橱窗里的小狗一样，看着意愿路线在完全相同的地方形成。一个现代化的城市会根据这些线条做相应的记录和规划。另一个例子是蒙特利尔的里端社区。自1876年以来，这里就有一条铁路，是连接加拿大的横贯大陆铁路的一部分。如今，铁轨两边都是人口稠密的街区。加拿大太平洋铁路公司不愿意听到市民和勒高原区要求平交道口的呼声。他们满足于人们不得不走大量弯路来跨越鸿沟。有许多明显的位置可以放置市民的意愿路线，市民们仍然坚持要进入。两边的栅栏上经常有洞。加拿大太平洋公司玩猫捉老鼠的游戏，有时在同一天，当他们发现洞的时候会修补它们。他们在铁轨上巡逻，抓到"非法闯入者"时就交罚款。与此同时，市民们甚至有一个脸书小组来让彼此了解新的漏洞，而且他们没有显示出任何迹象会停止创建他们的期望线路，在这些路上行走。

市民一直向我们传递关于他们想如何利用城市空间的信息，我们的工作就是根据他们的动作来观察、倾听和重新设计。意愿路线很容易被视为对权威的藐视并被忽略，但意愿路线比权威更为重要。这是正在运行中的城市民主活动。

回到我公寓外面的十字路口，在12个小时的时间里，我们记录了16631名骑行者从各个方向穿过这个空间。每个轨迹都被尽职地记录下来，并被分配一个字母编号。渐渐地，模式开始出现。第一项任务是计算和收集交叉路口用户数量的基本数据。然后我们开始绘制行为图。

我想要的第一个数字是有多少人违反了交通法规。我们很早就意识到这并不像我们预期的那样清晰，但是惊人的是，93%的骑行者都是按章办事的。我们把他们归类为墨守成规者。我问过一些同事，包括当时的交通和环境市长莫滕·卡贝尔（Morten Kabell），他努力改善骑自行车的条件，猜猜有多少人违反了交通法规？大多数人猜测是30%–50%。听到实际数字只有7%，每个人都感到震惊。个人看法被数据压倒了。当我们仔细观察这7%时，发现我们可以把他们进一步分成两组。

意愿路线很容易被视为对权威的藐视并被忽略，但意愿路线比权威更为重要。这是正在运行中的城市民主活动。

当然，纯粹主义者可能会说你不能"扭曲"规范。规范就是法律，具有法律效力。但是，如果我们的出发点是以汽车为中心的法规不利于其他交通形式，那我们就需要有不同的思考。当我们盯着骑自行车的市民时，我们研究了他们是如何违反规范的。并非非黑即白。创造一个新类别，我们称之为保持动势者。没错，他们骑车穿过了人行横道或红灯时右转，违反了交通法规，但他们这样做的方式很慢，而且也考虑到了其他交通使用者。机械的本质是你不想停止转动，你会尽你所能保持你的动力。我们称之为鲁莽者的最后一组。他们打破了规范，很少顾及其他人。离开自行车道像汽车一样左转或闯红灯。他们仅占16631名骑自行车者的1%，其中大多数是自行车快递员——他们几乎不能代表世界上任何地方的普通公民。

自2012年以来，"向哥本哈根学习"设计公司已经在许多十字路口直接观察过106000名骑行者。

我们观察得稍微近一点，奇妙迷人的行为细节出现在动力者群体中。一种模式变得清晰起来，我们注意到他们的肢体语言，因为他们试图保持他们的势头，例如，在左转时蜿蜒穿过人行横道。

我们不需要成为人类学家来假设，如果人们做了一些"非法的"或社会不可接受的事情，他们作为人类可能会在身体上退缩或让其他"群体"不太注意自己。当我们尴尬的时候，我们会收缩或遮住脸，或者使用其他身体语言技巧来转移注意力。事实证明，在这个特殊的十字路口，情况正好相反。一个人骑车穿过人行横道。他从车座上站起来，骑行得很慢。他增加了自己的体型，让别人更容易看到他。当我们拉近镜头时，许多做这种事情的人脸上都带着微妙的微笑和愚蠢、歉意的表情，四处张望，但没有特意看任何人。这一整套行为表明他们非常体谅其他交通用户。一旦他们再次到达一个"合法区域"，他们就会恢复习惯性姿势，前往目的地。这是我们在自就职研究以来所做的所有期望路线分析中看到的东西，非常迷人。

这个主题有许多变化。骑行者有时会从车座上站起来，但有时也会把自行车变成踏板车，摆动一条腿，用脚推动自己。"我不再是真正的自行车手了，明白吗？"直到他们到达另一边的自行车道，然后再开始骑自行车。但他们保持骑车的动势，这是首要目标。

假设骑行者有违规的强烈想法是一个站不住脚的假设，这缺乏对人性的基本理解。现代人是保守的群体。我们不会在一个城市四处寻找违法的机会。我们只是想过上没有困难的美好生活。找份好工作，坠入爱河，保持健康。但是我们也会对糟糕的设计，或者根本没有对设计作出应有的反应。

出现的另一个细节涉及"带头人"——那些影响他人行为的人。毫不奇怪，自行车道上的停车线是为骑行者设计的。偶尔，骑行者会慢慢从它旁边骑过，以便在从目的地A到目的地B的旅程中，获得一些心理优势。如果红灯前第一个骑自行车的人停在那条线上，其他人会在后面等。如果第一个骑行者骑过这条线，在更靠近转角的地方等待，后面的骑车人也会这样做。带头人影响了他或她背后的人的行为。

这种直接观察方法是如此有趣、有用和有益。在大多数调查中，人们被电话问询一些问题。这是一项有用的调研技术，尽管有缺陷。例如，在一项关于开车时是否系安全带的调查中，绝大多数人会回答是。因为这是正确的答案，也是社会对我们的期望。这是一个公开的偏好。尽管大多数人宣称他们系安全带，但是仍然有很多人因为没有系安全带而被开罚单，这表明他们在回答调查问题时对事实可能持更开放的态度。通过让人们继续他们的生活并观察他们这样做，我们完全是在揭示偏好。当我们掌握的关于骑车人行为的唯一信息，主要是非骑车人的大量个人看法时，在谈话中注入一些严肃的数据和观察也就变得非常重要。

自2012年以来，哥本哈根设计公司已经在许多十字路口直接观察到10.6万名骑行者。其中有8万名在哥本哈根，但我们也在巴黎、巴塞罗那、阿姆斯特丹和蒙特利尔进行了分析，以了解骑车的现代人对不同的基础设施类型有何反应。

第 11 章
意愿路线与对交通行为的理解

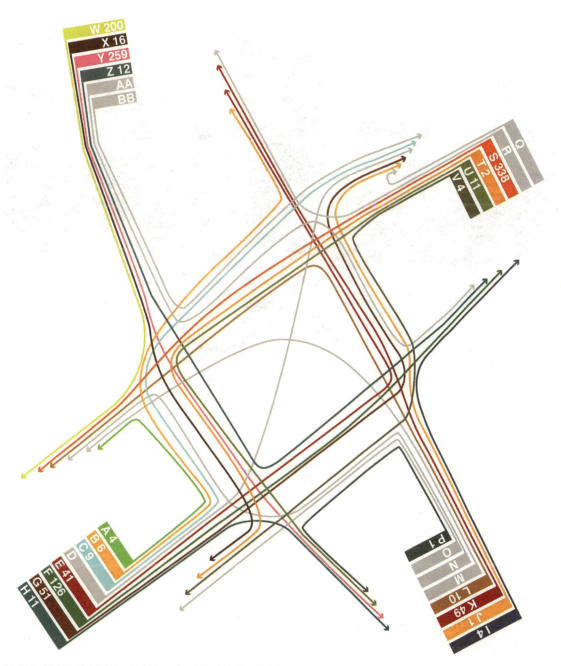

"向哥本哈根学习"设计公司绘制交叉路口期望路线的工作案例

向哥本哈根学习
全球自行车城市化的决策指南

一个案例：一个骑行者在通过马拉松比赛时改变身体形态，让街上的其他交通使用者更容易看见他。

在80000名哥本哈根人中，只有5%的骑车人违反了交通法规。由于城市规划缺陷，一些地方的违规更多，通过识别这一点，我们可以建议改善基础设施。在通往世界上最繁忙的自行车街——内尔布罗加德的十字路口——索托维特，拐角处用宽阔的人行道进行了美化。这个位置的违规者比我们在其他十字路口观察到的多。骑自行车从城市回家的人会看到前面有一条直达AB点之间的路线，行人稀少。许多人没有走到街角等着红灯右转，而是穿过人行道。

优势显而易见。你保持你的动势，在穿越空间时，你能清楚地看到迎面而来的骑行者，并能调整你的速度以便融合。虽然我们注意到当一个人进入"非法区域"时他的肢体语言会有明显的变化，但这里却不同。骑行者不会抱歉地改变姿势。在这个位置横穿人行道被认为是正常和可接受的移动行为。在这个地方重新设计自行车基础设施是明智的。这将使我们许多市民下午回家的行为合法化。

我们与阿姆斯特丹大学合作研究了阿姆斯特丹市早上高峰时间的十个十字路口。自行车基础设施的拥堵是一个问题，因为拥挤的空间导致骑行者避开它，并试图保持动势，在此过程中绕弯或违反交通法规。该市现已重新设计了一些十字路口，回头看看情况如何改善将会很有趣。在第一次分析后，我们记录下15%的骑行者会抢行。比哥本哈根还多，但与阿姆斯特丹人猜测骑车人行为的认知的数字相比，还是低得惊人。数据改变了对话的内容。

> **看来作为群居动物，骑行者似乎不太可能在早晨的自行车队伍中冲出来，做一些被认为是社会不可接受的事情。**

直接观察所有这些骑行者的过程，从记录原始数字开始，然后我们开始观察行为。在2012年的第一次分析中，我的一名员工佩德罗·马杜加（Pedro Madruga）是一名环境工程师，他决定再深入一点，看看我们能否挖掘更多的数据。除此之外，他在时间线上划分了骑行者，有一件事特别让我们吃惊。我们可以看到大多数保持动势者和抢行者在一天中的什么时候偏离了交通法规。一旦佩德罗准备好了数字，我们办公室的所有人都猜到一天中的什么时候大多数人会服从或违反交通规则。我们都相信，那是在早上高峰时间，哥本哈根的高峰时段交通量大、强度大，而且被压缩在早上7∶45-9∶00之间的狭窄时间范围内。

大多数哥本哈根人似乎在早上8∶00、8∶30或9∶00上班，高峰期在上午9∶00。由于繁忙的自行车道上分配的自行车空间非常大，我们都认为早上会有人违反法律。但是我们错了。大多数异常行为发生在下午的高峰时间，比早上展开的时间要长。

作为群居动物，骑行者似乎不太可能在早晨的自行车队伍中冲出来，做一些被认为是社会不可接受的事情。我们手挽手，所以任何不正常的行为都更容易被注意到，因此我们坚持规则。然而，下午的时候，自行车车流群会分散得更稀疏一些。早上只有两个共同的目的地——工作或学校——而下午有很多。人们早早回家接孩子，或者工作晚归，有逛超市的，参加体育娱乐的，进行社交访问的。关键是骑行者从城市骑车回家，周围的空间更大，"街道眼"也更少，这让他们觉得如果他们在规则方面更灵活，没人会注意到。在拥挤的、只能站着的火车上，你不会抠鼻孔。你要等到你周围有更多的空间。尽管如此，违规行为是微不足道的，一点儿也不夸张。

> **哥本哈根人不是有着高尚良知的环保战士，骑行、循环回收和食用有机食物，在道德高地上俯瞰众生。**

哥本哈根街头微妙、诗意、优雅、偶然的手势信号

总的来说，在观察了 5 个城市的 106000 名骑行者后，我们已经确定，绝大多数人和其他人都有同样的愿望：按部就班地在城市里走来走去。一小部分人会轻轻逾越规则，以保持动势。其中只有一小部分会以大多数人认为不可接受的方式违规。骑行者想顺应潮流，而我们有责任设计道路基础设施，让他们能够这样做。哥本哈根拥有世界上表现最好的骑行者，因为直观、设计良好、统一的自行车基础设施网络，促使他们表现领先并且给他们鼓励。

话虽如此，日常通勤中还是会有一些地方，让我自己变得反常——而我并无愧色。我会在路线上的双丁字口的自行车道上慢慢骑行，只有行人通过时才会停下来，否则我会闯红灯慢慢前进。哥本哈根交警拒绝让丁字路口变成让行区，而是由交通信号灯控制，所以我对他们缺乏城市规划专业知识和墨守成规的态度置之不理。我会在几个地方闯红灯右转——在这样做的时候减慢到龟速——因为我想通过把自己从排队中腾空出来，为骑行者腾出空间，也保持我的动势。

毫无疑问，道路基础设施是提高城市自行车水平的唯一途径。如果基础设施设计良好，并优先考虑骑行者，那就更好了。我经常把这与垃圾处理相类比。丹麦在全球垃圾回收方面表现良好，我和许多城市的公民一样，被告知尽可能回收的重要性。我也是一个忙碌的人，是两个孩子的父亲。如果有困难，我不会像现在这样回收。我的城市为我和我的邻居提供了回收垃圾的设施，使得回收变得相当容易。在我们的公寓里，我们有金属、硬塑料、电池、纸板、纸张和玻璃的小容器。在我们的后院，自行车棚附近有相应的大集装箱。没有费力的弯路，简单有效的A地到B地的直达，就在我的日常生活中运转很好，因为时间是最重要的。

另一个例子是1942年建立的丹麦瓶子存放系统。许多国家都有存款制度，但我觉得这个制度非常特别。它为市民提供了一个简单且高利润的回收系统。同样，丹麦人人均购买的有机食品比任何其他国家的公民都多。原因很简单，食品生产行业很早就认识到有机食品受欢迎程度将呈指数增长。他们没有在商品上贴上理想化的标签，而是保持价格合理，这使得普通市民在超市做出正确的选择变得容易且负担得起。

所以，如果我们已经说了将近一个世纪同样的话而没有任何行为改变，也许是时候改变我们对骑自行车的看法了。

重点何在？哥本哈根人不是有着高尚良知的环保战士，骑行、循环、回收和食用有机食物，在道德高地上俯瞰众生。没有。他们是寻常、保守的人，拥有必要的基础设施，可以舒适、不费力地为社会做益事。这里并没有催促人们改变他们的天性。挂着微笑牵着手，引领他们走集体之路。

我们可以通过数据来对抗对骑车人行为的偏见，我们将继续这样做。在哥本哈根的辩论中，当面对这种个人看法时，我经常指出另一个方面。自从自行车发明之日起，人们就一直抱怨骑车人的行为。我研究了早在20世纪初丹麦报纸上的文章、专栏和给编辑的信。发牢骚的人总发牢骚几乎不是啥新鲜事。

丹麦最受欢迎的讽刺漫画家和作家之一，罗伯特·风暴·拉斯穆森（Robert Storm Rasmussen），被称为风暴·皮（Storm P），在1935年的一本书里发表了一篇讽刺文章，他在书中取笑骑行者的行为——或者更确切地说是公众对此的看法。像20世纪30年代中期哥本哈根的大多数人一样，他自己也是一名骑行者。他的书中包含了一幅一个人几乎不知不觉地用一根手指指向左边的画。

标题写道，"在哥本哈根，如果你要转身，

你要伸直手臂向下向左伸出一根手指。这告诉交通中的每一个人你不会转向哪个方向。"整篇文章都很有趣,代表了哥本哈根的自行车风潮——或者任何一个自行车运动成为主流的城市。自20世纪30年代以来,几乎没有什么变化。所以,如果我们已经说了将近一个世纪同样的话而没有任何行为改变,也许是时候改变我们对骑自行车的看法了。很明显,很长一段时间以来,我们一直在错误地看待这一切,却没有试图去理解它。

我还没有完全结束关于行为的研究。在工作中,我坚持不懈地致力于让99%的人骑自行车出行,我发现有趣的是,一些城市取得了比其他城市更多的进步。道路基础设施水平绝对是关键,而有些城市更容易达到。

行为挑战

20世纪70年代,当哥本哈根开始在城市景观中重建自行车之旅时,出发点并没有明显的自行车亚文化存在。女性骑行者数比男性稍少,但是没有自行车邮递员团体,或穿着莱卡弹力骑行服的"自行车爱好者"来影响我们的主流自行车文化。对每个公民来说,我们直接跳到了城市自行车的主流化和民主化。所发生的是亚文化数量的增长,并且一直持续到今天。主流城市自行车鼓励丰富的多样性。

在一些重新崛起的自行车城市,这就是城市自行车运动的成功发展。在没有任何强势亚文化的情况下,第一批行动者只是普通公民,他们希望优化从A地到B地的旅程,减少他们宝贵的出行时间。例如,在巴黎,大多数开始使用自行车共享系统的人都是乘地铁或火车来的。直到今天,你看到的大多数在城市骑行者和你在公共交通上看到的人是一样的人。

和哥本哈根一样,巴黎蓬勃发展的主流自行车生活引发了人们对亚文化日益增长的兴趣,为自行车友好型城市增添了丰富的元素。如果我们将巴黎与同一个联盟中的其他城市相比较,在其他地方,自行车亚文化有着强大的、通常是主导性的存在,无论是像纽约这样的城市中的邮递员人群还是许多城市中的赛车人群。他们中的大多数人将继续骑自行车,即使没有目前对城市自行车的强烈兴趣,也没有日益增长的自行车道路基础设施网络。

几十年来自行车形象的狭隘投影,已经导致这些城市普通民众将自行车视为一种边缘化得活动,他们经常将骑自行车与"骑行服"、俱乐部或社团联系起来,而不是每个人的事情。

自行车在城市景观中的重新出现让新的骑行者走上街头,他们中的许多人都受到先前存在的亚文化影响,无论是"装备"还是态度。无论他们是否坚持,他们的榜样作用都是明确的。在普通人看来,骑上自行车,他们便成为亚文化的成员。经常与他们的初衷恰恰相反。普通民众似乎渴望其他的榜样。当然,亚文化对主流的影响并不新鲜。亚文化每天都会影响主流文化，但是很少有边缘群体完全主宰主流的例子。我们大多数人都舔过邮票，写过信，但很少有人是集邮俱乐部的成员。

问题是亚文化自行车群体以其占主导的边缘态度在多大程度上限制了城市自行车的发展。我们如何将自行车的形象从亚文化中分离出来，并使之正常化？这就是挑战。

我看到行为运动开始出现，骑行者被告知要所有骑行者"守规矩"。不幸的是，自行车业文化的主导性质使得很难改造城市自行车运动，也很难向怀疑论者推销自行车作为交通正常部分的概念。许多人只看到边缘群体的积极态度，并根据这些人在城市里骑行的方式，对自行车交通方式作出判断。

当你为骑行者开始行动的时候，问题是如何定义你的目标群体。你在和谁说话？你真的能把骑自行车的每个人都归为一类吗？是后座放着两个孩子的母亲，还是肾上腺素驱动的"城市战士"？不，你不能。针对"所有"骑自行车者的活动，有疏远新的骑自行车者的风险，他们才是自行车再民主化的关键。是玫瑰丛中最饱满的花蕾。

如果这是我们的目标，那么可能有必要将城市自行车的形象与亚文化区分开来，以便向普通大众展示自行车属于一般公民，那些只是把它当成交通工具的公民。毫无疑问，这可能是一个痛苦的步骤，考虑到许多地方自行车社区的小而紧密的特点。然而，当共同利益发挥作用时，这是一个必要的步骤。当我在推特上表达这些原则时，我会得到通常的回应。"我们都是骑自行车的！不要分裂！"嗯，老兄（抱歉，通常是个老兄）！我不是你俱乐部的持卡会员，我永远也不会是。绝大多数人也不会。永远不会。针对骑自行车者开展行为运动，只会维持自行车运动的边缘化，只会加深人们的误解，即城市自行车不是每个人的事情，而是一个局外人。

如果你不同时指责其他交通使用者，而只指责骑车人的行为没有任何好处。行为运动旨在消除了大家对骑自行车者的这种关注，也使自行车在公众心目中处于平等的地位。

但是如果指责是你的责任，那就把它们指向城市里最危险和最具破坏性的因素：司机和他们驾驶的汽车。即使你在谈论亚文化，也会变得艰难。亚文化有他们自己的代码和语言——骑自行车也不例外，无论是锁鞋还是纤维紧身骑行服加身的自行车手。他们因与众不同而自豪，并经常以他们在城市风景中的独特性来定义自己。他们的外部环境——汽车文化等——在许多方面决定了他们感知的（有时是真实的）态度、风格和角色。

当你告诉他们要守规矩时，你不会走得太远。新的骑行者，缺乏替代性的榜样，也许会觉得你在对他们说话。你要么加强他们与地下活动的联系，要么把他们完全推开。平等对待骑行者比强调他们是陌生人或异类更有好处，尤其是当你面对这么多的骑行者可能不想成为

巴黎人使用"韦力巴"城市共享自行车出行。

地下的新骑行者时。

有一个重要的社会学角度值得考虑。当一个地下组织看到他们选择的文化成为主流时，它经常滋生怨恨。"我这么做已经很多年了，现在每个人都在这么做！"这无助于将城市自行车运动纳入主流。以下是我从纽约报纸的一篇文章中获得的一段引文：

"当自行车成为时尚潮流时，骑自行车肯定有不好的一面……如果你让一群摇摇欲坠、摇摆不定的时尚人士走上城市街道，却不知道如何在交通中骑自行车，事故就会发生。"

经验当然很重要。但是这是一个"纯粹主义者"攻击其他骑行者。

你知道吗？刚到游乐园玩野外游乐的人抓

得最紧。"摇摆不定"不一定是危险的。"风度比速度重要"可能是自行车史上最伟大的交通安全口号。这可能会激怒纯粹主义者，他们现在不得不骑得更疯狂，以避免在他们以前神圣的都市景观上出现新的障碍。但说真的，谁在乎呢？这就是民主和民主进程。

开展以骑自行车者为重点的行为运动只会继续自行车运动的边缘化，只会加深城市自行车不适合所有人的误解。

地下的一些部分正在反抗主流。就像100多年前富人看到他们珍贵的玩具——自行车——成为主流一样。他们嘲笑、奚落、唾弃骑自行车的劳工和妇女。历史似乎在重演。更有理由坚持我们的立场，继续努力把自行车还给人民。自行车第一次使用时起作用了。它也会再次奏效。

能让我们做成事情的，是许多其他与我们相似的人，在做同一件事。如果人们凝视着一面巨大的社会镜子，看到志同道合的公民们回头看，他们会更容易改变行为。

第 12 章

神秘的自行车语言

心理学的目的是让我们对我们最了解的事物有完全不同的看法。

保罗·瓦勒尔

我们必须通过观察才能更好地理解。观察骑车人的行为，尤其是当在某些有用的范围很少有人骑车通过时，这是至关重要的。经过多年的观察后，我也无法再假装无视。不仅仅是期望路线分析的迷人观察，还有我周围微妙的诗意细节。

多年来，我一直在观察我所说的哥本哈根自行车的秘密语言。早在 2008 年，我和波特兰一个代表团的自行车旅行，使我第一次注意到自行车这门语言。我带领他们参观了几个自行车城市化也是城市中的亮点。第二天，一名代表在我们骑车穿过城市时对我说，他发现哥本哈根人在经过他们前面的一名骑车人时没有转头盲区检查，很奇怪。"他们当然知道！"我回应道。我以前从未想过这个问题。他说他已经看了两天了。

我们正慢慢赶上一位年轻的女士，她正准备从一位骑行者面前经过。"看着她，"我说，我们做到了。我看到了，但他没有。不是马上。这是一个顺利通过的过程。当她停在自行车道的左边时,她的自行车稍微倾斜,当她经过另一个骑车人时,自行车稍微加速。当她到达一个可以接受的距离后,她骑回到右边的队伍中,继续她的旅程。

"看到了吗?"我问。"看到什么?"他回答道。我解释说她在经过之前已经向左歪了头。我们骑着自行车,看着其他人也这样做,然后他明白了。我的同事在寻找一个完整的、指示性的转头,而事实上这是一个有经验的、微妙的动作才是关键。首先,当沿着自行车道骑车时,你只需要和其他骑车人打交道,十字路口除外。汽车在自己的车道上向左行驶。当你在哥本哈根生活的每一天都以密集的队形骑车时,你会发展出只需要快速浏览一眼的能力。这是一种逐渐形成的习惯,但人们会自然形成这个习惯。

尽可能靠近目的地停车的愿望是普遍的。与汽车相比,自行车的灵活性使它变得容易得多。

在那次揭露之后,我继续研究细节。在早上高峰时间,当自行车道更加拥挤时,轻微的头部翘起会增加一点,但它仍然很微妙。我还注意到,似乎有一种后天获得的听到其他自行车声音的能力。直到今天,我一直定期测试它。当经过时,或者看着我前面的其他人经过时,我经常注意到那些被超越的人的头是如何变得如此轻微。什么时候这样做没有规则,但似乎是当我左边自行车的前轮将要超过那个人右边自行车的后轮时。有时候我会换个档位或者清一清嗓子,看看这些声音是否会引起回应。

当然,哥本哈根的许多自行车生锈或吱吱作响,多亏了每天都有在人群中骑自行车的经历,我们骑自行车的市民似乎已经调整了他们的听觉来知道何时会有另一辆自行车出现。

我进一步观察到,当后面有自行车时,许多骑行者会发出转弯或停车的信号,但如果没有,这样做的人会更少。这是一种听觉意识的结合,有时还快速地回头看一眼。我首先注意到自己的这种行为。我只是在前面有另一个交通者,或者后面有自行车或汽车的时候发出我的方向意图的信号,然后我发现这是一个普遍的习惯。

骑自行车的时候,我会做常规的扭头检查,就好像只是跟上自行车交通的节奏一样,其他很多人也会这样做。虽然我已经观察了很多年并且非常详细,但我并不是第一个注意到它的人。约翰尼斯·V. 詹森(Johannes V. Jensen)在1936年的小说《古德伦》(Gudrun)中写道:"如果一人自行车被汽车撞倒了,整个学校的自行车都会被撞倒。因为它们手肘肌肉神经相接,成群结队,哥本哈根人已经学得很好,这是后天的天性。"

当一个加拿大朋友在哥本哈根参观时,我看到了詹森观察的更多证据,我们在城市里骑自行车。克里斯·特纳(Chris Turner)是一名

第 12 章　　**131**
神秘的自行车语言

俄罗斯联邦鞑靼斯坦共和国阿尔梅捷耶夫斯克十字路口的自行车扶手和脚踏板，类似于哥本哈根周围的扶手和脚踏板。来自：阿尔梅捷耶夫斯克市。

作家，对顺利融入世界各地的城市并不陌生。他在穿过城市的自行车道上跟着我。我定期向后看，当两侧安全，没有骑车人从后面上来时，我会荡到左边，给他空间让他赶上来到我旁边继续我们的谈话。但他没有。他留在我身后的同一个位置。我甚至挥手示意他走上前来，但他只是保持了同样的距离和速度。回想起来，我意识到了这一切，但当时，我只是对他很恼火。我回到自行车道的右侧加速，果然，他只是跟着我的节奏。

该市宣布，他们想要关心骑行者，根据他们现有的依靠灯杆和其他城市家具的习惯，给他们一个设计好的解决方案。

后来，在一家酒吧，我突然明白了。我向他解释了我之前的恼怒，他怎么没有认出我的视觉线索，他怎么可能没有学会这种秘密语言。我们一笑置之。他说骑行者不允许并排骑两个人，所以他甚至没有想到。

我继续和我在城市里骑自行车的其他人一起测试这个，哥本哈根人和游客都有。对当地人和荷兰朋友来说，没有这个问题。其他人则需要学习微妙的行为复杂性。当我研究它时，不管是我首先这么做还是跟随别人，它都变得更加美丽。

一个骑行者检查车道是否畅通，优雅地向左移动，速度稍稍减缓。另一个平稳加速，直到与之并排。这种情况一直持续到我们接近下一个骑行者或者到要超过他。一般来说，左侧骑行者有责任留意从后面靠近的自行车，但这不是刻在石头上的规则。无论哪种情况，都会有两件事的其中之一发生。一个骑行者会稍微加速或减速。另一方会注意到并做出相应的平衡举动。骑得快的人会向右移动，骑得慢的人留给他们空间。当空间再次出现时，其中一个会向左移动，然后继续。这一切都是如此的微妙流畅，这种优雅的自行车芭蕾，无需多言。

尽管风暴·彼（storm p）用他的讽刺绘画取笑哥本哈根骑自行车者的看法，但在某种程度上，他接近现实。停下来或转弯通常是用梦幻般的手势，酷而随意，以至你想把它框起来挂在墙上。紧闭双唇的安全人群可能会在晚上辗转反侧，抱怨没有完全伸展的手臂可以转动，也没有僵硬的90度角度可以停下来。我看不出有什么问题。即使前面的骑车人不知不觉地减速，我也观察到骑车人记录下来并准备减速或超车。

所有的标志都在那里，我们可以看到——我们这些每天在哥本哈根或阿姆斯特丹等城市骑行者都能看到。尽可能靠近目的地停车的愿望是普遍的。与汽车相比，自行车的灵活特性被认为更加容易停车。不可能在每个地方都满足这种愿望，但是将这种愿望作为出发点是很重要的。当规划自行车停车时，从零英里开始——目的地。或者零英寸——自行车就停在门外。然后基于可行性从那里往回走。自行车停放经常被设计得碍手碍脚,或者只是一种事后的想法。

我看到自行车磁极每天都在形成。在城市人口稠密的地方,当我填饱肚子或解渴时,我似乎会被吸引到那里,停放自行车的空间是有限的。一项城市法规规定自行车不能在道路上停车,但这个建议,对咖啡馆、餐馆或夜总会没有效果。例如,有一次维斯特伯罗附近的酒吧外面有一个空停车位。我把自行车停在车里,坐在酒吧的窗口看自行车磁极的形成。从未失败。不久,在我"合法化"了那个地方的停车后,其他公民加入了这个聚会。一周的每一天,这种情况都会无限重复,而且,通常情况下,我才是开始行动的人。我甚至有一个厚颜无耻的标签:#你想停哪里就停哪里。在许多这样的街区,人行道空间不足,更不用说自行车停车场了,所以我觉得从汽车的空间里拿出一些城市空间,重新分配,并在社交媒体上宣传这一事实很好。该市了解自行车停放心理的本质,并已测试了停车区作为解决方案,而不是安装自行车停车架。几乎每辆自行车都有车梯——在自行车是你第五肢的友好城市,你怎么能没

在禁停标志旁边停放自行车,表明停车需求很高。

向哥本哈根学习
全球自行车城市化的决策指南

有车梯呢?他们通过简单地画一个停车区,来使在不同目的地外的停车合理化。这个新概念的起步很慢,直到城市放置了几辆诱饵自行车向人们展示停车是可能的,然后人们才过来停车。为街头自行车停放提供完美的解决方案并不总是可能的,但为了找到合适的解决方案,对用户心理进行长期认真的思考是至关重要的。

很明显,城市自行车让我们能够与城市景观互动,甚至是身体上的互动。在哥本哈根的任何地方,自行车停车线旁边或至少附近都有一根灯杆,金属的一部分被磨光了。就像佛陀雕像的肚子一样光滑。日复一日,在那个地方停下来的自行车手会靠在柱子上,免于下车。倚着你的城市,是一件既浪漫又实际的事。

即使只是在红灯时,把你的脚放在任何可以休息的地方,也有一个简单的好处,无论它是一个永久的还是暂时的解决方案。2012年,我设计了一些把手,可以很容易地伸手够到自行车停车线旁边的灯杆上。我请了一名焊工将车把切成两半,然后焊接上必要的零件来固定车把。我们把它们放在哥本哈根的六个地方,为期十天。我们称之为爱情手柄。一名实习生出去观察骑行者需要多长时间才可以注意和使用它们。"不太久"基本上是他回来时的答案。

自行车停车线附近的灯杆被骑行者整天靠在灯杆上而在中间磨平。

骑行者从第一天开始就用它们来支撑自己，同时等待绿灯。我们观察到了附加动作。骑行者会用它们把自己推向灯的外侧，这样自行车更容易开始向前走动。后来我在阿姆斯特丹建了一个，它在那里保持了两年。

哥本哈根市将这个简单的倚靠城市家具的行为，提升到一个新的高度。他们在城市周围安装了几十个栏杆和脚踏板，总在精心选择的位置上，以免妨碍行人通行。骑行者可以抓住栏杆，使用脚踏板，或者两者兼而有之。该市宣布，他们想通过给骑行者一个基于他们现有的依靠灯杆和其他城市家具的习惯而设计的解决方案来关心他们。这个概念也被证明有积极的行为效果。骑行者，在不断寻求保持动势的过程中，有时会一边看着灯光一边慢慢龟速行过停车线，一边期待交通灯变绿。被栏杆或脚踏板的方式关心降低了这么做的频率。这个想法已经广为传播。我在世界各地的许多城市都见过它们。

自行车是独特的人力机器。他们高效地来回移动人群。但是，将它们等同于机动车是错误的。它们是由动力驱动的，自行车道的规划，需要重视这个事实，并且关注城市自行车手的内在心理。

哥本哈根市成功试行了自行车停车区，没有自行车架。

作者记录了一个自行车磁极的形成，在哥本哈根酒吧外的停车场用他自己的自行车作为诱饵。

很明显，城市自行车让我们能够与城市景观互动，甚至是身体上的互动。

在美国，自行车的"爱达荷站"是理解骑自行车者的一个受欢迎的举动。根据 1982 年首次在爱达荷州实施的一项法律（主要是为了减少法院裁判轻微交通违规的工作量），骑行者可以将停车标志视为让路标志，以保持动势。

在世界大多数地方，任何交通使用者都不允许在红灯前右转——机动车也不允许在任何地方右转。在撰写本报告时，它在法国、比利时和丹麦都是合法的。几个月前，我骑车走遍了巴黎，很快就学会了识别表明这是合法的小标志。这也适用于许多丁字路口，所以自行车可以右转或直行通过。自行车优先，让他们在交通中领先，同时尊重他们的保持动力。在关于创新的章节中，我将同样强调其他简单的技术解决方案。

关键是，表面之下，太多我们还没有注意到的东西——如果我们没有注意到，我们就不能希望人们会理解它。是时候开始了。让我们看看我们的城市。观察就是力量。当市民在公共空间穿行时，他们比工程师和规划师看得更清楚他们的空间的特性。我们必须跟随广大市民的领导。

第 12 章
神秘的自行车语言

鸟瞰拍摄的在哥本哈根一名自行车手示意右转弯的瞬间。

第 13 章
"甲乙地间的直达性"（A2BISM）

勇气很大一部分是来源于曾做过这件事。

拉尔夫·瓦尔多·爱默生

我很清楚你想要什么。这也是我所需的。事实上，这是在地球上生活的每个人都想要的：当我们自己出行时，都会想要找到从地点甲到地点乙的直线。人群就像大地上夺路而出的河流——总能找到最简单路线。这是交通规划的最基本原则。我称之为"甲乙地间的直达性"（A2Bism）。

交通工程的历史可被简明扼要地总结出来。在7000多年的大部分时间里，我们都共同生活在市中心，是理性的。几千年来，我们为我们的主要交通方式——步行、马驼或驴载——提供了最快的从A地到B地的路线。到1900年，自行车已有惊人数量。电车和公共汽车等公共交通，也出现在我们的街道上。尽管如此，我们还是理智的。直通甲乙两地的交通路线。到1920年，汽车已经出现在我们的城市，但我们仍能保持理智。

然后在1950年左右，始于美国20世纪三四十年代的情形，如海啸般席卷全球。美国交通工程标准和原则。到目前为止，在大多数

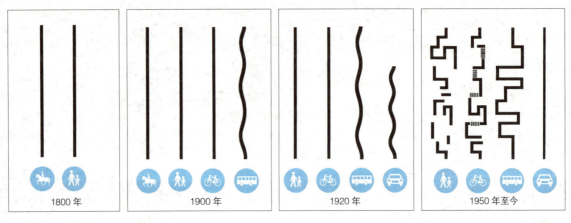

交通工程发展简史

地方,汽车都被授予了从 A 地到 B 地的快速行驶的专有权,而其他人只能在城市里兜兜转转。

对一个人本尺度的城市来说,快捷简单的交通规划指南不难制定。给左边的三种交通方式提供更高的道路直达性,使驾驶汽车变得困难、可达性差而昂贵。让它在出行时,不那么具竞争力。类似"选择骑车吧!这对你大有益处!今天你可以通过骑车拯救一头北极熊!"这种世界上所有的倡导骑车运动口号是完全无用的,是对金钱的巨大浪费,除非我们做第四条交通路线。

骑行者、行人和公共交通使用者本质上都是综合运输的。就个人而言,如果早上我的轮胎破了,我会把自行车扔进自行车店,然后步行到地铁去上班。有 600 家商店为 600000 人服务——五分钟骑行过程中,我就能看到 50 家——这是最简单的选择。补胎平均只需要 8 美元。自行车是最快的出行方式,而公交,加上步行,也是值得的选择。在这三者之间切换,既简单又直观。

驾车者是最难改变行为的交通用户群。很难从他们花钱买的玻璃金属做成的泡泡里逃脱,这种泡泡已经将他们与他们开车经过的城市隔绝开来。在许多地方,让你的车半路坏掉实际上是一个可以接受的旷工借口。

我们知道"直达性"是让骑自行车变得更受欢迎的一个关键因素。哥本哈根市在他们一年两次的自行车调查中,自 20 世纪 90 年代以来,就一直要求市民们具体说明,他们在城市中骑自行车的主要原因。数据从未改变:56%的人说它很快;19% 的人说他们喜欢锻炼(不是健身自行车,只是骑车去上班,以帮助他们获得医生说他们应该得到的 30 分钟锻炼);6%

第13章
"甲乙地间的直达性"（A2BISM）

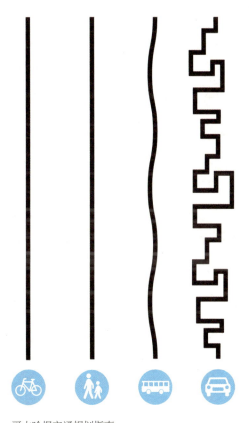

哥本哈根交通规划指南

的人说这是因为它便宜；只有1%的人说他们骑车是为了拯救地球（也就是环境原因）。

如果你让自行车成为一个城市——世界上任何一个城市，无论气候或地形如何，从A地到B地最快的交通方式，你已经达成了一半的目标。20分钟可抵达哥本哈根的一切地方，即使实际上时间更长，但感觉上就是如此。

我在2017年，接受了德国绿色和平杂志的采访。记者为我安排了一场精彩的演出。她决心在哥本哈根测试旅行时间。我们从靠近布尔雷瓦登（Åboulevarden）和布尔达斯加德（Blågårdsgade）的内尔布罗（Nørrebro）邻里开始，目的地是位于市中心南部纸岛上的"向哥本哈根学习"设计公司办公室。

首先是汽车。开车4.8公里（约3英里），停车，步行到我的办公室入口，花了37分钟。这是在早上晚些时候。开车回到出发点花了40分钟。真是噩梦，一次完全受限、紧张的经历。从同一个出发地点，我走到论坛地铁站，经过三站到达克里斯蒂安沙文，最后一英里走到办公室。花了32分钟，相当愉快，即使下了点小雨。最后，尊重习俗。我骑上自行车，花了13分钟到达那里，14分钟回来。

总的来说，哥本哈根市理解意愿路线，也理解道路直达性。在名为索托维特（Søtorvet）的十字路口，世界上自行车最繁忙的诺瑞布罗加德大街进入市中心，一些奇怪的事情发生了。几个世纪以来，这条街是从西北方向抵达首都的主要干道。通往罗马的所有道路原则，已经在哥本哈根应用了很长时间。但是最近，该市注意到在这个十字路口发生了一些新的事情：许多骑行者关闭自行车道，穿过一段人行道，来到一条平行的街道旺德尔斯加德。他们没有设置障碍来阻止这种情况——丹麦在人行道上骑车是违法的——而是着手寻找原因。第一个猜测是，人们正试图摆脱令人难以置信的早上自行车高峰时段，但实际原因远不止这些。

如果你让自行车成为一个城市——世界上任何一个城市，无论气候或地形如何——从A地到B地最快的方式，你已经达到了一半的目标。

该市南部的新开发项目欧瑞斯塔（Ørestad）是一个受欢迎的目的地，有新的大学建筑和许多工作场所。是的，人们走了一条小捷径来避开高峰时间，也绕过市中心，前往欧瑞斯塔。一个世纪以来，这在这个地方从未发生过，但一种新的交通出行模式已经出现。该市观察并尊重这种行为，并在人行道上建了一条临时自行车道，看看是否可行。确实如此。不到一年后，永久性基础设施投入使用。通过使少数市民的行为合法化，这座城市开辟了一条新的路线，事实证明这条路线非常受欢迎。没有耗时的调查或冗长的会议，只有悉心观察和思考才能改善基础设施的效率。

从更大的范围来看，"直达性"在哥本哈根最伟大的实验是从2012年至2013年，在无意中展开的。从2012年到2013年，自行车的交通分担率从36%激增到45%，跃升9个百分点，这是以人们如何到达城市的工作或学校来衡量的。这在任何地方都从未发生过。真的，永远不会。

哥本哈根人是理性的，若能见人访址，他们选择了其他的交通方式。

汽车的交通分担率也从27%降至23%。当年哥本哈根的平均出行里程，从3.2公里增加到4.2公里，增长了35%。这意味着经常被引用的关于哥本哈根人每天出行120万公里的统计数据，需更新到每天200多万公里。好吧，好吧！但这一切意味着什么呢？数据出来后，记者们开始争相寻找答案。丹麦技术大学的两名研究人员感到"惊讶"，丹麦媒体援引他们的话说，"嗯……这座城市的新桥和某些街道上的交通稳静化似乎奏效了。给骑行者奖励，以鼓励骑自行车。"

他们忘记的细节，是新的自行车桥梁，还没有完全完工，阿马格罗格（Amagerbrogade）的交通也没有平静下来。诺尔布罗加德路（Nørrebrogade）是从2008年开始的。自行车在那条街上增加了15%，但显然是在2012年之前。基本上，在那个时候，这个城市已经有几年没有新建大项目了。事实是，17个巨大的建筑工地同时从天而降——为新地铁环修建的车站。这不是每天都会发生的事情。此外，哥本哈根市中心的大部分地区——在2012年至2013年期间——正在进一步建设，因为许多街道下的区域供热管道已经升级，不得不被拆除。

驾驶变得极其困难。哥本哈根人是理性的人，若能见人访址，他们选择了其他的交通方式。公共交通工具的使用也增加了，但是自行车显然是首选。这是世界上最伟大的城市实验，它证明了整个"直达性"的前提。不过，记住

第 13 章　"甲乙地间的直达性"（A2BISM）

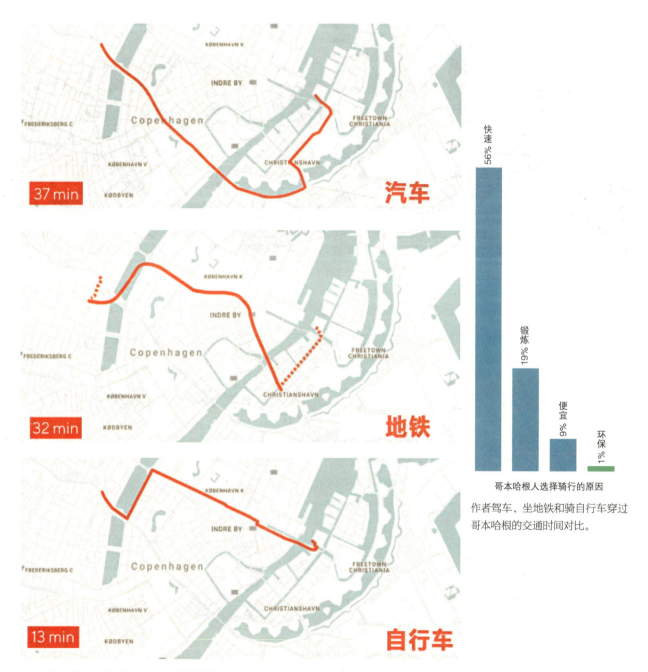

作者驾车、坐地铁和骑自行车穿过哥本哈根的交通时间对比。

哥本哈根人选择自行车作为交通工具的原因。

左图：骑自行车去中央车站。右图：一家人骑自行车抵达哥本哈根机场。

我的话。当地铁建设在 2019 年完工时，我们将会看到骑行水平急剧下降，回到过去几年我们一直稳定的标准水平。话先放到这里。

当然，除非哥本哈根市有勇气接受这个实验，并利用它最终向未来飞跃。扩大和拓宽自行车道。将空间从日益减少的汽车交通里，重新分配给自行车和公共交通。如果他们不这样做，这个丰富的培养皿实验只会腐烂并被遗忘。

需求路线与"甲乙地间的直达性"完全地结合，即使微观层面上。这个小斜坡的照片显示了技术上你是如何继续前进约 100 米，向右转，然后返回到港口。有人看到骑行者和行人走这条明显的捷径，把自行车举起走下来。(同样，设置障碍也没有民主或计划的目的。) 所以

10. 你为什么选择骑行去工作？

- ☐ 绿色环保
- ☐ 避免交通拥堵
- ☐ 省钱
- ☐ 锻炼身体
- ☑ 其他原因

美国一项关于自行车的调查中有一个问题没有抓住要点。

事后建了一个斜坡和一些楼梯。这不是缓坡，但足够舒适和容易接近。适用于自行车或带婴儿车的父母。这仍然是一个需要在世界某些地方流行的想法。2010年，一个名为"生态行动"的网站上发布了一项关于骑自行车习惯的调查。"快捷方便"，这个唯一最重要的原因甚至不在名单上。

来自"美国骑行"（Cyclelicio.us）博客的理查德·梅森在调查出来后写了这篇文章，我同意："难怪我们在自行车推广方面如此惨败。是汽车广告巧言令色、操弄数据、擅长分析、毫无底线，还是它们迎合了你内心深处对自由和勇猛的渴望？"

在主持此次调查的生态行动——骑自行车去工作的网站上，我找到了这个列表，并添加了自己的评论：

为什么骑自行车上下班？

这对你的健康有好处。

（很好……但是我想快点到达那里。）

为您节省汽油、车辆维护、停车费和停车费。

（我不在乎……我想快点到达那里。）

减少与驾驶相关的空气、水和噪音污染。

（太好了……但是我想快点到达那里。）

减少汽车交通。

（很好……但是我想快点到达那里。）

让我们的街道更安全、更安静、更干净，这对社区有好处。（是的，是的，听起来不错……但是我还是想快点到达那里。）

一旦你发现骑自行车上班的自由、便利和健身益处，你会奇怪为什么你不早点开始骑自行车。骑自行车可以是一种方便、可靠、几乎免费的交通方式。骑自行车每小时燃烧大约500卡路里，所以你可以通勤，同时保持健康。

从市场营销的角度看，这真是一个可怕的版本。它没啥益处，更不用说鼓励骑车了。然而，这是全世界这么多"宣传"网站的标准票价——但我稍后会谈到这一点。关键是我们需要理解"直达性"对于人们来说是绝对真理。这是我们大脑固有的。通过建设道路基础设施、优先骑自行车和尊重心理，使自行车成为最快的交通工具。

考虑联合运输模式

一如既往，这不仅仅是自行车的问题。它是关于创造一个城市框架，使自行车成为自然直观之选，无论是单独的还是与公共交通相结合。对此有不同的方法。在荷兰，国家铁路并不十分喜欢火车上的自行车，尽管乘客携带自行车很容易。他们独特的自行车共享系统，OV-菲特，在大多数火车站都存在，而且"随到随骑"的概念允许人们在离开时使用它，可以骑走自行车，然后把它放在车站。他们的小国有一个载客量很高的火车网络，那里也挤满了自行车。

从2014年到2017年，"向哥本哈根学习"设计公司参与了一个名为"自火自——自行车、

146 向哥本哈根学习
全球自行车城市化的决策指南

三张照片展示了从人行道上的自行车道过渡到永久基础设施的过程,这些都是基于哥本哈根骑自行车者的需求路线。

第 13 章　"甲乙地间的直达性"（A2BISM）

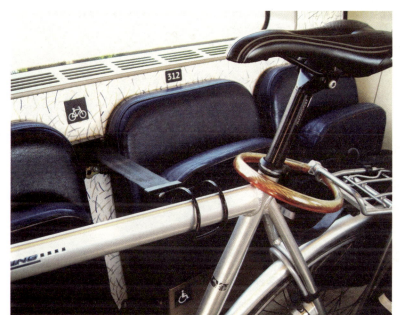

上左图：丹麦和瑞典之间火车上的自行车安全带。
上右图：悉尼市的一条直达道路信息标识。格里·加菲尼（Gerry Gaffney）
下图：一个小斜坡，使用户定义的意愿路线合法化。

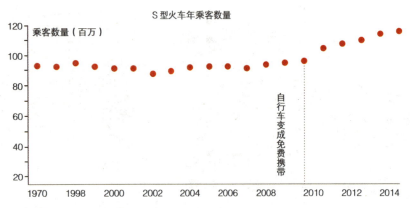

在丹麦国家铁路公司允许人们在红色火车上免费携带自行车后，乘客数量大幅增加。

火车、自行车联运"的欧盟项目。该项目旨在激励市民骑自行车去车站，并将其与火车旅行结合起来。该项目涉及比利时、加泰罗尼亚、意大利和英国试点项目，这些项目改善了自行车停车设施，还测试了各火车站的自行车共享计划。我负责制作徽标，并为项目制作海报和材料。重要的是要避免骑自行车拯救北极熊的典型信息，而是把重点放在更快、更容易、更酷帅的关键词上。该项目的合作伙伴之一默西塞德铁路公司的海报宣传活动强调了他们自行车和自行车共享的易用性和便利性。

在丹麦，几乎从自行车发明以来，丹麦国家铁路公司（DSB）就一直运送带自行车的乘客。大哥本哈根是由丹麦的轻轨网络提供服务的，多年来乘客们不得不购买价格合理的自行车票。2010 年，丹麦国家铁路公司决定在所有红色的 S 型火车上免费托运自行车，这些火车将人们从我们城市蔓延的最远端运送到城市和从城市运送出去。这是一个并非属于企业社会责任的大胆的举动，它只是一个聪明的商业模式。他们正确而理性地假设自行车不会独自旅行，所以通过免费，增加付费乘客的可能性很大。天啊，他们成功了。

这一切始于创造性的宣传活动，宣传自行车票将被取消的事实——比如在自行车道上放置一个类似模拟火车车厢的临时隧道，在寒冷的 12 月的一天，用热空气加热器给骑行者取暖，不管时间多短——最后的结果对他们来说相当不错。

当地铁建设在 2019 年完成时，我们将会看到自行车水平急剧下降，回到我们过去几年稳定下来的标准水平。

实际上，"相当好"是一个轻描淡写的说法。将自行车带入的乘客人数从 210 万上升到 900

万。乘客总数大幅增加了 300% 以上。它还在继续上升。

随着乘客人数的增加,放弃自行车票造成的收入损失已经得到了数倍的补偿。据估计,现在几乎有 10% 的乘客随身携带自行车。

事实上,当被调查时,91% 的乘客对在火车上运输自行车的可能性持肯定态度;车上 27% 的骑车人回答说,如果他们不能带上自行车,他们就不会坐火车旅行;8% 的人甚至说,现在火车载运自行车是免费的,他们坐火车旅行的次数更多了。

2009 年 5 月,在免费之前,有 188000 辆自行车被带到了 S 型火车上。一年后,自行车票被取消后,63 万辆自行车被带上火车,而且这一数字还在上升。为了满足需求,丹麦国家铁路公司重新设计了所有列车的车厢,并创建了所谓的弹性区,有折叠座椅和自行车架。调整火车座位后,每辆火车现可容纳 60 辆自行车。

重新设计的还包括对标志标线的全面改造和实施单行系统,以缓解自行车在火车上下推行时产生冲突。宽敞的自行车车厢位于火车中段,因为丹麦国家铁路公司的研究表明,火车中段座位不太受乘客欢迎。丹麦国家铁路公司继续致力于鼓励火车上载运自行车,一直在考虑在火车上安装自行车气泵的想法,迄今为止,他们已在车站外安装了与广告设施相结合的自行车脚踏泵。

尽管如此,郊区的大多数车站还是配备了充足的自行车停车场,以及收费的安全设施。在丹麦和瑞典之间运行的火车上,自行车车厢里,甚至还有可爱的小自行车安全绑带。无论在什么情况下,无论你是在车站里停车,还是托运自行车,这都应该是一种简单的旅行方式。

有趣的是,公交车上的自行车已经在哥本哈根通过了几个试点项目。一辆公交车有两个婴儿车的空间,在一些路线上,公共汽车公司增加了自行车空间。然而,很少有人使用这个空间。哥本哈根地铁仍然对载运自行车收费,不允许在高峰时间使用,但是和公交车一样,它们覆盖的区域和距离很容易骑自行车。

如果一个城市要真正对自行车友好,自行车必须融入人们日常生活的每一步。考虑自行车优先。

在世界范围内,铁路运营商处理自行车的方式多种多样。有些远远领先,包括德国、英国和加泰罗尼亚的地区运营商,而另一些则远远落后。务实的方法,加上冷静的商业决策,为丹麦国家铁路公司带来了回报。如果一个城市要真正对自行车友好,自行车必须整合到人们日常生活的每一步。在城市规划和联合运输模式中把自行车放在第一位,确保了自行车作为优先考虑的交通工具。

上图：模拟火车车厢，带有供骑行者通过的加热器，宣传丹麦国家铁路公司的新政策，让自行车在其 S 型火车上免费。
下图："向哥本哈根学习"设计公司为欧盟"火自火"项目制作的海报。

上图：利物浦默西塞德铁路自行车与乘火车共享系统的活动。
下图：在大哥本哈根，一辆典型的S型火车上的自行车车厢。

第 14 章
数据收集艺术

有不包含信息的数字,但没有不包含数据的信息。

丹尼尔·凯斯·莫兰

从一家规划公司的首席执行官的专业角度看,生活在一个世界上数据最丰富的城市,是一件好事,也是一件坏事。实际上,这就像上瘾一样。当我的公司收获自己的数据库时,哥本哈根为我们提供了取之不尽的多样性。当我们不得不将城市的数据,与其他城市的数据进行比较时,总是令人失望。"只有这些了?!"接着是一声叹息。哥本哈根多年来发展了一种强大的数据收集城市文化——收集,并学习如何解释数据及如何在规划中使用数据。更不用说用它来说服怀疑论者了。哥本哈根市有一个网站,可以免费获取所有数据。目前只有丹麦语,但名单很长。你几乎可以看到一切:像喷泉、幼儿园或垃圾桶这样的东西在哪里,街头小贩可以在哪个区域经营,电动汽车充电桩在哪里,或者城市目前正在进行的规划项目在哪里。

与我工作最相关的是自行车数据。这里显示自行车基础设施的地图,你可以看到所有计算自行车数量的地方。此外,您可以点击它们来查看包含计数完成时间和记录的所有详细信息的 PDF。这里是黄金国遇见涅槃。

2016 年末，哥本哈根可能会披露，自 1970 年以来，进入市中心的自行车数量首次超过汽车数量。

这座城市在沥青下埋设了 20 多种传感器，在全市约 200 个地方进行定期计数。令人高兴的是，许多城市都开始着手他们的数据收集实务。阿姆斯特丹自行车轨道下的传感器和哥本哈根一样多，奥斯陆和华沙等其他城市也是如此。

第一个被用来说服当局相信自行车基础设施必要性的严肃数据可以追溯到 1909 年。

20 世纪初，哥本哈根湖边街道是全国自行车交通最繁忙的地方。然而，骑行者的条件还有很多不尽如人意的地方。成群骑行者只能使用窄窄的一条自行车道。那时，骑马人群来自资产阶级圈子，在专用的道路上愉快飞驰。

丹麦自行车联盟成立于 1905 年，开始游说在这条路线上修建自行车道，但该市骑马的精英们拒绝放弃空间。在早期邻避主义的例子中，这些来自上层阶级的有影响力的公民感受到了所有权，并希望保护他们的特权基础设施，城市不情愿违逆他们。该市的其他行马的路线，此前被重新分配给骑行者，从 1892 年开始，世界上第一个专门的自行车道就设在蒲兰登（Esplanaden）大道上，所以精英们可能厌倦了减少他们的骑行空间。然而，数据赢得了胜利。事实上，这比一周中的任何一天，任何地方的单纯的感知和猜测都要好。

在许多方面，驾车者是新的马术精英。正如安德烈·戈尔兹（André Gorz）所写："大众汽车对日常生活水平产生了资产阶级意识形态的绝对胜利。它让每个人都产生并支持这样一种错觉，即每个人都可以牺牲其他人来寻求自己的利益。"

一位同事去赫尔辛基的档案洞穴探险，发现了另一个有趣的关于数据收集的历史参考。他从 1937 年的自行车记载中发现了地图，不仅显示了最佳实务基础设施网络，还显示了惊人的骑行者人数。最粗的红色线显示有 10000 名骑行者。这又是一个我们讲过的例子。

2010 年，我和我的员工正在讨论世界上最适合骑自行车的城市名单。我们在外面找不到任何东西，这很令人沮丧。灵光一现，我们决定自己做一个名单，"哥本哈根自行车友好城市目录"诞生了：www.thecopenhagenizeindex.com。这是一个半年一次的指数，根据 14 个参数对城市进行排名——所有这些参数都是基于数据的。当我们在 2011 年发布第一个目录时，我们对压倒性的反响感到惊讶。我们可以讨论是否有太多的指数，涵盖每一个可能的主题，但是从各方面来说，哥本哈根自行车友好城市指数是许多人都在期待的东西。每次我们出版它，人们对它的兴趣就会增加。市长们发推特，市议会讨论，报纸把它放在头版。

你可以在网站上查看最新列表，但我们发现整个过程中最有趣的是，自 2011 年以来，城

第 14 章
数据收集艺术   **155**

自行车对汽车。哥本哈根特定地点的交通量。数据来源：哥本哈根

向哥本哈根学习
全球自行车城市化的决策指南

市一直在努力改善其数据,以确保它们得到公平的代表。越来越多的人,收到来自世界各地城市工作人员的电子邮件,其中包括最新数据。不涉及游说。他们只是想确保我们能涵盖他们。不管它值多少钱,"哥本哈根自行车友好城市指数"已经促使城市比过去更加关注数据。

大多数城市现在比以往任何时候,都更擅长收集数据。事实上,我和我的团队与客户城市合作,比如加利福尼亚长滩,学习如何收集骑自行车的数据以及如何使用这些数据。哥本哈根在 1970 年左右开始认真对待这件事,就像阿姆斯特丹在 50 年代中期所做的那样。1990年,丹麦开始收集更详细的数据。2016 年末,哥本哈根可能会透露,自 1970 年以来,穿过环湖进入市中心的自行车数量首次超过汽车数量。这是一个很难不令人兴奋的发展,尽管穿越市政边界的汽车数量仍然稳定。

同样,该市利用其数据传统,以网站和名

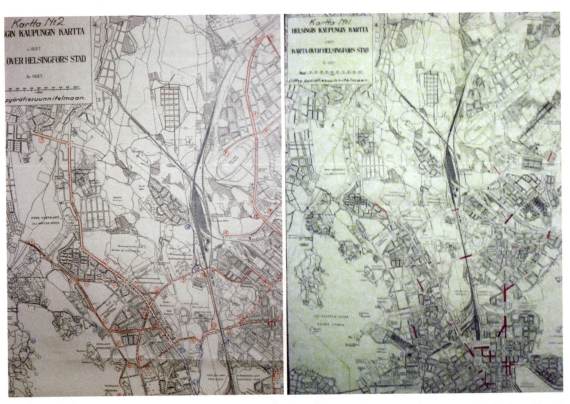

1937 年赫尔辛基旧地图,用红墨水显示基础设施和自行车计数。最粗的红线表示至少有 10000 名骑行者被数到。照片:马克萨勒诺(Marek Salermo)

为"Giv et praj"（或英语中的"告诉我们一声"）的应用程序的形式向市民施加影响，让市民从城市丛林的前线报道问题。也许有一个垃圾桶没有倒空，自行车道上有个坑，或者有个坏了或不见了的标志，你可以把它钉在地图上。而纽约市在让你了解你的请求的最新情况方面是出类拔萃的。如果他们认为值得关注，就会派人在合理的时间框架内修复，在这方面他们有良好的记录。越来越多的类似应用出现在城市中。其中，曼谷的"你钉"（YouPin）和纽约的"看－敲－修"（See-Click-Fix）。

统计骑行者和其他交通使用者，建立全面、长期的数据集极其重要。衡量骑车人口和为他们建设基础设施的投资成本/收益和回报也是如此。我们知道我们为什么要做我们正在做的事。这只是一种以有效的方式在城市中进行客流运输的实用方法。但这有回报吗？如果是，需要多长时间？值得吗？有用吗？知道了这些问题的答案，就更容易理解这些努力和投资，并利用这些知识来规划更多的基础设施，同时也大大缩短了与怀疑论者不可避免的对话。

幸运的是，哥本哈根也抓住了这个脉搏。自90年代中期以来，该市发布了一份半年一次的自行车调查——丹麦的 Cykelregnskab 用于衡量骑自行车者对该市各种骑自行车条件的安全感和满意度。

2009年，该市委托科威公司（COWI）进行了一项研究，题为《自行车项目的社会经济分析——方法与案例》。这是一份引人入胜的文件。例如，他们计算了2006年开通的第一座布赖格布伦的自行车/人行天桥的社会经济效益。哥本哈根港七个世纪以来的第一条新航线。他们确定建造这座桥的成本/收益回报率为7.6%，利润为3300万克朗（2017年约为520万美元）。相比之下，拟建的从丹麦到德国的公路和铁路连接——费曼带，将使丹麦获得6.8%的成本/收益回报，而升级哥本哈根和林斯特德之间的铁路线的最佳解决方案将获得5.8%的收益。

吉尔登维斯加德与湖泊的交汇处长期以来都是骑行者最多的地方。通过新的基础设施改善条件，并重新调整灯光以提高骑自行车者的安全性，给我们带来了5900万克朗（约930万美元）的社会经济利润和33%的收益。

一次又一次，数据显示支持投资城市自行车作为交通工具。毫不夸张地说，这是我们发明的最具成本效益的运输方式。

这个似乎最能抓住想象力的统计数据是基于一个更新的计算，其根源在于前面的社会经济分析。每次我骑自行车，我都会把26美分投入社会。纯利润，伙计！这是因为城市自行车对健康有益。我会活得更久，活着的时候也不会生病，所以我会更有效率，不会给卫生系统带来负担。此外，如果一切顺利，当我真的死了，我会很快死去，这样我的纳税人就不用为照顾我买单了，因为我一生中选择了糟糕的生活方式。也就是说，如果我肥胖或患有II型糖尿病或心脏病，我（希望）不需要广泛的护理。此外，当我骑自行车的时候，很少会在交通上浪费时间，所以社会从我一整天的工作中受益。

每开车 1 公里，需支付 89 美分。我们只是把钱扔进一个大黑洞，再也看不到它了。

另一方面，每开车 1 公里，需支付 89 美分。我们只是把钱扔进一个大黑洞，再也看不到它了。我们一直在拼命试图通过我前面提到的新车税，来弥补一些损失，但徒劳无功。如果我计算出在没有新车税的国家，这个负数会是多高，我不想看到结果。

从 2006 年到 2016 年，哥本哈根市在自行车基础设施和设备上投资了 20 亿克朗（约 3.17 亿美元）。该市骑自行车的市民每年节省 17 亿克朗（约 2.7 亿美元），因为这对健康有益。众所周知，我数学不好，但即使是我也能算出，当我们每年节省 2.7 亿美元时十年内花费 3.17 亿美元并不是什么大事。每次我们建造一公里的自行车道，我们在不到五年的时间里就能收回投资。多么惊人的商业模式！

在实地，我们还应该考虑到机动车辆在我们的道路上造成的巨大磨损成本。据估计，汽车对沥青的破坏力是自行车的 16000 倍。即使自行车道上有更好、更贵的沥青，也仍然有很大的不同。

丹麦南方大学的拉斯·博·安徒生（Lars Bo Andersen）教授是世界上关于骑自行车对健康的益处的最著名的学者之一。他的广泛研究产生了大量的统计数据，在我们规划城市的自行车交通时必须考虑这些数据。

他说，以丹麦目前骑车上班的水平，我们每年可以预防大约 10000 例癌症、心脏病和 II 型糖尿病，以及 2500 例过早死亡。他计算出，骑自行车去学校只有一公里的孩子明显比走路去学校的孩子健康，更不用说开车的孩子了。他的研究结果得到了国际研究的一致证实。

格拉斯哥大学 2017 年的一项研究发现，骑自行车上班可以降低 45% 的癌症风险、46% 的心脏病风险和 41% 的由这些疾病导致的过早死亡风险。记住，每天骑自行车对健康的好处是任何风险的 20 倍。

人们！你都明白了吗？很简单，我们拥有一种神奇的药物。既能预防疾病又能治愈疾病的人。自行车是名副其实的神奇药物。坦率地说，我无法理解的是，我们并没有在世界上每个城市持续建设自行车道基础设施。

"自行车应该付钱"的问题偶尔会像基伍（Kivu）湖里的沼气泡泡一样浮出水面。仅在欧盟 5 亿人中，就有近 1 亿人说他们经常骑自行车出行。他们中没有一人因自行车牌照而感到不便，尤其是荷兰和丹麦——这两个骑自行车水平最高的国家。

第 14 章
数据收集艺术

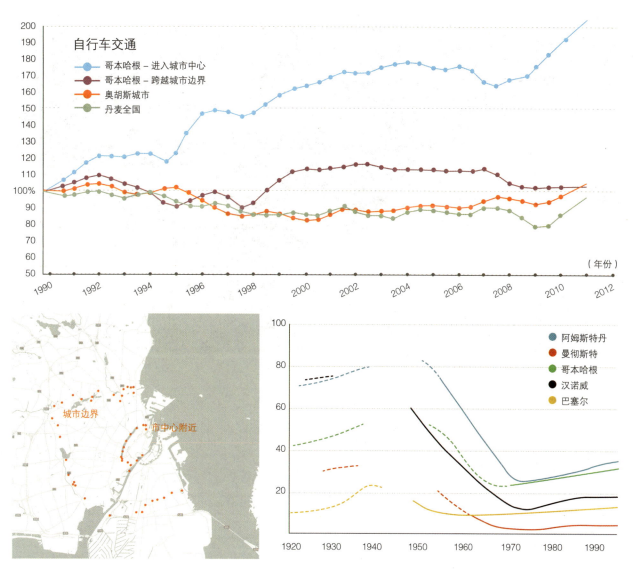

上图：与奥胡斯和全国水平相比，哥本哈根自行车交通的增长。
左下图：哥本哈根市永久交通的位置在城市边界和市中心附近。
右下图：显示选定城市自行车骑行水平的图表。虚线是估计值。差距是第二次世界大战。实线显示了城市何时开始认真收集数据。

骑行者在穿过布赖格布伦之前等待船只通过。

从 2006 年到 2016 年，哥本哈根市在自行车基础设施和设备上投资了 3.17 亿美元。

其他地方也有一些城市考虑自行车许可或注册，并对管理费用做了一些计算。他们中没有一人发现给自行车发放许可证是有成本效益的。有时我们听到象征性的"绥靖费"呼吁：骑行者付费让驾车者等闭嘴——一段时间。无论你如何扭转它，几乎没有迹象表明许可证或注册费会有成本效益。所以，祝你好运，俄勒冈州荒谬的自行车税。

从我破烂不堪的小意见包中，有一些事情需要考虑：首先，想象一下注册数千万辆自行车的后勤噩梦。你需要付费来开发或改造一个计算机系统来注册它们，你还需要雇人来运行这个系统来发放注册和支付生产许可证的费用。

考虑上述对道路的影响。2005 年，平均每辆汽车重 1650 公斤（约 3582 磅）。我对自行车平均重量的最佳猜测是大约 13 公斤（约 30 磅）。基于这些数字，自行车的重量相当于汽车的 0.8%。

第 14 章
数据收集艺术

我显然没有火箭工程学位，但即使如此，我也能算出自行车对路面沥青的影响是微不足道的——正如我提到的，比汽车轻 16000 倍。假设一辆汽车登记要花 100 美元，只为挑选一个号牌。根据这个数字，自行车注册应该要花 80 美分。但是坚持住。那我们就得从那 80 美分中减去。汽车对环境的影响相当大，但自行车却没有。假设零环境影响的 80 美分费用减少了 50%，只是为了挑选一个数字。我非常友好。

好吧。现在我们降到每辆自行车 40 美分。但是我们需要将现金投入管理系统的管理费中。让我们减去 35 美分——剩下的费用将不得不从别的地方来——但那只剩下 5 美分了。五美分。这似乎很公平。

等一下。我们还没完。根据我上面写的健康益处，由于我更喜欢的交通选择，社会正在节省一大笔钱。我每骑一公里，就会把 26 美分放回国库。我已经计算过了，骑自行车上下班 12 公里，加上去超市、咖啡馆、学校、商店等的所有旅行。我每年贡献大约 830 美元，有多少就有多少。

我完全赞成回到系统中去。能够通过我的交通选择，为我生活的社会做出积极的贡献，这让我感到自豪。但是，付钱让人们骑自行车是一回事。在丹麦，如果我骑自行车上下班路程是 24 公里或更长，我可以享受每公里 32 美分的税收减免。在我写这篇文章的时候，有人提议把这段距离降低到 12 公里，这将使我个人处于这个区域。这意味着我骑自行车每年可以得到 998.40 美元。留着你的 5 分钱，给我 998.35 美元，我们就能彼此抵消。谢谢！热爱你的工作！

如果一个成功的商人或女人买下一座城市，开始努力寻找如何把它变成一个有利可图的生意，并开始关注交通，你会看到这个城市的汽车数量会急剧减少。不会有资金用于发放自行车执照或注册。这笔钱将用于自行车道基础设施、交通稳静化以及公共交通。

然而，如果一个城市或州，确实实施了自行车注册计划，他们应该这样做到底，再对那些靠城市公共资金生活的、讨厌的行人征收穿鞋税。

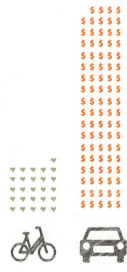

骑自行车一公里的成本效益和开车那么远的损失效益。
数据：哥本哈根市

工具包

那好吧。让我们卷起袖子，打开工具箱，想办法把自行车作为交通工具带回城里。过去的一个世纪以及过去的几十年我们积累了丰富的经验和知识。让我们看看我们所拥有的以及如何去使用。

第 15 章
最佳实务设计与道路基础设施

品质并非源于法规,而是源于习惯。

亚里士多德

如我所说,如果自行车是我们城市工具箱里,让城市变得更好的最重要和最强大的工具,那么现在是我们仔细研究蓝图的时候了。我们最大的优势是拥有它们。既然这个特殊的轮子是圆的,并且已经滚动了一个多世纪,我们也就没有必要重新发明轮子了。

街道是覆于其上的、建筑立面之间的空间。这是我们必须研究与设计的。很多时候,人们把街道看作是我们安放汽车的地方,并迅速将其排除在进一步考虑之外,然后又宣称:"我们没有任何空间!"这是一种不民主的方法。正如我来自"更好街区基金会"(Better Block Foundation)的朋友杰森·罗伯茨(Jason Roberts)所说,"你必须缩小规模。"我们的城市短期失忆也适用于此。在汽车开始撞上人行道之前的几十年里,纽约和许多城市的人行道非常宽阔并且非常受欢迎。几个世纪以来,我们的街道发生了几次变化。例如,罗马街道是凹形的,下雨时用作排水管道。随着以汽车为中心的交通工程的发展,它们现在是凸形的,允许水流进排水沟，流向住宅和建筑物，而远离在上面行驶的汽车。

你可能以前看过基础设施设计指南。我将在这里介绍城市自行车最佳实务基础设施的权威指南。我在几十个国家阅读并研究了道路基础设施标准，或者说有的国家缺乏道路基础设施标准。多么疯狂、杂乱的想法集合！我想说明的是，过度使用是不必要的，并提出经过试验和测试的设计，这些设计构成了丹麦自行车规划的支柱。

丹麦自行车规划只有四种基本设计。这四条中的一条适合丹麦王国的每一条街道，事实上，也适合世界上每一个城市的每一条街道。

在某种程度上，我和我的同事有世界上最简单的工作。如果一个城市要求我在街道上设计基础设施，我会问两个问题。首先，24小时内有多少辆车？第二，那些车的限速是多少？根据这两个问题的答案，我将从四种设计中选择一种。

四种！丹麦自行车规划只有四种基本设计。这四条中的一条适合丹麦王国的每一条街道，事实上，也适合世界上每一个城市的每一条街道。一点也不差。我发现我们的设计传统是如何最终渗透到自行车基础结构中的，在那里我们将它们浓缩、简化，最后得到一个整洁直观的包装。

从1892年，哥本哈根世界上第一条自行车专用道，到1896年允许骑车人在其他地方使用骑行路线边缘的法律，这段旅程有了一个艰难的开始。自行车作为一种交通工具占主导地位，但是很少有规则来管理它们。事实上，至少在丹麦第一部交通法于1923年制定并于1932年修订之前，一般的交通规则很少。20世纪20年代的自行车使用者令驾车者"恼火"。骑行者经常在他们高兴的时候成排骑车穿过街道，就像七个世纪前的城市居民一样——只用两个轮子。随着汽车数量的增加，交通行为成了一种新现象。在1924年，红色反光器被强制安装在自行车的后面，但是解决越来越多的涉及汽车的事故却很棘手。给每个类型的交通使用者组一段各自的街道是发展改进的方法。

1928年12月，丹麦自行车、汽车工业协会和丹麦自行车联合会试图引起人们对交通事故问题的关注——他们联系所有他们能联系的当局，从政府到当地教区委员会。到20世纪20年代中期，自行车基础设施的建设已经成为一个热门话题，以至于在1929年7月的郡议会协会年度大会上进行了讨论。国家税务委员会副主席亨宁森（Henningsen）在年度成员大会上的讲话中说，尽管交通拥堵需要资金和空间，但它还是迫在眉睫。他的主要信息是自行车道应该是高质量的，因为否则骑行者只会使用之前的道路。但是哪种解决方案更好、更便宜呢？

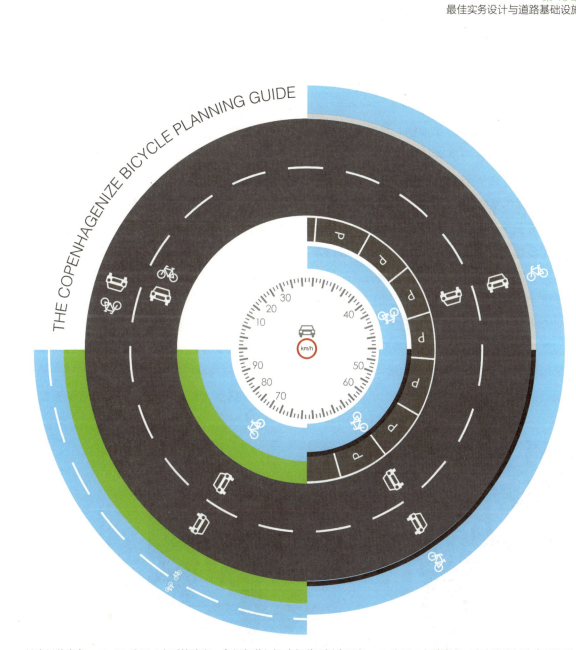

丹麦最佳实务：10-30 公里 / 小时的速度，自行车道与机动车道无划分隔离。40 公里 / 小时速度，喷油漆线划分自行车道。50-60 公里 / 小时的时速，路缘石分隔自行车道。70-130 公里 / 小时的时速完全由中间隔离带划分。自行车基础设施设置在汽车停车位右侧。双向自行车道只设置在街道外侧。谢谢。

独立自行车道被路缘石或绿草带物理隔开，自行车道在道路的一侧，被油漆线划分隔开，或者独立自行车道平行于道路，被草、树或沟渠隔开？或者也许有必要修建完全分开的自行车道？全国对这个问题有许多看法。

来自奥尔堡的县巡视员特罗尔森（Troelsen）在年度成员大会上关于自行车标识线的演讲中称，在日德兰半岛北部的乡村道路上，自行车使用者并不介意在路肩上，由油漆划分出的自行车道上骑车。县公路管理局因此拓宽了道路两侧的沥青，允许自行车在两侧多一米空间。

奥尔堡沿着通往市中心的道路，修建了物理隔离的自行车道，但很少使用。"在我看来，在我们国家的道路修建物理隔离分开的自行车道是错误的做法，"特罗尔森探长说。它们的建造成本也更高，这似乎是主要的障碍。

在其他地方，霍尔贝克县支持平行于道路的自行车道。他们还画了道路标线来分隔自行车和汽车，这在当时的德国很流行。如果道路需要拓宽，它们是一个更便宜的解决方案，当时许多道路确实是这样，因为交通量增加了。

专用自行车道，在荷兰人口稠密地区很普遍，但在丹麦农村却很少见。荷兰为了投资建设全国自行车道网络而征收自行车税。丹麦也讨论了类似的税收。对自行车轮胎所用的橡胶征税，被提议作为支付自行车道费用的一种手段，但最终这种税收从未被征收。

所有这些，都是对自行车和机动车辆数量

蒙特利尔的一条街道显示
有足够空间给自行车道。

增加的反应，更不用说马车了，所有这些都需要快速提供一些设施。1933 年，每天有 150 万丹麦人骑自行车，占总人口 44%。像往常一样，城市是第一批行动者，但在农村这是一个较慢的过程。1930 年，全国乡村道路上只有 88 公里（约 55 英里）的自行车道。仅仅三年后，这一数字上升到了 342 公里（约 213 英里），但这仅仅意味着 4% 的农村道路拥有自行车道基础设施。

在 20 世纪 30 年代末，用自行车道路基础设施保护骑自行车者安全的目标才真正实现。快速省事儿的解决办法是在路边画出一条车道，但这对保护骑行者没什么帮助。即使在那时，荷兰人也是如此。正如海牙市政规划负责人 1938 年在该市举行的国际道路大会上所说："通常为骑自行车者保留的油漆标识线，只用线将他们与道路隔开，只能被视为替代解决方案。"

20 世纪 30 年代，物理分离的自行车道，在丹麦规划者和工程师中并不流行，因为价格高得令人望而却步。然而，在 20 世纪 30 年代，自行车基础设施最佳解决方案的研究有了很大进展，许多标准得以确立。测试了各种设计，并如实地记录其利弊。许多不同的铺面解决方案都还是原型设计，如碎石、白垩沥青（沥青和白垩石的混合物）、浇筑沥青和水泥。如果每小时骑行者超过 100 人，或者每小时至少有 100 辆汽车，就需要对路面基础设施的需求进行确认。

他们也去了山里。早期的直接观测被用来帮助自行车基础设施规划，研究是在坡度陡的道路上进行的，包括全国最陡的道路之一，坡度为 10.7%。他们看着自行车手何时能爬上山顶或不得不下车步行。官方建议，自行车道或自行车道的坡度应根据坡段长度，在 2.5% 到 4% 之间。

当速度限制达到 50 或 60 公里 / 小时时，就需要进行严格分离了。

丹麦道路实验室的道路委员会在 1938 年和 1944 年公布了许多结果，因此全国各地的道路管理局可以开始使用经过测试的标准。在接下来的几十年里，对这些标准进行了大量微调，并且一直持续至今。各种各样的规划者把设计归结为美丽、简单和实用的东西。

丹麦道路和桥梁博物馆前馆长梅特·舍恩伯格（Mette Schønberg）在 2009 年 9 月的丹麦《交通观察》(*Trafik & Veje*) 杂志上的一篇文章中摘译了历史参考资料。

首先，让我们看看我需要问的两个问题。汽车数量和公布的速度限制，是决定哪种道路基础设施更受欢迎的决定因素。第一类基础设施根本不是。我住在两个繁忙街道交叉路口间的一个人口稠密的街区，但是我公寓后面的住宅街道交通量很小，交通也很平静，连续的人行道迫使汽车减速。我在这里毫不费力地骑自行车，我的孩子们也是。迫使驾车者开得更慢的交通稳静化是有形的。这条街的设计是为了保持速度和人们的安全。另一方面，在美国的许多城市，在专为高速设计的街道上设置较低的限速则毫无意义。

其次，当车速限制达到 40 公里 / 小时（约 25 英里 / 小时）或汽车数量增加时，单画出一条自行车道是一个可以接受的解决方案。值得注意的是，这条车道将沿着人行道而行，宽度至少为 2.3 米（约 7.5 英尺），在街道两侧单向行驶。必须指出的是，一些城市，特别是哥本哈根和周围的城市，将升级到下一个水平，因为这将确保更高的安全水平，骑自行车人数也会急剧增加。

第三，当限速达到 50 或 60 公里 / 小时（约 30–37 英里/小时）时，就需要进行严格分离了。自 1915 年哥本哈根会议以来，这一直是路边分隔的自行车道，在物理上保护骑行者免受机动车辆的伤害。它被提升到路缘石中间的高度，同时也让骑行者与另一边的行人保持距离。这是像哥本哈根这样的城市的黄金标准。事实上，哥本哈根市有 375 公里（约 233 英里）的路缘分隔自行车道，而上述油漆车道只有 33 公里（约 21 英里）。同样，最小宽度是 2.3 米（约 7.5 英尺），它应该沿着人行道运行，就像油漆过的车道一样。应该一直如此。在骑车人较多的自行车道上，自行车道会加宽以容纳他们。自行车的不成文标准——自行车道宽度是你和我可以一起骑自行车、聊天，一辆运货自行车可以从我们身边经过。

当车速限制达到 70 公里 / 小时（约 43 英里 / 小时）或更高时，比如高速公路，只有一个目标：让骑行者尽可能远离机动车辆。你不能把自行车和开得那么快的汽车混在一起。你找到了空间，就创造了尽可能大的缓冲区。正是在这一类别中，我们允许双向行驶自行车基础设施。在丹麦，街道双向车道在 20 世纪 30 年代被发现不符合标准，但它们一直徘徊在各处，直到大约 20 年前，才被有效地去除。这种双向自行车道根本不够安全。然而，当放置在与汽车没有接触的非街道环境中时，它们是合适的。就像穿越哥本哈根的绿色道路系统。

通常为骑行者保留的标识线只能用一条线将他们与道路隔开，只能被视为替代方案。

通往哥本哈根的高速公路两侧都有宽阔的双向自行车道，被树木和至少 1 米（约 3 英尺）的草坪中央分隔带隔开，沿着哥本哈根港的公园和道路也是如此。即使在农村，也有可能找到这样的空间。

当你设计某样东西（任何东西）时，你必须测试它是否符合预期的功能。如果你仔细想想，这些设计已经经历了历史上最严格的设计测试。数亿骑行者已经在丹麦和许多其他国家使用了几十年。一套令人印象深刻的自行车道

第 15 章
最佳实务设计与道路基础设施

左上图：哥本哈根以北 16 号高速公路郊区的自行车道。
右上图：在极少数情况下，哥本哈根使用漆面车道，但它们仍然至少有 2.3 米宽，与人行道平行。
图片来自：洛伦兹·西格尔（Lorenz Siegel）
底图：早上沿着 16 号高速公路前往哥本哈根的交通。

网络曾经在今天看来不太可能的地方被发现。许多英国城市很容易采用这些设计，德国城市也是如此。缺陷被发现了。情况就有所改善。我知道我一直在谈论我们是如何做到这一点的，以及最佳实务是如何被彻底确立的。最重要的是要知道，如果一个城市真的想要改变，想要改善自行车条件和提高自行车骑行水平的城市，实际上并不会历时漫长。

世界各地机动车辆的交通工程标准大体相似。当然，大多数都有缺陷，但每个人都同意。如果我旅行到地图上的任何一个地方，想踢足球或打网球，我不必先了解球场或球场的错综复杂。它们在任何地方都是一样的。来自各种文化的各种各样的人都同意足球场或网球场应该是什么样子。这些设计已经过测试，被认为是最佳实务。这些标准像雕刻在石头上一样稳固。自行车基础设施不也应该是这样吗？

我注意到，骄傲的大国有一种"不是在我们这里发明的"心态。采纳丹麦或荷兰等小国的想法？算了吧。我们可以自己做。通过这种奇怪的炫耀，时间在已经完成的工作上浪费掉了。丢弃几十年前的设计，从零开始开发。永远看不到阳光的新设计被称为"先进"和"创新"。嘿，放血曾经被认为是各种疾病的先进和主流医疗方法。但这并不意味着成功。

四种类型的基础设施。我可以把它放在那里，但是我打赌你可能有一些补充问题。

公交车站

哥本哈根公交车站后自行车基础设施的首选设计，是为公交乘客建一个安全岛。在这种情况下，骑行者可以不停车，继续前行，公共汽车乘客可以一直等到海岸安全。采用这种设计大大减少了公共汽车乘客/骑自行车者之间的冲突。话虽如此，在空间有限的地方仍然设置公交车站。在这种情况下，骑行者必须停下来，让公共汽车乘客上下。即使空间有限，受保护的自行车道仍与人行道平行，尽管乘客预计会与刹车下来的骑行者混合，但公交车与骑行者相互作用的真正危险是可以避免的。当加拿大温尼伯开始明白这一点时，你知道这一定是（也应该是）一件重要的事。

受保护基础设施的其他解决方案

黄金标准是路缘石隔离开的自行车道。它们可能看起来很贵，但如果你把它们跟汽车道路比，它们非常便宜，损耗更小，而且投资回报也更快。一个城市应该为未来而规划，所以这是很好的解决方案。我和我的团队将永远为我们的客户城市推荐这种设计。当面对财务现实，我们也会推荐其他解决方案：

» 预制混凝土块状路缘分离，允许排水，不需要完全重建街道，但仍然提供真正的垂直保护；

» 塑料路缘石或花盆（其中一些以时髦的内置脚踏板为特色）；

第 15 章
最佳实务设计与道路基础设施

哥本哈根通过公共汽车站的自行车道的最佳实务解决方案 © 洛伦兹·西格尔（Lorenz Siegel）

» 栏杆或隔离桩，提供良好的视觉分离，并在一定程度上有助于保持汽车在汽车车道上，尽管它们也很容易被汽车碾过；

» 所谓的"穿山甲"隔离块，这在巴塞罗那和墨西哥城等城市被证明是有效的，尤其是当它们为汽车提供一个坚固的边缘时。

逆向自行车道怎么样？

丹麦首都的中心几乎没有多少逆向解决方案。在一些低速街道上，自行车使用行驶车道，而物理隔离的自行车道朝相反的方向行驶。在其他情况下，物理隔离的自行车道分布在两侧。在所有情况下，高质量的自行车交通灯都到位，以管理十字路口的安全。

共享空间怎么样？

我相当迷恋共享空间哲学，并且一直如此。这对于交通稳静化和街道设计到位的小城镇和

与交通流相反的逆向自行车道。另一条自行车道在另一边,保证骑行者同交通方向一致。

居民区来说是一个很好的解决方案,但它并不完全适合人口众多的较大的城市的交通运输情况。当然不是现在或不久的将来,在仍处于汽车保护之下的城市里。哥本哈根步行街网络对我们的城市来说是一个极好的补充。与著名的斯楚格街(Strøget)平行,这座城市有一条共享空间的街道,叫作 kompagnistreet(简称 strdet)。我们的办公室一度在一端。早上我沿着空荡荡的街道骑行,但下午像躲避瘟疫一样避开它。虽然汽车和自行车被允许在街上行驶,但骑自行车是一种锻炼,以蜗牛的速度骑自行车时尽量不要从自行车上摔下来。我绝对喜欢这条街,但它只是一个游览目的地,而不是交通走廊。在美国,我听说共享空间被吹捧为一种解决方案,人们显然不愿意花钱或者不理解城市自行车是一种交通方式。在这种情况下,共享空间是一个替代品,就像可怕的共享自行车道路(sharrow)。

但任何形式的自行车道都比没有自行车道要好,不是吗?

是的,如果你被困在沙漠里,一块干的、

不新鲜的年糕总比没有食物好。可以同意这一点。就像我说过的，一把两条腿的椅子会让你休息一会儿。但两者都不是可持续解决方案。选择已经测试过，并证明有效的现成设计，成功的可能性非常大。你不会选择你购买的其他产品的半成品，对吗？我宁愿骑在2-3米宽（约7-10英尺宽）的双向自行车道上穿过城市，也不愿被迫在没有任何基础设施的街道上与公牛一起奔跑。我明白了。但是我们正在为下一个世纪规划我们的城市，我们需要从头开始。

你不会选择其他你购买产品的半成品，对吗？

我们还需要明白，我们现在的选择会影响我们以后的选择。蒙特利尔在20世纪80年代末开始建造一个双向自行车道（分散的）网络。它很大程度上忽略了城市自然存在的期望路线，让骑行者走上耗时的弯路。现在人们关注的是单向基础设施，事实证明将这两种类型连接起来很棘手。

你可能听说过美国组织NACTO，即美国城市交通官员协会。美国城市交通官员协会是作为对美国州公路和运输官员协会的回应而发展起来的。撇开史诗缩略词"战斗"不谈，后者是工程师，他们的职业信念不可动摇，自行车作为交通工具臭名昭著地视而不见。前者，美国城市交通官员协会更注重城市交通的规划和

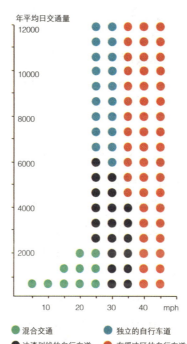

根据汽车交通量和汽车速度限制的基础设施类型的简化标准。

在巴塞罗那这样的城市，自行车和汽车之间的硬分离是通过用螺栓固定在沥青上的实心块来实现的。

创造更好的条件。就像芭蕾舞者对相扑选手。虽然我喜欢 NACTO 正在努力做的事情，并且我理解他们在铁石心肠的反对下的追求，但是他们误解了最佳实务。例如，在他们的网站和设计指南中，他们在开关门区和移动交通之间推广自行车道，并画出穿过汽车行驶车道的车道，允许汽车右转。更不用说双向自行车道了。他们的灵感大多来自丹麦和荷兰——但他们没有抓住精髓，甚至没有提供建造这些设施的细节。我更喜欢一种清晰明确的方法，其特点是解决方案能够取得成效，并为城市的未来奠定基础。

在他们的网站和出版的材料中，他们引用了最佳实务，并声称他们的灵感来自荷兰和英国，但他们仍然愉快地建议将自行车道变窄。这是美国自行车规划的一个例子，它实施的解决方案并不是为了吸引人们参加自行车交通，而是基于这样一个假设，"现在骑行者还不够多，所以他们不需要互相超车。"

我们正在为下一个世纪规划我们的城市，我们需要从头开始。

用基于设计的愿景和解决方案，来对抗工程标准，是一项崇高事业。是必要而受欢迎的发展。挪威奥斯陆，也有类似做法。在特隆赫姆的一次交通会议上，我做了我通常的主题演讲，重点是设计和最佳实务。紧随其后的是奥斯陆自行车办公室负责人鲁恩·吉斯（Rune Gjøs），也是第三位发言人。我们所有人对基础设施都说着同样的话语。在随后的问答环节里，一名听众沮丧而又不无愤慨地站起来，问挪威为什么不执行丹麦的标准。

一位来自国家公路管理局的女性，斯塔滕·维维森（Statens Vegvesen），负责回答这个问题。她说话时也带着恼怒的语气和优越感，并解释说挪威不能仅仅采纳其他国家的标准——她说这听起来很轻浮——挪威的标准存在是有原因的。她把丹麦归为"其他国家"一类，就像它是津巴布韦而不是邻国一样。特隆赫姆在 20 世纪 90 年代试验了受保护的路缘分离的自行车道，奥斯陆甚至在 1941 年就有了第一条自行车道，但是后来国家公路管理局将它们从以汽车为中心的标准中删除了。

奥斯陆决定做出反应，创建他们所谓的奥斯陆标准。这是奥斯陆市想要实施的基础设施综合指南，它与古老的国家标准直接冲突。这既是政治性的，也是实用性的，但这是改善城市生活斗争中的一个大胆举措。

挪威交通部，早在 2012 年，就试图探索如何改变挪威的标准，该部希望弄清楚挪威城市如何提高自行车骑行水平。他们通常的沟通渠道是道路另一端的公路局，但政府厌倦了老一套答案。他们决定问别人。与西维塔斯（Civitas）合作的"向哥本哈根学习"设计公司被聘用。选择了五个挪威城市与五个瑞典和五个丹麦城市进行比较。"哥本哈根自行车友好指数"背后的方法，被用来探索城市之间的差异。简短结果是——令人吃惊的是，挪威城市缺乏基础设施。

规划网络

正如您现在可能已经发现的，所有这些基础设施都必须是一个内聚的、连贯的、设计良好的网络的一部分。我们可以同意，一条迫使你下车，然后步行两公里到另一条列车线上的车站以继续你的旅程的铁路并不好。这同样适用于自行车网络。太多的城市正在迈出小步。在一条街上找一条自行车道骑一下试试，看看情况如何。这完全无关紧要。其他一些城市声称有一个网络，如柏林和巴塞罗那，但在地图上只有模糊线条的奇异基础设施设计。幸运的是，越来越多的城市意识到网络至关重要。

里约热内卢是一个早期的例子。这座城市于 1992 年主办了第一届地球峰会，几乎事后才决定沿着标志性的科帕卡巴纳海滩在车道上修建一条自行车道——这是一个象征性的姿态，因为全世界都在谈论气候。世界的关注减退后，下一个见证了自行车道的毗邻城市，依帕内玛将自行车运动延伸到了他们自己的海滨。然后莱伯伦也跟着做了。里约仍在进行中，但我现在可以在国家机场被朋友们骑自行车接机，并通过自行车基础设施网络骑 15 公里到莱伯伦。这很酷，即使自行车道的质量达不到标准。

俄罗斯油田中心的一座城市，冬季寒冷，决定在短短两年内实现共同富裕，俄罗斯第六大石油公司为这个富有远见的项目提供资金。

在我们为底特律市设计自行车网络的工作中，创建单向自行车道网络至关重要。在整个过程中，我们不得不与咨询公司的设计竞争，这些咨询公司试图推动双向自行车道穿过市中心。与热衷于将汽车城转变为可移动的城市的城市热情团队合作，在职业上是有益的，在个人相处上也是鼓舞人心的。底特律现在有了重新定义自己为现代交通城市的框架。

斯洛文尼亚的艾伯塔州卡尔加里市已经计划了一系列试点项目——七年七次——以自行车道为特色。该市意识到，一次对整个网络进行试点要比采取小步骤有效得多。到目前为止，结果是积极的，这并不奇怪。哥本哈根设计公司也是温尼伯市自行车和步行策略设计团队的一员，我期待着在他们开始网络工作时关注那里的发展。

你会记得我在 20 世纪 70 年代初关于斯洛文尼亚卢布尔雅那领先于复制/粘贴的故事。如果你喜欢那个故事，你也会喜欢这个故事的：2015 年，当俄罗斯联邦鞑靼斯坦共和国的阿尔梅季耶夫斯克市（Almetyevsk）联系我，宣布两年后成为哥本哈根的目标时，我对此表示怀疑。我非常熟悉俄罗斯联邦城市自行车基础

左上图：一个安静的居住区道路，车流量低，没有自行车保护基础设施。© 洛伦兹·西格尔

效果图：哥本哈根设计公司为我们的客户城市底特律提供效果图。

致谢：底特律市

设施的状况。在全球范围内,俄罗斯要么与之相背,要么完全无视自行车交通。大多数情况下,人们缺乏真正的政治意愿来承认自行车是一种合法的交通方式。然而,在阿尔梅季耶夫斯克,政治意愿将被证明是主导力量。阿瑞特·卡茹林(Ayrat Khayrullin)是一位年轻、雄心勃勃的市长,他承认整体自行车战略的重要性,该战略重视世界级的设施、建设性的沟通战略,尤其是专用自行车道。从一开始,卡茹林(Khayrullin)就表达了一个坚定不移的愿望,要把阿尔梅季耶夫斯克变成俄罗斯联邦最适合骑自行车的城市,在那里他会有信心骑自行车送他的孩子去上学。

在与该市的初步会议中,我们很快就流程和目标达成一致:在最佳实务基础设施的紧密网络中建设 200 公里(约 124 英里)的自行车基础设施。一点也不差。卡茹林(Khayrullin)已经做了作业。例如,他知道,街头双向自行车道是不合标准的解决方案。他理解建立一个完整的网络和优先考虑自行车作为交通工具的重要性。他非常了解骑自行车对健康的好处。他只需要有人来设计它。打造俄罗斯的黄金标准的自行车城市。

"向哥本哈根学习"设计公司的整个团队都去工作了——不仅是我们哥本哈根总部的员工,还有我们布鲁塞尔和蒙特利尔办事处的其他人。时间很短。在 2015 年秋季我们在市里的会议上,我们被告知他们想在 2016 年春天开始工作,那时雪融化了。我们把自行车战略的工作分成几个阶段,以便给城市一个机会来计划和准备他们的工程部门来做这项工作。他们面临的挑战是如何最好地利用道路施工季节——从 4 月到 9 月——来建造第一批 50 公里(约 31 英里)的硬基础设施。城市主要街道的核心网络。

Альме́тьевск? 是的,阿尔梅季耶夫斯克。让我们为这个地方创造一些环境。它是一座拥有 155000 人口的城市,位于俄罗斯联邦鞑靼斯坦加盟共和国的中部。我们在俄罗斯联邦的同事不情愿地告诉我们,鞑靼斯坦共和国是一个在城市发展背景下做事的地方。首都喀山是苏联解体后唯一建造地铁系统的俄罗斯联邦城市,尽管他们在自行车交通方面做得很少。由于阿尔梅季耶夫斯克预计到 2030 年将增加 30000 名新居民(其中许多是年轻工人和家庭),政府正寻求改善整体的宜居性和吸引力。市长阿瑞特·卡茹林 Ayrat Khayrullin 热衷于用一个真人大小的城市吸引新的居民,并提高现有居民的生活质量。

他理解建立一个完整的网络和优先考虑自行车作为交通工具的重要性。他只需要有人来设计它。

这座城市的建筑形式以一条主干道为特征,沿着一个网格状的街道网络形成了住宅、文化和商业中心,苏联时代的道路如此之宽,以至于盐湖城的街道看起来像阿姆斯特丹的后巷。市中心东西长 8 公里，南北长 4 公里。换句话说，这座城市相对较小的占地面积，密集的中高层住宅网络加上宽阔的道路，为自行车作为一种交通方式提供了大量的机会。

当我们第一次到达这座城市时，我们惊讶地发现有这么多行人——这在俄罗斯联邦城市中是不常见的。此外，蓬勃发展的无轨电车系统是主要的运输形式。众所周知，这两个要素是自行车设计的先决条件。世界上所有伟大的自行车城市都有优秀的公共交通和强大的步行文化。

在这个地方，年轻人和老年人，富人和穷人，可以在一个安全和互联的最佳自行车道路基础设施网络上并肩骑行。

该项目这一阶段的融资是一种独特的公私合作（PPP）模式。鞑靼斯坦国家石油公司塔特里夫特（TatNeft）很早就接受了这一想法，他们的热情支持——无论是道义上的还是财政上的——是项目成功的关键。他们总部也在阿尔梅季耶夫斯克。这只会让故事讲得更好。俄罗斯联邦油田中心的一座城市，冬季寒冷，决定在短短两年内共同富裕起来，俄罗斯联邦第六大石油公司为这个富有远见的项目提供资金。

像其他俄罗斯联邦城市一样，阿尔梅季耶夫斯克也涉足自行车基础设施，但通常情况下，半途而废和妥协只会导致冲突。该市非常坦率地承认现有基础设施的缺点。共享的行人与自行车空间，经常导致混乱冲突，而包含在新开发区域内的自行车道并没有连接到更大的城市网络。事实上，2014 年，行人与骑自行车者之间的冲突，加剧了公众对阿尔梅季耶夫斯克骑行者角色的讨论，促使市长和他的同事向国外寻求有经验的帮助，而不是简单地打击骑自行车者的行为。

经过多轮咨询、文档和数据收集的现场访问，我们回到哥本哈根开始分析。我们用久经考验的方法仔细观察这座城市，建立了一个完整的城市背景，了解了自行车基础设施互联网络发展面临的优势、劣势、机遇和威胁。我们分析了网络的连通性、目的地和来源、多式联运、道路类型，除此之外，还逐渐了解了最佳实务自行车基础设施如何适合阿尔梅季耶夫斯克城市街道。也许整个过程中更具变革性的事件之一是欢迎市长和一个小组，到哥本哈根参加高级培训班。通过研讨会、课程、演讲和自行车旅行，我们让他们了解了最佳实务基础设施是如何真正发挥作用的。没有什么比看到交通工程师和规划人员，睁大眼睛，意识到自行车的潜力更好的了。

凭借对阿尔梅季耶夫斯克的深入了解和该市新成立的项目团队，我们为不远的未来阿尔梅季耶夫斯克提出了一个愿景："一个年轻人和老年人、富人和穷人可以在一个由最佳自行车

第 15 章
最佳实务设计与道路基础设施

"向哥本哈根学习"设计公司的客户城市,阿尔梅季耶夫斯克的照片,展示了新铺设的自行车道、自行车垃圾桶和自行车游行。照片来源:阿尔梅季耶夫斯克市

基础设施组成的安全互联网络上并肩骑车的地方。"一些更可量化的目标将有助于引导这一愿景走向未来：

» 第一年内将建成50公里（约31英里）的受保护的自行车网络。
» 阿尔梅季耶夫斯克的自行车模式份额将在未来五年内达到10%。
» 20%的学童将在五年内骑自行车上学。
» 骑自行车对于女性也会像男性一样受欢迎。
» 在阿尔梅季耶夫斯克骑自行车将比以往任何时候都更安全。
» 冬季维护时自行车道将被优先考虑。

根据我们的基准线观察研究和指导性愿景，我们与阿尔梅季耶夫斯克的一个项目团队，合作开发了该市的第一个自行车战略，该战略在2016年，指导该市规划了50公里（约31英里）的自行车基础设施。布置适当的第一阶段网络，针对每种识别的街道类型，解决较小的设计细节。详细说明了公交车站处理、主要和次要交叉口处理以及适当的自行车停放解决方案。作为对有形基础设施的补充，我们的战略还制定了无形基础设施战略，转向鼓励骑自行车的宣传活动、学校和工作场所规划、公共活动以及旨在让人们首次骑自行车的未来参与活动，这是扩大乘客数量的关键一步。

该项目于2016年5月下旬开工，恰逢俄罗斯一年一度的自行车游行日和剪彩仪式。我们在那次访问中到达这座城市时，进行了多次实地考察，看到了几公里自行车基础设施的基础是如何奠定的。这是一个惊人的景象。

然而，第二天令人难忘。1000多名骑自行车的居民出来参加城市自行车游行。我们在主干道列宁纳街的一个地方停下来，那里有一台沥青机器在等着我们。我和市长艾拉特·卡瓦鲁林（Ayrat Khayrullin）以及前重量级拳击世界冠军——现任国会议员——尼古拉·瓦卢耶夫（Nikolai Valuev）一起，把水泥铲进第一个自行车标志的地基，在第一段自行车道上铺上沥青，看着年轻的活动人士按下一个红色大按钮启动铺路机。城市愿景的广告牌宣传悬挂在基础设施即将展开的地方——城市综合宣传活动的一部分。

一路上有许多障碍要克服。尽管政治领导是关键，但交通工程师也仍需要被说服。

在俄罗斯实施自行车基础设施有当地的挑战。俄罗斯道路标准中没有关于最佳实务自行车基础设施的内容（但现在会有），正如城市工程师们在政治领导层一劳永逸地掌权之前在一开始一直提到的那样。自行车道所需的优质沥青是存在的，该市进行了一系列室外测试，以确保他们选择了正确的种类（他们已经选择了）。沿着一段试验性的道路，阿尔梅季耶夫斯克的交通主管向我们展示了他们正在试验的不同材料、表面处理和标志。他们在俄罗斯找不到自行车交通标线的供应商。他们做了什么？他们用贴纸和传统方法制作自己的标线。他们还为骑行者制作自行车栏杆、脚踏板和倾斜的垃圾桶。局长和他的工作人员在哥本哈根高级培训班上吸取了教训，开始试验，结果，打破了俄罗斯道路现状的局限。

一路上有许多障碍要克服。尽管政治领导是关键，但交通工程师也仍需要被说服。为了进行密度、连通度、空间句法分析等方面的研究。哥本哈根设计公司需要本地数据，但是俄罗斯城市没有像斯堪的纳维亚城市一样的数据收集文化。此外，许多现有数据被归类为秘密——冷战的回声依然存在。尽管如此，挑战还是克服了。最终，阿尔梅季耶夫斯克市变成了最令人惊奇的客户。我们会收到从沥青铺路机隆隆驶过的街道发来的电子邮件，反复检查如何前进——第二天会收到照片，显示已经做了些什么。这种客户关系是我们从未梦想过的。自5月份以来，每天晚上我们都知道，当我们早上醒来时，更多里程的新鲜沥青，以最佳实务循环轨道的形式在干燥的阿尔梅季耶夫斯克空气中冷却下来——城市的生活质量也有所提高。

市长艾拉特·卡瓦鲁林也没有把自己局限于自行车基础设施。2015年，他与喀山的设计事务所"演变"（Evolution）一起创建了沙姆西诺（Shamsinur）——一个城市公园，已经成为市民们的一个令人惊叹的目的地。2016年，这座城市还开放了一个带有沙滩的大型湖泊公园。

"俄罗斯只有两个问题：傻瓜和道路。"我们可能最终解决了后者。

通过将自己树立为俄罗斯国内（以及国外）的先行者，阿尔梅季耶夫斯克已经获得了政策制定者的关注，他们可能厌倦了在联邦之外寻找最佳实务。通过对专用自行车基础设施网络的认真投资，阿尔梅季耶夫斯克已经牢牢地将自己定位为俄罗斯自行车友好型城市的黄金标准，只需学习丹麦100多年的最佳实务基础设施。知识转移的最佳状态。它不止于此。该市期待着建设一个总长度超过200公里（约124英里）的基础设施，将所有街区和更远的地方连接起来。

众所周知，俄罗斯有一句古老的谚语："俄罗斯只有两个问题：傻瓜和道路。"哥本哈根设计公司和阿尔梅季耶夫斯克市可能最终解决了后者。这是一次持续到2017年及以后的疯狂之旅。很可能是目前世界上最激动人心的城市设计项目。如果你决心要建造它，成功终会到来的。即使在最不可能的地方。在阿尔梅季耶夫斯克，自行车的成功最终会实现。

自行车应该有超级专用路

许多城市正在通过发展通向更远地方的道路基础设施，来扩大日益增长的自行车城市网络。哥本哈根首都区正在建设一个延伸到郊区的自行车高速公路网。500公里（约300英里）的计划已经完成，前 200 公里（约 124 英里）的资金已经到位。许多市政当局都是董事会成员，但他们仍需要注入灵感，给予稍微的推动，甚至猛烈的推动。我的团队开发了一个创意目录，展示了市政当局可以选择的创意。原创的想法，但也有许多从全球经验中收获的想法。花了一些时间让人信服，但丹麦道路管理局最终同意，将专用标志、标识和寻路作为持续发展的一部分。

斯特拉斯堡（Strasbourg），几十年来法国领先的自行车城市，是另一个例子。他们正在设计一个全面的网络来补充现有基础设施。三条环城公路和十条进出城市的自行车超级专用路。我为这座城市设计了标志和视觉标识，选择了更有公共交通感觉的图形，而不是陈词滥调的自行车图像。自行车网络应该是这样的：公共交通。

总之，一条好的街道是没有人因交通被杀害，通过使用它，人们确实会变得更健康的街道。

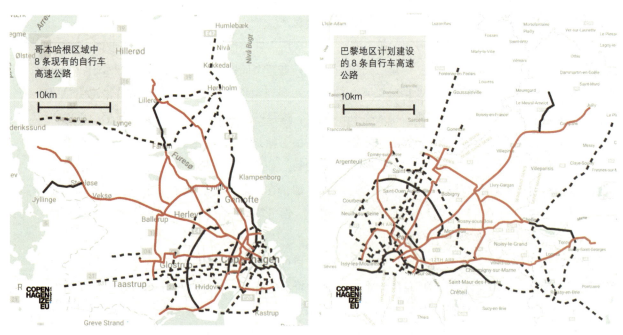

左图：大哥本哈根现有的自行车高速公路路线（橙色）和拟建路线（黑色）。
右图：叠加在巴黎地图上的大哥本哈根网络。

路标,让骑行者知道他们在哥本哈根的自行车超级专用路上。© 詹姆斯·托姆(James Thoem)

我为爱尔兰国家交通管理局做了三个项目,重点是改善都柏林骑自行车者的条件。其中一个是沿着多德尔河修建自行车超级专用路的可能性。一些城市抢在前面,直截了当地追求性感、引人注目的自行车高速公路概念,但却忽略了在市中心建设实体连接的基础设施,而这些基础设施应该是所有扩展类型的基础。

总之,一条好的街道是没有人因交通被杀害,通过使用它,人们确实会变得更健康的街道。这应该是每个城市的目标。我们知道该怎么去实现它。一切都是被发明的。每一天时间流逝,任何借口都显得日益空洞。

第 16 章

优先考虑骑行

你所喜悦的,不是一座城市的七个或七十个奇迹,而是它回答了你想问的问题。

伊特鲁·卡尔维诺

　　是的,我们有蓝图。我们可以设计和建造宏大的基础设施,它就在那里等着你去建造。但在我们放下麦克风离开舞台之前,有一些重要的因素需要考虑。按理说,当然会优先考虑自行车道,但还是让我们来看看我们还能做什么,应该做什么。

　　设定目标很重要,所以让我把这一点提出来:如果你环顾你的城市,没有看到城市里骑行者在安心地打哈欠,那你可能做错了什么。说到"主流自行车城",没有什么比市民们打着哈欠、车轮还能滚滚向前更贴切的景象了。我在哥本哈根每天都能看到这样的场景,我在荷兰一些城市和一些认真对待这项任务的城市看到了这一点。在那些让我想太多、担心甚至害怕骑自行车的城市里时,我从不打哈欠。抛开所有的城市规划和专业考虑,让我们把在骑车时路人能放心打呵欠作为我们的目标吧。

　　我以为,在理想情况下,任何从事自行车道基础设施设计或规划工作的人,都应该领到一辆自行车,并被告知在他们设计的城市骑行

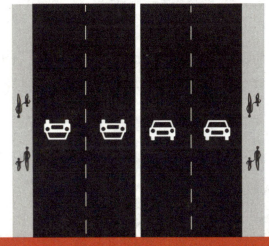

20世纪：这条街道可以承载多少车？

改变这个问题

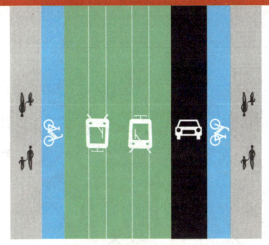

21世纪：这条街道可以承载多少人？

是时候改变我们解决城市交通问题的方法了，下面模式的运载能力是20世纪顶部模式的十倍。

一个月。自行车城市化的第一步，是优先考虑自行车，这肯定会引发缺乏经验或持怀疑态度的问题。几十年来，我们一直把汽车放在出行的首位，这对汽车工程师和为他们服务的工程师来说，顺理成章。但现在是时候做出改变了。

说到底，似乎自上而下的政策制定者才是真正变革的催化剂。

一个多世纪以来，我们第一次以不同的眼光看待我们的城市，现在我们有很多问题需要改变，但有一个关于交通的问题需要首先改变。几十年来，我们只问过我们的交通工程师一个问题："这条街上能装下多少辆车？"在探索了许多国家的交通工程课程之后，我甚至没有发现有人提出过其他问题。我们知道，一条汽车车道在畅通无阻的情况下，每小时最多能移动1300辆车，这可能是你的答案。但这个问题本身就包含了很多含义。问题的措辞似乎很简单，但实际上，人们希望得到的答案可以解释如何提高产能、改善流量、减少堵塞。遗憾的是，这个问题还没有真正的答案。

如果我们能计算出，在过去75年里，全球甚至全国范围内，道路、高速公路、柏油路方面学习和研究等花了多少钱，我想我们会一起作呕。虽然我很想知道那个数字,但我可能无需知道。此外,全球每年约有 120 万人在车祸中丧生或受伤。每一年都是,你应该明白我的意思。

现在我们来换个问题,来问一下使用我们所掌握的所有运输方式,现在能在一条街上移动多少人。我们发明的那些很有效的东西,火车、电车、公共汽车和自行车。在插图中,根据容量标准,底部的设计比顶部的设计有十倍的能力让人们在街道上移动——显然我们只是继承了上个世纪的设计,而没有考虑它的意义。随着各地城市化进程迅速加快,我们必须进行理性的计算,把我们的重点和投资放在一种交通方式的组合上,这种交通方式可以允许大批人在我们的城市中穿梭。有新的难题需要解决,就需要寻找新的答案。现在让我们把金字塔倒转过来,把其他有用的职业放在首位,然后再着手建设。

让政治领导人参与进来

当我环顾世界,看到越来越多的城市再次认真对待自行车时,我可以确定一个主要因素:政治领导力。提倡者和活动家们尽自己的一份力从下往上推动。不过,归根结底,似乎自上而下的领导、政策制定者才是真正变革的催化剂。一方面,有越来越多的政治家加入进来,这是积极的影响。但令人沮丧的另一方面,进步似乎在市政厅里遇到了瓶颈。

投资机构将骑自行车视作一种交通工具,这几乎不是什么新闻。政治是复杂的,当一些政客全力以赴时,其他人尽管想要推进,却受到预算或政治制度的限制。经过大脑理性思考后,我还是很奇怪:为什么大众通常认为建造自行车道路基础设施和设施的成本很高。很少有人将其价格,与公路或高速公路的价格,与汽车或电车、地铁或火车等公共交通工具的价格进行横向比较。一个城市必须为现今所有人修建道路基础设施,而不是为其中 20%–25% 可能骑行者建造基础设施,这种误解仍然占据着主导地位。只需要 5–10 公里的六车道高速公路的费用,我和我的团队五年内就可以把一个城市的自行车设施变得像哥本哈根一样。而当你比较费用时,骑自行车总是最划算的。它很便宜,并且具有惊人的成本收益回报和利润率。

那么我们再换个问题。来问一下使用我们现在所掌握的所有运输方式能在一条街上移动多少人。

衡量一个城市的支出,有多种方法。总支出是一回事,而另一个重要指标是人均支出。例如,自 2004 年以来,哥本哈根每年为改善人均自行车网络,投资了 39.60 欧元(约 46 美元)。当政客们宣布他们将在未来的 y 年里花费 x 美元时,在你兴奋或生气之前请不要犹豫,先计算一下人均费用。

向哥本哈根学习
全球自行车城市化的决策指南

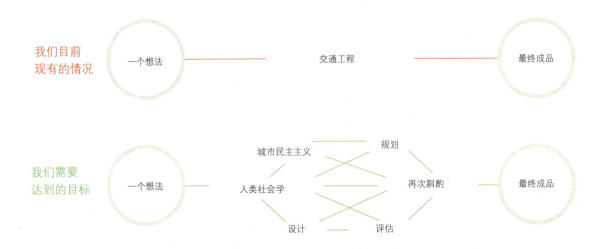

上图：我们需要使用各种各样的思想流派来做设计，而不是仅仅使用交通工程来规划交通。
下图：哥本哈根市中心的一条街道。

那些优先考虑自行车运动的政治家们，可能会注意到，他们职业生涯中发生了一些奇怪的事情。我曾经开玩笑说，"没有人会记得修建高速公路的政治家，在国际上只有两位。"美国总统艾森豪威尔就是这样一位政治家。他倡导美国的州际公路系统，他受到另一位政治家阿道夫·希特勒的启发，希特勒建造了德国的高速公路系统（后来简称"高速公路"）。作为政绩来说，这可能不是一个你想要成为其中一员的俱乐部。

我们现在看到的是无论是城市自行车运动还是现代城市发展，政界人士（主要是城市政府的官员）都受惠于个人品牌提升。克劳斯邦登（Klaus Bondam）在 2005-2010 年期间，担任哥本哈根技术和环境管理局局长。他是作为活力二人组中的一员上台的，另一个是市长里特·布雷加德（Ritt Bjerregaard）。像住房这样的社会问题对他们来说很重要，但邦登很早就发现，作为哥本哈根生活中不可或缺的一部分，骑车出行是可以改善的。他把问题从如何保持我们的自行车运输水平，转移到我们怎样才能让他们更上一层楼。这是一个奇怪的新问题。那里有一个重要的现状。骑车是重要的交通工具——实际上，也就是城市居民的主要交通方式。邦登追求的"下一个层次"是什么？也许他自己没有答案，但他找到了启动资金。他在创建第一个"自行车包"（cykelpakke）项目中发挥了关键作用，该项目拨出 400 万欧元（约 470 万美元），用于改善哥本哈根自行车网络的延展性、路面质量、舒适性和连通性。虽然市政府有维护和增加基础设施的预算，但这笔额资金注入是很关键的，它启动了我将在"设计和创新"一章探讨的许多项目。由于他在自己的城市为自己同胞所做的工作，邦登被邀请到世界各地演讲，讲述他的工作与政绩。

在其他地方，恩里克·佩纳罗萨（Enrique Penalosa）在 1998-2000 年担任哥伦比亚波哥大市长期间，对改善波哥大的生活质量做出了巨大贡献。在交通方面，他大力发展公共交通，并以长远的目光和干劲建造了自行车基础设施。他的弟弟吉尔·佩纳洛萨（Gil Penalosa）被任命为公园事务专员，两兄弟仍被要求谈论他们的工作。恩里克（Enrique）在 2016 年再次当选市长，吉尔（Gil）领导着多伦多的 880 个城市的非政府组织。

珍妮特·萨迪克汗（Janette Sadikh-Khan）曾于 2007-2013 年，担任纽约市长布隆伯格（Bloomberg）领导下的纽约运输部（New York department of transportation）的部长。她不知疲倦地工作，为纽约建立自行车友好城市打下了基础。2009 年，吕克·费尔·兰迪斯因政党蒙特利尔项目当选为蒙特利尔高原区的市长，并迅速将留意国际街区的新生儿这个让城市更好的想法传播到他所在社区的街道上。墨藤·卡贝尔（Morten Kabell）和克鲁斯·波顿（Klaus Bondam）在哥本哈根担任了四年的市长,直到2017年,他把大量的精力放在了进一步改善城市自行车上。在2017年11月的市政选举后退出政坛,并继续致力于自行车城市主义的发展。由于对城市的远见卓识,来自阿尔梅季耶夫斯克的市长阿瑞特·卡茹林(Ayrat Khayrullin)也迅速成为俄罗斯城市发展的宠儿。

选择成为一个有远见的城市规划政治家,似乎是一个具有长期收益的很酷的工作。

也许推动自行车优先,最简单的办法是显示政治家正在做这件事。无论市长或关键性的议员,在他们领导的城市里骑自行车。而最好的办法,是每天尽可能频繁地看到他们骑自行车去上班和开会。不投资自行车作为交通工具是没有可信度的,但不出去展示如何做到这一点,也没有可信度。支持市民现在骑车出行,并鼓励那些犹豫不决的人。幸运的是,我遇到了世界各地的一些市长,他们认识到这是这场拉力赛的一部分,也是他们的职责所在。对于丹麦和荷兰的政治家来说,这是一件很简单的事情,对于新兴的自行车城市来说,这一点更为重要。我记得2009年在费城看到一则新闻剪辑,说的是这个城市开辟了一条跨城自行车道。记者采访了当时的市长迈克尔·纳特(Michael Nutter),他当时正准备骑着它来谈论这个项目。记者大吃一惊,对着镜头说:"他在毛毛雨中还穿着西装呢!就好像他要光着身子拿着雨伞从悬崖上跳下去一样。纳特市长,你很酷!"但他只是耸了耸肩,跳上了他的自行车。

另一位让我印象深刻的市长是来自得克萨斯州沃斯堡的贝琪·普莱斯。州自行车非政府组织"得克萨斯自行车"(Bike Texas)鼓励她使用该市的自行车共享系统,她接受了他们的建议。更重要的是,她还在河边的自行车道上设立了骑车碰头会。如果你想和她面对面讨论某个问题——任何问题——欢迎你自己找一辆自行车,和她一起骑车兜风。

选择成为一名有远见的城市规划方面的政治家,似乎是一项非常酷的长期工作,即使你离开政界之后也是如此。就好像我们想要听到的故事中,永远是关于那些有信念和激情的人,在城市逆势而为,完成工作。我们似乎永远不会厌倦,渴望更多政治家脱颖而出。事实证明,优先考虑骑自行车,对城市和个人品牌都有好处。

抑制"寄生虫"

在确定骑行优先次序时,我们必须确定骑行的地点、方式以及骑行者。当我在意大利弗拉拉(Ferrara)工作时,我和一位在该市工作的同事一起研究地图。他向我详细介绍了目前正在实施的各种有利于骑自行车的措施。例如,费拉拉市对其历史中心不征收交通拥堵费——它有交通禁令。非该市居民,不允许开车进入,而且送货卡车必须付费。全市安装了八台摄像机来拍摄车牌号。如果你在城市里没有许可证被抓，你将被罚款100欧元。啊，多么简单的措施。费拉拉享有约30%的自行车市场份额。

我的同事向我介绍了一条穿过这座城市的主要路线——在历史名城城外，以及对付使用这条路线的驾车者的计划。他称他们为"寄生虫"，并一直用这个词来形容那些开车的人。最后，我不得不问为什么。他疑惑地看着我，说这只是意大利城市规划中常用的一个词叫"寄生虫"罢了。

多么贴切的一个词。当然，宿主是它们赖以生存的城市。当我在周二晚上写这篇文章时，我公寓外的街道上相对没有"寄生虫"。困扰哥本哈根的不是夜间活动。它们是在迁徙过程中抛弃了寄主的生物，下午匆匆返回巢穴，第二天早上才回来捕食寄主。它们继续肆虐，导致宿主生物无法抵御的各种疾病：例如有害尾气排放和噪声污染导致的交通污染、对行人和骑自行车者安全认知的下降、致人死伤的交通事故、房地产价格下跌，等等。

用"寄生虫"这个绝妙的方式来比喻那些在这些街道上开车的人。他们丝毫无助于我所在邻里的生活质量，对商品经济没啥促进，在其他城市纳税。他们不停留在我的发廊、当地的五金店、咖啡馆或超市。他们在离家更近的地方做这些事情。他们只是在翻来覆去地回忆过去，一边在智能手机上查看脸书（Facebook），一边在收音机里放着时髦的音乐，把化石燃料燃尽的尾气从身后排出。这就像是一种流行病。

国家和城市中的森林和绿地通常被称为"绿肺"。而自行车就像是城市的交通之肺。我当然不是说我们的身体被用来转化二氧化碳。但无论如何，我的63%的同胞选择每天骑自行车像是对光合作用的一个生动比喻——任何城市的所有骑行者都是如此。光合作用（Photosynthesis）是由希腊语里的φώτο¬（光）和σύνθεσις（合成）这两个词合成而来。意思是利用来自阳光的能量，实现神奇的功能。

国家和城市中森林和绿地通常被称为"绿肺"。而自行车就像是城市的交通之肺。

在哥本哈根，就像在许多城市一样，当我们谈论减少交通量时，我们往往听到的是来自周围城市居民相似的辩护声音："但是我们必须在城市里工作呀！"好像这样就能否定我们这些呼吁希望城市居民减少污染和改善交通安全的言论。作为一个被郊区包围的大都市中心是很难的。当然，人们需要工作和生活，提供有竞争力的替代交通工具便是前进的方向。按现在的情况，我缴纳的税款，用来给那些每天使用两次沥青路面，但却贡献很少的人铺路，对我来说根本不合理。把这些"寄生虫"放到有轨电车和自行车上，增加它们所经过社区，并为当地生活做出贡献的机会，你就可以把寄生关系变成一种互惠互利的关系。

向哥本哈根学习
全球自行车城市化的决策指南

在道路施工和维护期间为骑自行车者提供便利的各种示例。右下图：丹麦公路局的测量车。

大获全胜

你想知道全世界我最喜欢的车是什么吗？它是黄色的，很可爱，在自行车道上行驶。这是一个稀罕的例子，你很想在任何自行车网上看到一辆车，两侧的快乐标志写着："自行车道测量器——我们为你而测量。"国家公路管理局定期在全国范围内部署一个小型车队，配备各种设备来衡量基础设施的质量，最小的汽车完全适合自行车道。两个激光器测量沥青的均匀程度，并辅以每10米拍摄的照片。此外，测量器还可以记录支起的树根或格栅，数据被转换成舒适度等级。

除外形可爱的测量车外，许多小型的维护车辆也能用来保持自行车轨道不受碎屑或积雪的影响，保证自行车继续前进。

在哥本哈根，标准的做法是任何时候都不堵塞自行车道，无论是道路施工还是建筑施工时，堵塞自行车道根本不会发生。优先考虑骑车出行很重要，但在此对交通心理学的理解也起了作用。自行车就像灵活多变的变色龙，如果骑行者遇到障碍物，会想办法绕过它，无论是在人行道上还是突然出现在汽车车道上。为了行动方便和安全，骑行的人总是能得到照顾。

我每天都能看到这样的例子。如果一辆大型维修车，需要占用一段时间街道空间，临时路被启用，或者有跳板跨上道牙，为骑行者提供通行的空间，有指示牌来告知应对交通阻塞情况的变通方式。对更永久性的障碍，如建筑工程或建筑立面上有脚手架的翻新，承包商和/或城市将自行考虑自行车交通的解决方案。用于建筑材料储存或作为工人办公室的容器被放置在车道上，任何电缆或电线都必须抬高，如果需要穿过自行车道，则必须在自行车道上方或经过专用自行车塑料过街带。当机动车交通流量较大时，采用车道分离方案。这些临时解决方案中，有许多是比其他城市的永久解决方案更好的自行车道路。

这是一个你非常想在任何其他自行车网络上看到汽车的罕见例子。

无论是临时的立面改造还是半永久性的地铁工地，骑行者都有机会保持对直达性的追求。来自城市的数据被考虑在内。如果交通量小，行人就会被指示穿过马路，从对面通行。但是在某些情况下，骑行者必须与行人共用人行道，或与机动车辆共享车道。这时，人行道上的"标准骑行者"或道路标志上的"骑行者"就派上用场了。不过，专用自行车道路确实有一个明显的优势。在等待红灯的时候，自行车使用者可以靠在自行车上。

全年都保证骑行的市民继续骑自行车是非常困难的。如你所想的那样，冬天是最具挑战性的季节。但哥本哈根支持你全年畅通骑行，这项工作甚至在你知道预报有雪之前就开始了。我住在一条繁忙的街道上，在一个漆黑的冬夜，如果我听到自行车道上的清洁工嗡嗡地来回走动,我就会查看天气预报,果然,马上就要下雪了。他们在雪花落下前先用盐铺一下路面。当开始下雪时,他们又回来了。前面清扫,后面撒盐。暴风雪中,第一批扫雪机进入车道之前,我曾见过它们来来回回六七次。

我真觉得它令人印象深刻。在致力于保持自行车道畅通,同时也保证物流正常运输方面,这座城市有自己的清洁工大军。但当情况变得棘手、雪真的变得非常大时,就会有一个几十年前约定的安排——哥本哈根以外农村地区的农民,会来到城里,协助清除积雪的工作。在所有时间里,如果下雪,雪就会被清走,所有时候都如此。

如果让我暂时回到最佳实务的道路基础设施,当你在一个高起的、专用的自行车道空间工作时,除雪和维护就变得容易了。而用油漆画出的车道,在防止积雪被推、喷或溅到车道上是相当无力的。奥斯陆就是一个正在努力建设自行车基础设施和提高自行车模式份额的城市。2016年,他们增加了除雪预算,并试图达到哥本哈根标准。事实证明,在停放车辆的右侧的用油漆画出的车道,清雪是一项挑战。(他们目前正在升级他们的设计,以符合最佳实务标准。)一大早,自行车道就被清扫得干干净净,但随后开车的人都去上班了,车道又被穿过车道的汽车覆盖上了积雪,这是新手常犯的错误。

随着人们意识到骑自行车是全年通勤的一

上图:农村地区的农民来到城市,在暴风雪期间帮助清理积雪。
中图:市内众多保持道路畅通的自行车道清扫者之一。
下图:阿尔梅季耶夫斯克市的一架扫雪机正在工作,这是该市建造自行车道后的第一场降雪。
图片来源:阿尔梅季耶夫斯克市

种好选择，其他城市已经做好了冬季维护的准备。自行车城市化的宠儿阿尔梅特耶夫斯克（Almetyevsk）曾自豪地给我们发过一张照片，照片上是他们的一名新自行车道清洁工在施工后的第一场雪中工作。

注意停车问题

自行车需要肌肉产生的动力来驱动，当我们离开自行车后它们便毫无生气。无论你是计划还是已经在你所在城市的主要街道上建立了一个安全、合理的自行车路线网络，已经承诺全年维护这些路线，并向你的居民表明你重视自行车作为一种强大的交通工具，那么你必须问自己："下一步该怎么办？"当然是停车了。所有骑自行车的市民会把他们的战车放在他们工作的地方还是家里？会沿着购物街吗？需要认真考虑合理的自行车停车容量措施，让自行车为大量人群服务。

例如，在哥本哈根，当看到一个交通枢纽时，预计该市将为10%的日客流量建设停车位。因此，如果每天有15000人使用这个地铁站，这个城市就会在这个地铁站建1500个自行车停车位。它们通常达到或接近于满负荷运转。相比之下，在世界上其他许多城市，你可以很幸运地找到一两个，只能装20辆自行车的可怜的自行车停车架，这甚至都不是高质量自行车停放的好例子。虽然哥本哈根有一个自行车停车场的计划，但与荷兰火车站巨大而良好的停车设施相比，还是有差距的。甚至比利时的安特卫普也有巨大的内部设施，可以在市中心为数千人提供安全、长期、并受天气保护的自行车停车场——比哥本哈根中央车站的停车位还多。就连华盛顿特区也在他们的主站投资修建了一座建筑华丽的自行车停车场。奇怪的是，在车站自行车停放方面，丹麦人竟远远落后于日本人、荷兰人以及其他国家的人，甚至没有像样的借口。但值得一提的是，在荷兰和日本，骑自行车上火车是不被鼓励的，而在丹麦，当然还有哥本哈根首都地区，这是通行的做法。

你们所有骑自行车的市民将把他们的战车放在工作场所或家里的什么地方？需要认真考虑合理的自行车停车位措施，才能让自行车服务于大量人群。

不过，我还是会尽我所能来回答这个问题。在团队的帮助下，我设计了一个方案，在哥本哈根中央车站后面火车轨道上方净空中，设立7500个自行车停车位。简单打上一些视觉上的标记，推动针对解决停车问题的思考。

当你环顾小区，会看到自行车倚靠在每一样东西上，比如树、杆子、栅栏。很明显，自行车停车场是有缺陷的，人们正大声疾呼，要求地方政府建造良好的停车设施，它甚至不需要那么大的空间。一个停车位可容纳10多辆自行车，有足够的空间方便使用。如果我们在每

上图：华盛顿特区主要火车站外的专用设施内，自行车停放安全。
左下图：日本火车站外的自行车停车场。
右下图：格罗宁根中央车站的自行车停车场。

第 16 章　201
优先考虑骑行

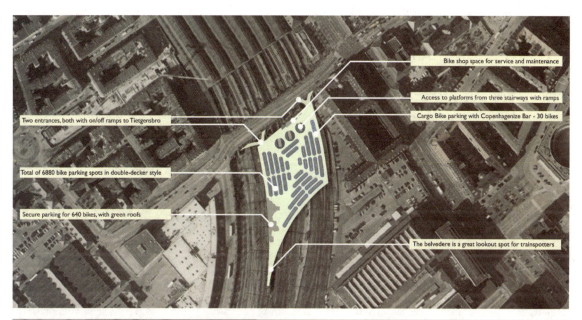

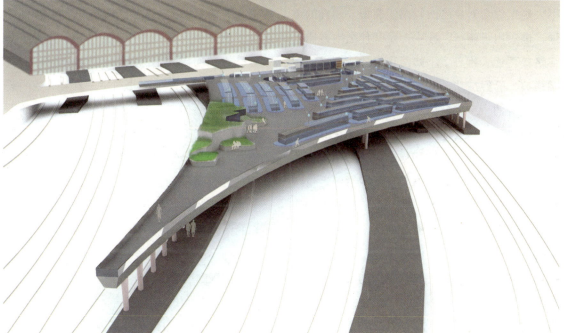

哥本哈根设计公司在哥本哈根中央车站后面设计了 7500 个自行车停车位。设计：作者和 Steve Montebello

条城市街道上，只腾出两个停车位供自行车来停放，也就是人们所说的"自行车格栅型支架"，那么每条街道上就会增加20多个新的自行车停放点。我们来算算，这是一个开始。只要我们建造它，他们就会使用它。

确保十字路口的安全性

如果我们想要建造一个真正的生活尺度城市，让父母们早上起床，让他们的孩子舒适地骑上自行车，开始他们的一天，我们需要确保人们实际和心理上的安全。如果你想象自己走路去上班，不得不在小轿车和道奇卡车之间穿梭。由于你没有一条与街道分开的人行道，我不太确定你会对自己出行感觉良好。同样的道理，也适用于骑行过程中，没有什么地方比十字路口更让人担心了。如果我们建造良好的十字路口，已经成功一半了。在哥本哈根，每一个有信号的十字路口都有清晰的蓝漆，引导自行车通过这一潜在冲突区域，停车线在驾车者的前方以确保他们视线不受影响，并在需要的地方设置自行车专用信号。当我们看到大量汽车想要转到另一条主街上时，我们用额外的信号、混凝土障碍物和地面画标线，来保护这些自行车的转弯空间。我们需要迫使两吨重的钢铁车身减慢转弯速度，收紧它们的运动，要让它们能看到，并必须等待易受伤害的骑自行车者和行人，我们需要让每个通过十字路口的人都更安全。荷兰以其精心设计的十字路口而闻名于世，在过去几年里，这甚至开始在北美的城市里引起一阵骚动。比如，盐湖城就有一个。在城市规划和交通领域中人们再次讨论这个问题时，许多人都没有意识到受保护的交叉路口规划在美国已经存在了有几十年。

加利福尼亚的戴维斯在70年代设计出了荷兰式的十字路口，但是这些设计并没有在全国范围内流行起来。

加州的戴维斯（Davis）在20世纪70年代设计出了荷兰式的十字路口，但由于缺乏政治意愿和来自工程师的阻力，这些设计在全国范围内没有流行起来，它们都不是新的。当世界上许多城市受目光短浅的政治摆布，为逐步测试智能设计而争吵不休时，北欧城市正以更具创新性的解决方案而大步前进。看看荷兰的埃因霍温市，他们不再为如何处理一个巨大而混乱的环形车道而挠头，而是用他们的漂浮环形车道将自行车轨道抬高到路面之上，这是一个美丽的建筑奇观。如果这还不能让你仅仅为了享受在上下班路上使用自行车的乐趣而去骑自行车的话，我不知道还有什么能吸引你。

慎重考虑电动自行车

自行车热潮的一个方面，让我的理性大脑开始了一场混乱的舞蹈，那就是电动自行车。如果我们希望考虑自行车优先，我们会把它们

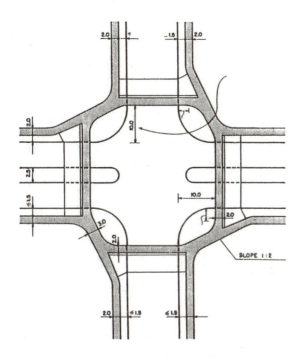

20世纪70年代早期在加州戴维斯提出的基于荷兰设计的受保护的十字路口设计。插图：De Leuw, Cather & Company

包括在内吗？围绕电动自行车的宣传铺天盖地，其中大部分来自于庞大的电动自行车行业。有炒作的地方，当有大量的后续资金支持的时候，往往也存在被忽视的问题。

但是在有自行车交通和行人的人口密集的市中心？不，没人想要更多的小型摩托。

电动自行车绝对是有用途的，它们是130多年来一直为市民服务的现有自行车大军中的一员。它们有可能增加骑自行车的市民——尤其是老年人的活动半径，如果一切顺利的话。对于任何从事城市交通的人来说，首先要注意的是安全问题。在哥本哈根和阿姆斯特丹，骑自行车的市民的平均速度约为 15–16 公里／小时（约 9–11 英里／小时）。让汽车以 25 公里／小时（约 16 英里／小时）或更高的速度飞驰，似乎并不明智。

如果你去过阿姆斯特丹，你就会知道小型摩托车的危害——快速行驶的交通工具会给骑车者自己和沿途的其他人造成伤害和死亡。在自行车道和自行车道上增加更多的小型摩托，不利于交通安全。尤其是当这些电动自行车——本质上就是新型电动摩托车——突然无声无息地出现时，而那些老式的汽油动力摩托车至少还会发出可怕的噪声。

因此，电动自行车增加人们远距离"骑行"时的移动半径通常是一件好事。但在人口密集、自行车和行人众多的市中心呢？不，这是不明智的。没人想要更多的小型摩托，除非他们使用机动车道。幸运的是，无论是在阿姆斯特丹，还是哥本哈根，都没有多少电动自行车。我每周只能在这里看到几辆，很容易认出来，他们就是那些在十字路口急刹车的人。格罗宁根市甚至采取措施，开始修建与现有自行车道平行的电动自行车道，以分隔这两种不同的交通方式。

关于格罗宁根，我在那里采访了一位城市规划师，他坦称自己对电动自行车持有怀疑态度。他担心的是速度问题，有速度更快的车辆投入现有的流程。他提到，11% 的骑车死亡事故，涉及骑电动自行车。他们开得太快了，失去了控制，有时司机们被比一般骑车者更快的速度吓了一跳。他还担心难以引起人们对这类安全事故的注意。20% 的电动自行车事故会让骑行者进入重症监护病房。在普通自行车事故中，只有 6% 的事故需要进入重症监护病房。据荷兰统计，2016 年荷兰有 629 人死于交通事故，其中 189 人骑自行车，28 人骑电动自行车。自 2014 年以来，至少有 79 人在骑电动自行车时，死于交通事故，其中 87% 的人年龄 60 岁以上。丹麦也出现了类似的统计数据，10% 的骑车死亡事故是由电动自行车造成的。例如开得太快、失去控制等等。瑞士一项关于电动自行车安全的国家研究写道"最重要的发现：据官方统计，电动自行车事故比普通自行车事故更严重，单车发生严重事故的频率比碰撞还高。"

这里的重点是存在一个明显的问题，一个在网络炒作中没有提到的。解决方案是为电动自行车开设培训课程。需要多长时间？在培训完成前，有多少人会死亡或严重受伤？

2015 年 10 月，哥本哈根的首席建筑师蒂娜·萨比（Tina Saaby）表示，她已经尝试骑电动自行车 3 个月了，并且讨厌每一刻在它身上的感觉。机动车与我们所有关于如何创造宜居城市的知识背道而驰，她提到了杨·盖尔将城市减速至人类速度的必要性的著作。

电动车是现有的自行车大军中的一员，已为市民服务了 130 多年。

电动自行车处于灰色地带。它们经常被贴上"绿色"的标签。我认为任何需要连接到发电厂的东西都不应该被贴上"绿色"的标签。"更不用说如何为电池获取锂的道德问题了。电动自行车行业很快就给自己的产品贴上了绿色标签，但与以往一样，他们要夹藏私货。"

另一个在网络炒作中看不到的，是中国的经验。十多年来，他们生产了大量的电动自行车和电动摩托车。但几乎每个月，都会有某一个中国城市，禁止所有形式的电动自行车。原因很简单，就是事故和死亡人数的惊人增长。我们通常不喜欢从中国寻找灵感，但在很多情况下，我们应该这样做。北京现在正努力让市民骑回普通的自行车，而不是汽车和电动自行车。

当一个强大行业，希望在产品线后赚钱时，你就有理由持怀疑态度。与自行车行业不同，电动自行车行业正在努力使其产品成为主流。总部位于德国的电动汽车游说组织，益达能源（ExtraEnergy）创始人兼总裁汉内斯·诺伊珀特（Hannes Neupert）宣称，电动化将在几年内扼杀机械自行车，就像它扼杀了许多其他机械产品一样。"自行车……将作为历史文物被挂在墙上。"他不是第一个这样说的人，许多电动自行车网站也有类似的声明。不过我很奇怪看到这种明确的战线划分。

哥本哈根和阿姆斯特丹市民骑自行车的平均速度约为每小时 15-16 公里。将以 25 公里 / 小时或更高速度行驶的车辆纳入这个方程，似乎是不明智的。

我第一次注意到电动自行车是在 2010 年，职业自行车选手费比安·坎切拉拉（Fabian Cancellara）在职业比赛中使用电动自行车的谣言在网上疯传，这一谣言导致世界各地一群疯狂的记者试图找出这是否是真的。我记得，当这个故事突然传开时，我在办公室里说："一周之内，一个公司的名字将会出现。"果不其然，收到谣言的记者们发现，确实存在这样的马达，但它厚了几毫米，塞不进坎塞拉拉的车架。那时他就没有嫌疑了。然而，生产这款发动机的奥地利公司却成了媒体争相报道的对象。

我不知道，是不是这家公司策划了这一切，或许不太可能。但是我仍然觉得这是我见过的最出色的游击式营销活动之一，不管它是谁发起的。从那以后，我一直对电动自行车这个庞大的行业以及他们的策略保持着警惕，就像其他任何一个庞大的行业一样。

许多人都有一件轶事要告诉我，关于他们自己或他们认识的某个人，目前在使用电动自行车。我自己也知道一些故事。我对奇闻轶事的主要看法是，它们往往被描述成一个完整的故事和对话的结尾。仅仅因为每个人的父亲或祖母都骑上了电动自行车，并不意味着每个人都要去这样做。但新宗教炒作的阴云有时会模糊镜头，请再多加些思考。

销售正在蓬勃发展！这是电动自行车支持者和工业界听到的呼声。"看看销售数字！"各种各样的统计数据就像婚礼上的五彩纸屑一样随处可见。他们说，荷兰销售了 100 万辆电动自行车，其中 28% 的自行车是电动自行车，丹麦是 9%，而且还在上升等等。

在挪威卑尔根工作的时候，我和一个在自行车店工作的人聊过，他知道我对电动自行车炒作的怀疑。他说他们卖了很多，但他苦笑着补充说，他们再也没有见过它们。它们离开了商店，但再也没有回来。"它们只是闲置在某个车库里，"他补充道。有趣的是，当我开始在欧洲其他的自行车商店询问关于电动自行车的问题，每次答案都是一样的。他们卖自行车很快就赚了钱，但很多自行车都没再用过，因此也不需要保养。销售统计数据不是使用统计数据，骑自行车对健康的好处是有据可查的。在丹麦，我们的脑子里一直在想，我们需要经常锻炼，让我们的脉搏跳动起来。电动自行车使骑自行车的健康益处减少了 70%。接下来是精英主义的问题，昂贵的电动自行车正成为中上层特权阶层的"战车"——很可能是历史上最懒惰的人群。在前进的道路上，我们对电动自行车保持谨慎的态度是很重要的。

向哥本哈根学习
全球自行车城市化的决策指南

请对电动自行车持保留态度。

第 17 章
设计与创新

想象一下,一个城市充满了其他城市所没有的东西。

比尔·布莱森

我总是负责任地宣布,设计一个自行车友好型城市所需的一切都已发明出来了。所有大规模创新措施都已到位,可以使用了。这并不意味着无法进步。我们有大量的机会去调整、适应或改进。然而奇怪的是,这并没有真的发生。我们满足于主流自行车城市的现状,却不知道其他城市也有这样的需求——直到 2006 年,克劳斯·邦丹(Klaus Bondam)打开哥本哈根市长办公室的大门开始工作。他随身携带的鼓励骑自行车的钱不仅仅是一种经济刺激——它还是创新的催化剂。这改变了问题。城市员工会得到一个自由空间,以自 20 世纪 30 年代以来哥本哈根或其他任何地方从未有过的规模进行彻底的跳出框框的思考。当时我被市政府雇佣从事各种项目,伙计,我可以告诉你,市政府自行车秘书处的能源是电力的。城市自行车史上最伟大的集体讨论正在进行。结果如何?让我们浏览一下亮点。

绿波系统

协调信号灯以改善汽车交通流量的旧想法在许多城市早已存在,但它在2006年被重新拿出用于自行车,并最终实现了其真正潜力。2004年,这一经过修改的想法实际上被公之于众,而随着从西北方向通往市中心的大规模重新设计,它首次在哥本哈根永久实施。这条街不再是只属于汽车的街道,取而代之的公共汽车、自行车和行人被放在金字塔的顶端。穿过人口稠密的街区有许多十字路口,沿着街道骑自行车是一个不停的走走停停的过程。

> **绿波系统被证明是一个巨大的成功,并开始在通往城市的其他主要街道上实施。**

绿波系统是一种很尊重骑自行车者的交通心理的举措。沿2.2公里(约1.2英里)路段,灯光信号协调为20公里/小时(约12英里/小时)。有人讨论过将车速设定在25公里/小时(约16英里/小时),但这被认为太快了。哥本哈根骑行者的平均速度刚刚超过16公里/小时(约10英里/小时),所以速度较慢的骑行者很容易发现他们每小时需要多骑4公里(约2.5英里/小时)。最重要的是让快速骑行的人减速。起初还不确定,他们是否会这样做,但绿波系统的简单原则是它对每个人都有吸引力。牺牲一些速度(和大多数人的愤怒)是一个很容易做出的选择,当这些技术措施让你可以简单、舒适地骑行到城里,而无需停下来或放下你的脚。绿波系统早上向进城方向优化,下午反转过来,让每个人都更便捷地回家。

绿波系统被证明是一个巨大的成功,并开始在通往城市的其他主要街道上实施。在诺雷布罗加德晨跑中,骑行者可以在路上节省2分钟半的时间。该市统计,骑行者在斯特布罗加德的平均停车次数减少了70%,出行时间减少了10%。这座城市无法衡量对公共汽车交通的任何负面影响。我读到的关于它的报道甚至未提到汽车——显然,它们根本不相关。当我早上在一条街上骑自行车时,我不需要考虑我的速度。其他自行车上没有码表。路上的普通通勤者在日常生活中解决问题。我只是进入自行车车流,跟随其他人的速度骑行。这完全不费吹灰之力。

该市一些地方进行了一些创新性调整。在自行车交通较少的十字路口,法里马格斯加德,他们注意到绿波系统没有那么有效。原因是交通灯之间,有很长距离,大约500米(约1640英尺)。由于前方有下一个红绿灯,交通中断了。骑得慢的人会恢复到他们通常的潜意识速度,骑得快的人会加速到他们的个人舒适区。借鉴欧登塞市的想法,哥本哈根市在十字路口前约100米(约328英尺)自行车道左侧的沥青路面嵌入了绿色小发光二极管灯。如果你骑自行车,所有的灯都是绿色的,你就可以出发了。你会穿过绿灯。然而,如果灯开始一个接一个地熄灭，而你不在绿灯旁边，你就会碰到红灯。骑行者会加快速度，赶上红绿灯，不用停下来就能通过，简单有效。更远的地方，有雷达传感器测量你的自行车速度，友好地提醒你需要 20 公里 / 小时（约 12 英里 / 小时）才能继续跟随绿波系统。

该市一直在测试一种 2.0 版本的绿波系统，使用传感器读取有多少骑行者正在接近。如果五个或更多的人临时聚集骑行，他们的速度会被测量，前方的灯光信号将会保持绿色一段时间，以便让他们通过。这是一个简单的民主算法。少于五个是不够的。毕竟，还有其他交通用户等着过十字路口。同样，如果有一辆载客量为 50-60 人的公共汽车，他们将胜过五名或更多的骑行者。

提前的绿色信号灯

这种解决方案已经存在了一段时间，但我们现在在比以往更多的地方看到了它。自行车专用交通灯在任何城市都是必不可少的，在哥本哈根，根据具体的场地需要，自行车交通灯将在机动车信号灯之前变绿。在许多情况下，这只是几秒钟，但在高容量的位置，这可能会多持续几秒钟。这个概念很简单。每个人在红灯前所做的一切都是等待红灯变绿灯。有了这种微妙的领先优势，当驾车者松开刹车时，骑

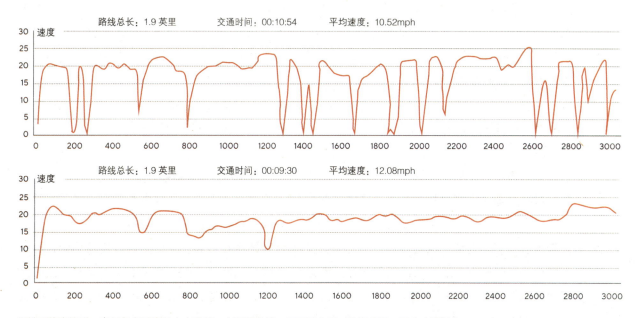

绿波系统实施后，自行车交通流量大大改善。上面是之前，下面是之后。数据来源：哥本哈根城市

行者已经开始行动了。这通过让骑行者容易被看见，来降低碰撞的风险，尤其是对于右转的车辆，此外它还提供了一个潜意识的好处——谁不喜欢抢先一步？

倒计时钟

虽然绿波系统简单、有效、易于实施，但弗雷德里克堡市还有另一个有趣的解决方案。在通往哥本哈根市中心的一条自行车超级专用路的一段同样长的城市路段上，一个最简单的盒子谦卑地挂在离十字路口大约 100 米（约 328 英尺）的柱子上。上面写着："下一次灯光改变倒计时。"这是一种自身调整方法，将单独的骑行者，与倒计时匹配起来。你可以看到前方的下一盏灯，它是红色的还是绿色的。倒计时帮助你决定你是否能成功通过。你也许有时间加快速度，赶上进度。若不这样做，你也可慢下来，轻轻地向十字路口滑行，而不必完全停下来。

退距停车线

同一个类别，是退距停车线，尽管只对汽车退距。多年来，哥本哈根在十字路口，尤其是有右转车道十字路口的主要解决方案是在十字路口前 20 米（约 66 英尺）结束自行车道，让骑行者与汽车混合。这是一种共享空间解决方案——让交通用户走出他们的舒适区，并迫使他们增强意识。该解决方案提高了安全性，但没有超出该市的预期。回车：退距停车线。停车线被移动到离人行横道五米远的地方，而骑行者被允许在十字路口停在他们自己的线上。从每个人都停下来那一刻起，骑行者就可以在更远的地方看到等候的司机。尤其是在与提前的绿色信号灯结合时，十字路口的安全性指数级提高。

显示行驶时间的交通标志

2017 年，哥本哈根在几个地方安装了数字标志——主要是在繁忙的线路上——显示你前往前方目的地的行驶时间，例如市政厅广场或兰格布罗（大桥）。基于高峰时段的拥堵情况。这些标志在高峰时段之外起到留言板的双重作用，用丹麦语和英语提醒人们，通过时进行肩部检查或停车时发出信号。我每天早上在汉斯·克里斯蒂安·安徒生大道经过的那条路永远不会变。它总是告诉我们兰格布罗骑自行车七分钟，开车八分钟。在时间挑战中并不是一个巨大的胜利，但是被世界上第一个这类交通标志提醒这一点还是很好的体验。

数字自行车计数器

数字自行车计数器是越来越多城市的常见现象，它将数据收集与自行车作为交通工具的认知结合在一起。它们是在丹麦设计的，首先在欧登塞市实施；2009 年，哥本哈根设立了两个，一个在世界上最繁忙的自行车街，前面提到的那条街，另一个在市政厅广场。计数器只

弗雷德里克斯堡的简单倒计时时钟允许骑行者在接近十字路口时调整速度——加速通过或缓慢滑行，而不是停下来。

是数据传感器网络的一个补充，但现在它们已经在地面上了。虽然全世界都把哥本哈根视为城市自行车的基准城市，但这里的市民只是骑自行车，并没有意识到所有的大惊小怪，只是快速高效地从一个城市到另一个城市。他们也被称为数字"图腾"，只是给当地带来了一些市民的自豪感。我记得在计数器安装几个月后，我坐在诺雷布罗加德计数器旁边的长椅上，两个年轻人走过。他们在新的计数器前停下来，看着那年到目前为止已经超过那个点的骑行者数。"骑行者太多了！"其中一个惊呼道。计数器重申城市中骑行者并不孤单，他们用真实可靠的数据去帮助说服那些怀疑者。

自行车等候区

这些自行车专用空间出现在许多没有自行车基础设施的城市，是为了给骑行者一个向信号灯出发的机会，也是为了帮助他们在无法安全转弯的情况下左转——或者也叫"哥本哈根左转"。弗雷德里克斯堡市在十字路口设置了三个,让骑行者优先左转,但我想我是唯一一个费心去使用的人。然而,哥本哈根市已经在许多十字路口安装了它们,我不知道为什么。我问该市自行车项目负责人玛丽·科斯特鲁普(Marie Kåstrup),最近怎么样,答案很简单:产能。自行车道上骑行者太多,在每个红绿灯处都会造成小瓶颈。并不是每一段路都有绿波系统。骑行者在平均宽度为2.3米(约7.5英尺)的自行车道上排成两排等待绿灯——当他们挤得更紧时可能是两排半。这个城市的交通信号比大多数其他地方都短,所以在高峰时间你可能会错过绿灯。我们从与政治家和规划者代表团一起骑车的经历中了解到这一点。在这种情况下,自行车等候区允许骑行者在红绿灯处散开,然后在十字路口的另一边"聚在一起",就像汽车从坡道进入高速公路一样。它提高了信号灯下的通行容量。

城市自行车史上最伟大的头脑风暴正在进行。

右转

如前所述,世界上大多数国家不允许红灯时右转,但现在在法国、比利时、丹麦的许多地方以及其他地方,骑车人这样做是合法的。这是一个简单的解决办法,有明显的好处。一个已经存在了一段时间的想法是把自行车道引向右边,不使得骑行者与机动车辆发生交织。我在德国和荷兰的许多城市都见过这种情况,哥本哈根繁忙的十字路口现在也有这种待遇。

交谈车道

在哥本哈根(事实上也是全世界)骑车人最繁忙的路段上,这座城市尝试了创造微妙车道分隔的想法。相反,应用了反向心理学,而不是把它称为左边的快车道。你和一个同伴可以一起骑车,在右边的"对话"车道上聊天,任何想通过的人都可以在左边这样做。没有明显的油漆,只有一排间隔的小人字纹。

停车设计创新

虽然重新分配街道空间,用于停放自行车并不是什么新鲜事,但它确实加快了速度。受阿姆斯特丹试点项目的启发,停车区已经试行,所谓的弹性区也是如此,特别是在学校周围,只在课余时间才允许停车,以便在父母和孩子到达或离开时提供更安全的环境,并腾出空间。停在学校外面的一辆车占据了空间,可以容纳很多自行车和载重自行车。最好的解决办法是在日本,在许多地方让孩子在托儿所或学校乘车是违法的……但是哎(可能执行得并不好——译者注)。

在已经进行过交通稳静化的街道上——或者像美国人所说的"道路减肥",自行车停放空

左上图：移走一个停车位来种树——并增加一些自行车停车位。
右上图：哥本哈根绿波系统的标志。
中部图：为给更多市民在购物区停车腾出空间而拆除的停车场。
底部图：汽车的退距停车线提供了更高的安全性。

间已被创造出来，这增加了视觉上的狭窄。在我家附近，停车位被移走植树时，自行车架出现了。每一点剩余空间都被考虑在内。一如既往，使用务实的方法。十辆左右自行车与一辆汽车停车所需的空间相同。许多研究表明，骑行者在商店里比开车的人花的钱更多，所以在商业区停放自行车是理所当然的。

一个更有趣的试点项目，是一辆出现在街上的粉红色大汽车。哥本哈根是一个载重自行车城市。日常生活中有 40000 辆载重自行车，26% 有两个或两个以上孩子的家庭都有一辆。载重自行车，简单地说，就是自行车里的 SUV，不管是两轮还是三轮。安全停车是这些自行车的一个问题。许多人会把它们停在自家院子里，但这限制了你在学校跑步或跑腿时的易用性。通过重新分配一个半停车位，四辆载重自行车可以安全地停在街上。事情是这样的。外壳由玻璃纤维制成，包括四个独立的舱室，每个舱室可容纳一辆载重自行车。四个太阳能"头灯"在黑暗中打开，当其中一扇门打开时，灯在里面亮着。钩子和网安装在每间小屋的墙上，用来挂雨衣和其他衣物。

倒计时帮助你决定你是否能成功。

越来越多的人开始关注载重自行车停放。在菲尔兹购物中心外面，主入口外面有专门的载重自行车停放点。连锁超市"Lidl"也在他们的一些商店外面设立了类似的停车位，哥本哈根市在一些街区也设立了类似的停车位。

社区的首要问题是街道停车，人们可以在那里过夜停放载重自行车。我认真地看了看这个，设计了哥本哈根酒吧。伦敦的自行铁环工坊（Cyclehoop）帮助完成了原型制作。哥本哈根 90% 以上的载重自行车都有一个直通框架，所以这种设计允许实心杆在不接触自行车的情况下固定自行车。薄弱环节总是锁，所以我通过在柱子上集成金属锁环来限制小偷使用断线钳的可能性。有一把重型挂锁，自行车很安全，断线钳在这个空间施展不开。

垃圾桶、栏杆和脚踏板

2008 年，我建议市政府设计倾斜垃圾桶，供路过的骑车人使用。我曾在荷兰的公园路线上看过各种版本，但我认为设置在繁忙的城市路线上也是个好主意。这个城市喜欢这个想法，对标准垃圾桶进行了修改。倾斜的罐子现在在整个城市都能看到。

假设骑行者要扔垃圾是一回事。然而，我很好奇是否有实际的需要，我怀着一种奇怪的渴望，想知道骑行者扔掉了什么东西。和我的团队一起，我们开发了一个城市自行车垃圾桶的移动原型，并将其安装在哥本哈根湖边的一个战略位置。没有铃铛或哨子，只是有一天它出现在一条没有人行道的自行车道上。没过多久，哥本哈根人就明白了它的目的。我们测试

自行车道为骑行者提供无车右转。© 洛伦兹·西格尔

了 10 天,并定期检查内容。是的,这一切都有点奇怪。

令我们惊讶的是(虽然不是真的),我们发现骑行者和其他人一样丢弃同样的东西。咖啡杯、苹果核、报纸、烟盒等。有趣的是,在大多数情况下,他们的目标是真实的。

工具架和气泵

丹麦许多城市尝试的一个想法是公共修理站,它有一个架子,你可以把自行车放在架子上,还有进行基本修理的必要工具。这个想法已传播到许多城市。它提供了一个实用的功能,传达了城市正在考虑骑车人的信号。我从许多国际同事那里听说,这种修理站遭到严重破坏。据我所知,几个城市的自行车办公室都准备好了便宜的替换工具,并定期检查车站,看是否有东西丢失。许多维修站还配备气泵,或者使用压缩空气,或者使用老式脚踏泵作为附加服务。

有时候,伟大的想法是无意流露,自然而然,随心所欲的。

左上图：菲尔德购物中心外的专用载重自行车停车场。概念和照片：拉塞尔·舍尔德

右上图：原型载重自行车停车场，可容纳四辆家用自行车。

左中图：丹麦弗雷德里亚的公共修理站。

右中图：作者在阿姆斯特丹制作的自行车手把原型。

左下图：检修孔兼作自行车坡道。

左下图：挪威国家石油公司加油站，有一个自助自行车服务区。

公司标签

随着国际上对城市自行车运动的关注日益增加，我注意到一些不相关的公司决定加入进来。其中之一是挪威国家石油公司的加油站连锁店。自行车服务突然出现在哥本哈根的加油站外面。设计良好，标牌醒目，这一举措非常讨巧。该公司知道，为骑行者提供简单的服务，会增加他们进入便利店，购买饮料或小吃的概率。在一个每千人拥有一家自行车商店、基本维修价格低廉得令人难以置信的城市，许多哥本哈根人做出了这种选择，而我仍然看到人们在使用挪威国家石油公司的服务区。

自发性

有时候，伟大的想法是无意流露，自然而然，随心所欲的。我可以向你保证，我不是井盖专家，但我知道井盖传统上是平的，嵌在街道或人行道上。在哥本哈根大学新校区附近的一条新街上，我发现了一个逆潮流而动的井盖。它充当通往人行道的坡道，以便更容易推到建筑外的自行车架上。我查询了这条街的平面图纸，却未发现这个设计。我想知道它是从一开始就计划好的，还是在施工时出现的想法。我真的很想认为是一个叫詹斯（Jens）的高大魁梧的建筑工头，最好是典型的丹麦人，对他的团队说，"伙计们，让我们做个坡道，这样他们就可以上自行车架了。"

天气传感器

在像英格玛·伯格曼电影一样喜怒无常的环境下，一点点鼓励都会有所帮助。最初是一个在荷兰原型化和测试的想法，恶劣天气传感器出现在丹麦城市。它们位于交通灯处，被雨、雪或低于某一阈值点的温度激活。那时，自行车手优先考虑的是越来越多的灯光信号，帮助他们在恶劣的天气里更快地回家。荷兰和丹麦一样，受电影《北海》的奇思妙想所启发。

国际焦点

荷兰人也渴望登上创新快车，为不断增长的创意目录做出贡献。例如，受雷克雅未克热加热自行车道和人行道的启发，他们正在测试加热自行车道以保持积雪融化。黑色沥青在冬季的目标对我们所有骑四季自行车的国家来说都是普遍的。此外，他们正在测试用太阳能电池板建造的自行车道，太阳能电池板可以产生各种用途的电能，还测试了允许骑行者通过应用程序选择他们喜欢的颜色照明的地下通道。

阿姆斯特丹市表达了对以城市自行车为重点的创新设计的兴趣。"向哥本哈根学习"设计公司构思了一系列的想法供他们考虑。在荷兰，自行车在停车线上通常会有带按钮的柱子来启动灯光信号。我们建议他们让它更有趣一点，因为每一个在那里停下来的骑车人都不经意地用柱子来支撑。为什么不增加一个操纵杆按钮

左上图：提前的绿色自行车交通信号灯给骑行者一个先行点，保证他们的安全。版权：洛伦兹·西格尔

右上图：哥本哈根的自行车矩形区是为了让骑行者在一个轻型自行车周期内最多，而不是为了左转。

左下图：哥本哈根设计公司的旧激活光信号概念。效果图：克里斯·莫尔

右下图：阿姆斯特丹游客相框的概念。设计来源：陈侃

作为手柄来握持呢?我们还认为将这些按钮放在通往十字路口的路段上可能会更有趣。加入一点游戏化和对交通心理学的理解,让骑行者啪的一声启动按钮,这样他们就可以避免在前面停下来。

不忘简约之美真的重要。

阿姆斯特丹正与难以置信高的旅游水平作斗争,当你回家的时候,避开困惑的游客是一个并不总是有趣的。和哥本哈根一样,阿姆斯特丹的游客喜欢给骑行人群拍照。为了把它们放在一个地方,我们开发了一个站在人行道上的相框。在面向骑自行车的一侧,用荷兰语写着:"给游客摆个姿势。谢天谢地,他们还站着。"另一方面是一些友好的英语品牌,将这座城市标榜为自行车友好之都。

为骑行者保持恒定的流量是一个目标,但这不可能在每条街上都实现。会有红灯停下来。如果一个地方允许,为什么不设计一个遮风避雨的地方,加上脚凳和栏杆,来应对那些不动的时刻呢?

共享自行车

荷兰在 20 世纪 60 年代有自行车共享运动,但实际上,这一切都是由法国拉罗谢尔市市长米歇尔·克雷波(Michel Crépeau)在 20 世纪 70 年代中期发起的。这座城市买了一些自行车,

上图:一个自行车计数器,收集有价值的数据,提升市民自豪感。
下图:与雨水径流相结合的循环轨道的协同增效设计。设计与概念:作者和史蒂夫·蒙特贝罗(Steve Montebello)

把它们漆成黄色，让人们可以借。90年代我在拉罗谢尔度假时用过它们。1995年，哥本哈根是第一个在大街上免费骑自行车的大城市，有了自行车租赁（Bycyklen）计划，这在很大程度上是一个与1996年哥本哈根作为欧洲文化之都有关的旅游噱头。这些共享自行车是由不能与普通自行车互换的零件制成的。你放入硬币，就像购物车一样，当你把自行车停靠在路边时，你会把硬币拿回来。那之后发生的事情非常不寻常。现在世界上有1000多个城市都有自行车共享系统。它已经成为城市中名副其实的游戏改变者——一个强烈的视觉信号，表明自行车回来了，并受到重视，但同时也提供了至关重要的第一英里和最后一英里交通工具。同安全骑自行车的路面基础设施一道，自行车共享计划应该是一个城市的正常创新。

海绵城市

在我们的城市，挑战远比重建自行车为交通工具多得多。气候变化正影响地球的每个角落。哥本哈根和丹麦正经历着前所未有的雨量，这是我们的下水道系统所无法承受的。暴雨一度罕见，如今已成为一种常见现象，随之而来的是我们邻近地区的洪水。热门新词是"海绵城市"，它集中在我们城市中心处理洪水的许多创新方法上。尤其是在哥本哈根，人们非常关注重新设计街道、林荫大道和公园，以便在暴雨发生时充当临时蓄洪池。如果我们用心去做，

我们可以想办法将自行车城市化解决方案整合到减缓气候变化的项目中。在一次史诗般的大暴雨中，我看到大楼里的街道商店被完全淹没和摧毁后，我开始思考如何阻止水从街道流向大楼。我和我的团队开发了我们所说的"哥本哈根分流器"。事实上，这座城市的每一条主要街道两边都有平行的自行车道，因此，通过一个简单的剪贴式解决方案，我们认为可以在基础设施下面建立洪水通道。预制混凝土板可以置于其上，创造令人难以置信的光滑舒适的骑行表面，同时保护我们的家园和建筑免受洪水侵袭。

保持简约

不要忽视简约之美，这一点非常重要——尤其是在这个用力过猛的时代。我们最大的灵感就在眼前。哥本哈根及其他地方的所有创新都是对现有思想的温和运作。许多创造性的思想家都在工作。然而，至关重要的是，我们要从我们这个时代，甚至任何时代最伟大的头脑中寻找灵感。像露露－索菲亚这样的人。我的女儿，她有着和城市一样大的名气，三岁半就开始了她的职业生涯，成为世界上最年轻的城市居民。周六下午我们去了五金商店，她就坐在我们的载重自行车上。红灯时，她向外看去，看见一辆摩托车上有一名骑手和一名乘客。她非常惊讶。她年轻时从未考虑过两个人骑一辆摩托车的可能性。她指着我喊道："看，爸爸！

两个人骑一辆摩托车！"这听起来像是她生活中的一大亮点。我同意她的观点，那很酷，和朋友一起骑摩托车一定很好。我还指出我们在做同样的事情。我们一起骑车、聊天，玩得很开心。她理解这种比较，但仍然感到惊讶。

我们出发去旅行了。在另一个红灯下，更远的地方，我意识到她一直在密切观察她的城市剧院，寻找两个人一起运输自己的例子，不管是其他载重自行车还是行人。她突然对我说："爸爸，汽车太傻了。"我问她为什么。"因为我看不见里面的人。"她当场就明白了这个问题。汽车社会的社会排斥和汽车作为交通工具的匿名性。这个小人类正在汽车里寻找人类的形态，但是她看不见它们。

从那以后，她给了我无数的智慧，我忠实地记录了下来。例如，有一次，当我们骑车穿过哥本哈根北部的树林时，我们迷路了。我们商定了一个方向，露露－索菲娅说，一听到汽车声，我们就知道我们在通往高速公路自行车道的正确轨道上。

受这个孩子观察启发，我决定看看还能从孩子们的头脑中收获什么。当我儿子费利克斯三年级的时候，他的老师让我带着一个项目走进教室。我简要解释了城市规划的概念，但没有详细说明，因为我不想影响他们。就在他们学校外面，有一个环形交叉口，他们每天至少使用两次。它有像样的自行车基础设施和人行横道，但我认为这不是我们能做的最好的。我让孩子们研究它，并为骑行者和行人提出更好的解决方案，我还让他们考虑如何让驾车者选择其他交通方式。

老师和我对他们的热情感到惊讶，因为他们分成小组，前往现场参观，在那里他们做笔记，大部分是以图画的形式，然后回到教室讨论他们观察到的东西。他们在常规课程之间花了一周时间做这个项目。他们甚至用牛奶盒设计并建造了一个环形交叉路口的模型。然后我回到班上，听听他们的成绩。一个孩子一开始就说，我们应该让所有的车都变得很难看，这样就没人想买了。没人想要丑陋的东西。有道理。然后他们列出了环岛的潜在治疗方法：

» 为机动车设定 15 公里 / 小时（约 9 英里 / 小时）的速度限制。
» 用栅栏将自行车道与机动车道路分开。
» 为机动车创建一个单行线交通网络。
» 为机动车安装减速带。
» 安装交通灯而不是环形交叉路口。
» 用玻璃屋顶覆盖整个城市的所有街道、自行车道和人行道，这样他们就再也不会淋雨或被大雪覆盖了。

你知道吗？街道会很美。他们会起作用的。

我对他们建议的速度限制和他们如何决定每小时 15 公里感到惊讶。他们不被允许使用谷歌，所以这是他们头脑中的一个想法。除了"感觉很慢"之外，他们都没有明确的答案，他们不知道哥本哈根的平均自行车速度是 16 公里/小时（约 10 英里/小时），但不知何故，他们发现在以这种速度行驶的汽车旁边骑自行车会很愉快。他们是对的。所有其他想法都清楚地表明，儿童是我们最理性和符合逻辑的公民。他们都在附近散步和骑车，而且，不像我的孩子，他们的父母大多都有车。然而，他们完全同意，为了改善这个地方的条件，需要解决汽车问题。没有想法让骑行者不方便地绕道离开主街道，或者以任何其他方式限制骑自行车。他们的最后一个想法是，我相信我们都可以落后：保持干燥，不管这有多不切实际。然而，我们已经在设计交通滤波系统、雨水传感器等形式的"玻璃屋顶"。

和这些孩子一起工作产生许多灵感，但也让我沮丧，因为我意识到随着我们长大，这种内在逻辑被压抑了。如果我们能以某种方式保留这种逻辑和理性——哪怕只有 30%——我们就能保持重要的创造力和自由思考水平。

另一个灵感来源是这个人，奥卡姆（Ockham）的威廉（William）。他很可能是历史上最伟大的自行车和行人规划者之一，但他永远不会知道，因为他死于 1347 年。"奥卡姆剃刀"的数学原理归功于他。从本质上说，威廉会让我们相信，在一切平等的情况下，最简单的解决方案往往是最好的。我们应该利用一切机会，在生活的各个方面，当然在城市规划中，看看桌上的方案，选择最简单的一个。

所有这些都回避了一个问题：如果我们的主要顾问是五岁、三年级、年轻设计学生团队和 13 世纪的宗教人士，那会是什么样子？说真的。想象一下，如果这个团队被雇佣来重新设计你所在城市的街道、公园或十字路口。当我们在做的时候，想象一下我们会节省多少钱。其中一个已经死了，所有的孩子都可以用冰淇淋收买，所以我们只需要付钱给设计专业的学生。但是你知道吗？街道会很美，他们会起作用的。最重要的是，它们比过去 100 年的任何时候都要安全。简单，真的可以的。

上图：露露－索菲亚骑着载重自行车。
中图：费利克斯班的孩子们在环岛进行现场参观。
底图：这个班的孩子对交叉点拟议更改的模型

第 18 章
载重自行车物流用途

任何聪明的傻瓜都可以让事情更巨大、更复杂、更猛烈。往相反方向发展，需要一丝天分和莫大的勇气。

阿尔伯特·爱因斯坦

自行车，像许多微调过的管弦乐器一样，正在为我们的城市重写乐谱。我们现在看到的，是自行车终于从坚实可靠的低音部分得到了一些庄重的伴奏，即载重自行车。

在这一点上，你可能知道我要说什么。现在，你应该在这本书里看到一个清晰的模式。载重自行车并不新鲜。自从自行车出现在我们的城市，它们就一直存在。像自行车本身一样，载重自行车的非凡历史也被忽视了。当我说载重自行车是世界各城市的主要交通工具时，我不会手下留情。在俄罗斯、澳大利亚、法国、墨西哥、巴西、美国等许多不同的城市查阅了档案，看到了载重自行车的照片。它曾经是城市交通不倦的主力。在一些城市，载重自行车在汽车文化的冲击下幸存了下来。有趣的是，在中美洲和南美洲，它继续服务于市场和商店的交货目标。迄今为止，里约热内卢科帕卡巴纳社区每天有超过11000辆由两轮和三轮载重自行车组成的车队运送货物。

20 世纪上半叶，像哥本哈根这样的城市

是一个非凡舞台，载重自行车承担了货物运输的大部分重量。我自己的父亲，年轻时，是第二次世界大战期间哥本哈根的一名送货员，他骑着两种送货车——丹麦称为"短裤"（Short Johns），也有经典的"长裤"（Long Johns）。他为一家蔬菜水果商工作，每天早上早起骑车去市场，收集商店当天的产品，然后送到市中心顾客手中。

多亏了哥本哈根人的集体智慧，令人难以置信的绿色骑行解决方案得以问世。你可以在市中心任意喝酒小聚后骑行回家。

在另一本书《载重自行车国度》（Cargo Bike Nation）中，我展示了700多张照片，突出了载重自行车在城市中惊人的多功能性。在哥本哈根，每次我想我已经看到了这一切，我的一个同胞用两三个轮子可以运输的东西给我留下了新的印象。尽管我很想花大量时间研究城市载重自行车的历史，但我认为最好还是把注意力集中在我们现在所处的位置。2011—2014年间，"向哥本哈根学习"设计公司是欧盟自行车物流项目的合作伙伴。该项目公开目标是提高欧洲城市不同层面对载重自行车可用性的认识：公民个人及其家庭；小额货物交付；甚至繁重的后勤工作。尤其是前两类，不仅在欧洲，而且全世界都在指数增长。

在大哥本哈根，我计算出，每天使用的载重自行车超过4万辆。主要功能是家庭交通，无论食品杂货还是运送孩子。一般来说，当一方怀孕时，另一方开始收集载重自行车手册。载重自行车是一辆汽车的替代物，或者至少是家庭的第二辆汽车替代物。虽然大多数两轮和三轮载重自行车的设计已经有100多年的历史，但哥本哈根的复兴始于20世纪80年代中期，当时自由镇克里斯蒂安尼亚的自行车设计师拉斯·恩斯特罗姆（Lars Engstrøm）制造了现代第一款替代他和妻子一直使用的拖车的车型。他们的一个邻居对这种设计和功能感到兴奋，并要求他给她也制作一个。之后的事情就都是我们所知的历史了。

随之而来的是名副其实的载重自行车热潮，许多其他设计师也在生产自己的车型。2017年，哥本哈根所有自行车保有量中有6%是载重自行车。在阿姆斯特丹，这个数字是2%，很多载重自行车仍然履行着和哥本哈根一样的职责——接送孩子，搬运东西，出门购物，甚至约会时的交通工具。

婴幼儿从很小的时候起，在日托中心就被交由载重自行车来接送，在学校里有很多可供儿童使用的载重自行车和拖车可供选择。它们中的许多都是为社交而设计的，为帮助孩子们变得活跃。小型载重自行车，用于搬运物品，也可以带你的朋友去兜风。我不确定具体有多少车型，但我在孩子的学校至少见过30种不同的车型。

2007年，哥本哈根放宽并简化了街头销售商品的规定。这项措施与自行车没有直接关系，但是哥本哈根的市民在寻找销售机会时，意识到在街上售卖货品，最有效的方式是载重自行车。多亏了哥本哈根人的集体智慧，令人难以置信的移动售卖解决方案得以问世。你可以从载重自行车上买东西，在市中心尽情吃喝，无论是咖啡、薄饼、汤、玉米芯还是冷水等等均可。你也可以拿一份报纸或者买纪念品。许多服务机构，像水管工和电工，骑着载重自行车在城市里转来转去。哥本哈根市甚至提供移动市政服务，你可以在那里停下来，在载重自行车上更新你的护照或社保卡。

20 多年来，市政机构向市民免费提供载重自行车，以备他们搬家或需要从五金店运送物品时借用。许多小公司已经意识到用载重自行车来代替汽车要容易得多，也便宜得多。然而，在哥本哈根和地球上的每一个城市，小商品交付都有巨大的增长潜力。我们仍远未达到 20 世纪 20 年代和 30 年代的载重自行车运输物流水平。在自行车物流项目中，我们对这一潜力进行了研究。事实证明，在欧洲城市运输的所有货物中，高达 51% 是由自行车或载重自行车运

20 世纪 30 年代哥本哈根众多运输公司之一的载重自行车车队。版权：哥本哈根博物馆照片档案

左上图：哥本哈根一家人骑着两辆载重自行车去海滩。

右上图：使用载重自行车销售商品的众多供应商之一。本图展示的情况是咖啡售卖。

左下图："向哥本哈根学习"设计公司对港口补给站的概念化，将驳船和载重自行车连接起来进行最后一英里的运输。设计和概念：作者和艾迪娜·维桑（Adina Visan）

右下图：城市中可以用自行车或载重自行车运输的货物的百分比。数据：Cyclelogistics.eu

输的。这意味着我们可以通过大大减少街道上的卡车数量，来释放大量道路空间。

全球物流公司敦豪（DHL）率先实现载重自行车的最后一英里交付潜力。他们只是算了算。在第一阶段，他们用两轮载重自行车代替货车，省下了53万英镑（约62.2万美元），这在竞争激烈的市场上是一笔大节省。他们还提高了交货时间，这在你争夺客户时也是个优势。接下来发生的事情既惊人又顺理成章。敦豪的竞争对手回头看看他们在做什么和为什么做这些，没过多久，像联合包裹（UPS）和联邦快递（FedEX）这样的公司就开始探索用自行车代替卡车和货车的可能性。这个市场发展如此之快，以至于很难跟踪有多少城市现在有全球物流公司使用载重自行车作为运输包裹的工具。2017年，欧洲至少有50个这样的城市。此外，许多小公司已经在巴黎和巴塞罗那这样的城市做了多年。例如，一家名为范那配达（Vanapedal）的公司在巴塞罗那市中心经营着一个微型配送中心，卡车在早上将包裹卸下，载重自行车在附近送货。2017年，我在维也纳的欧洲自行车物流会议上发言，惊讶地看到这么多新面孔和公司出现。载重自行车运输是一个令人兴奋的发展领域。

从很多方面来说，这都是显而易见的，随着城市化和在线销售的增长，需要交付的小包裹越来越多。在荷兰，一半的鞋子是在网上购买的。有很多鞋盒需要去家里或办公室。我们的城市短视失忆也适用于这里。在如此多的城市中，我们长期忽视了原有的交通走廊——我们城市的河流、湖泊和港口。虽然荷兰人善于利用他们的小运河来运输各种各样的东西，以及像收集垃圾的电动驳船这样的解决方案，但我们的许多水道现在都被废弃了。拿破仑修建了从100公里（约62英里）外通往巴黎的壮丽运河，为这座城市提供淡水，是的，也是为了向这座城市运送食物。现在过境拥挤的高速公路和街道的运河上几乎没有机动车交通量了。

和以往一样，在城市生活的许多方面，我们只需要回到未来，尤其是用于运输的载重自行车。

特别是在欧洲，人们非常关注调查使用替代运输方式交付货物的项目。这些项目通常将小型车辆（包括载重自行车）与配送中心、船只和驳船结合在一起。物流业的足智多谋有助于加快我们的努力。哥本哈根的港口在20年前被去商业化了，在繁忙生活了许多世纪后，剩余的航运交通被移出了市中心。当哥本哈根人逐渐想出享受这片广阔水域的方法时，仍然有足够的机会将港口纳入我们的运输系统。

哥本哈根市一直在考虑在该市南部建立一个配送中心的想法。我看到的计划没有把它放在水边，这是令人遗憾的。我想出了一个主意，将驳船（最好是电动的）和载重自行车结合起来，用于最后一英里的运输。让我们面对现实吧——卡车运输公司发现在城市开车不划算，这是司机最不想做的事，而我们这些生活在城市的人希望卡车消失。想象一下，驳船在港口或河流中平静地上下航行，并在滨水地区专门设计的仓库里卸下包裹。当然，这是为载重自行车设计的，它们可以优雅地滚动，收集包裹，然后出发去最后一英里的地方。

和以往一样，在城市生活的许多方面，我们只需要回到未来，尤其是用于运输的载重自行车。看到载重自行车在北美和欧洲的许多城市真正地蓬勃发展，我很高兴。这是我们保持势头所需要的影响力。

阿姆斯特丹街景

第 19 章
展示可传播的想法

设定现实目标，不断重新评估，保持始终如一。

维纳斯·威廉姆斯

这本书的两个主要主题是"一切都被发明了"和"复制与粘贴"，以便更好地重新设计我们的城市。然而，强调一个重要的免责声明，并加入一些关于什么是可转让的想法可能是相关的。哥本哈根和丹麦的自行车生活有一些独特的方面，可能不适于其他城市或国家。

"弯钢条停车架"

哥本哈根几乎每辆自行车都配有车支架，我也观察到，欧洲许多城市都是如此。因此，没有任何自行车架物理设施的停车区的想法可能无法应用到别的地区。就我个人而言，我无法想象在自行车没有车支架的城市骑自行车，这个想法让我退缩。许多参观哥本哈根的人走过堆满东西的自行车架，确信没有一辆自行车是锁着的。但事实上，绝大多数丹麦自行车都用锁锁住了后轮。马蹄锁的设计也称为 C 型锁，是永恒的，但是在丹麦、荷兰、中国和日本的自行车城市之外，你很少能看到它们。部分由于丹麦人对自行车的民主天性，马蹄锁是非安装不可的。当大多数自行车都装有车锁时,停车区解决起来简单。在过去的几十年里,丹麦 90% 的自行车梯是简单的设计,能固定前轮,防止自行车摔倒。一般的铁杆自行车运动爱好者可能讨厌这样的设计,并且可能会对这些所谓的车轮马蹄锁抱怨上几个小时。然而,丹麦 99% 的人似乎并不介意,我已经连续 25 年日常都使用它们。除了日本,几乎在其他任何地方,骑自行车的人习惯于用一把沉重的防盗链锁,或一把 U 型锁把自行车锁在一个物体上,的确如此。虽然我希望丹麦的条件可以转移至其他地方,但这在短期内是不现实的。因此,(所有城市)需要齐心协力提供方便易用的自行车停车架。

我最大的城市乐趣之一是在荷兰城市骑自行车。绝对饱和的自行车构成了世界上最棒的交通芭蕾之一,它总是一次狂野、愉快的骑行活动。

保险

作为丹麦自行车锁文化的延伸,丹麦自行车保险系统在世界上独一无二。多年来,它已经被简化为对用户和保险公司都有利。通常,你的自行车在一定程度上是你家庭保险的一部分,包括你在日常生活中使用的自行车。如果你有一辆别致的运动自行车或载重自行车,你通常得买一份附加险。如果你在丹麦买一辆新自行车,它必须配有一个车轮锁。这是由于保

左图:丹麦标准的自行车停车架。右图:后轮上的经典车轮锁。

险业的游说，他们想知道每辆自行车都有锁，晚上睡得更容易一点。自20世纪20年代以来，丹麦的自行车已经在金属上刻下了车架号，当你购买一辆新自行车时，会在系统中注册给你。如果我的自行车被偷了，过程很简单。我在警察网站上填写了一份报告，输入了我的社保号和自行车的车架号以及我的保险公司的详细信息。当我提出索赔时，我会将案件编号复制粘贴到保险公司网站上。几天后，我收到了我所有的钱，我赶紧去买一辆新自行车——因为我的日常生活需要它。

当警察和市政府定期清理自行车架并移走废弃的自行车时，车架号码表明哪家保险公司在技术上拥有它们。这是一个非凡的系统，它简化了从自行车被盗和得到新自行车之间的过程。这对每个公民来说都是无与伦比的，但它确实带来了一些困难的挑战和伦理问题。丹麦每年有近40万辆自行车报废，丹麦人购买50万辆新车，这意味着该国每十年就有100万辆新增自行车。具有讽刺意味的是，保险业坚持为所有新自行车配备车轮锁，但他们对处理报废自行车的问题完全漠不关心，否则这些自行车可能会在丹麦或可能使用它们的国家重新投入流通。他们也没有为解决自行车盗窃问题做出任何进一步的实质性努力。事实上，被盗自行车意味着更多的人购买家庭保险，尤其是年轻人。警察也不是很有帮助，即使你站在那里逮捕了一个自行车小偷，如果你打电话给他们，

他们也不可能派警察出去。这是积极和消极的混淆组合，在丹麦的背景下是非常独特的。

道路基础设施设计

当我们谈论自行车基础设施的设计时，有时会出现市政、地区或国家标准允许什么的问题。我不想谈这些，因为通过有效的游说工作，标准可以改变。正如你可能已经从我对最佳实务设计的关注中感觉到的，我相信将最佳解决方案复制粘贴到世界上任何一个城市都是更好的解决方案。斯洛文尼亚卢布尔雅那和俄罗斯阿尔梅捷耶夫斯克等城市的经历，是理解选择正确设计获得最佳效果的关键。哥本哈根设计公司和其他组织每年都会接待数百名来自世界各地的国际代表团成员——无论是政治家、规划师、工程师还是倡导者。那些穿越海洋的人似乎遵循着一种模式，那就是从他们的旅行中获得最大的收获。他们通常先去荷兰，然后再去哥本哈根。

多年来，我一直在问同样几个问题。首先，我们讨论他们在阿姆斯特丹或他们参观过的其他城市的经历，他们总是热情洋溢地谈论他们的户外考察经历和他们所看到的一切。然后我问："如果你在阿姆斯特丹或乌得勒支眯起眼睛，你能想象出自己的城市吗？"答案总是响亮的"没门！"在他们参加了我们的都市自行车旅行或在哥本哈根待了一段时间后，我问："如果你在这里眯着眼睛，你能想象你自己的城市

吗?"答案同样响亮:"哦,是的,绝对是!"如果在荷兰之旅中,他们参观了鹿特丹,他们也更有可能看到来自任何城市的直接灵感。

我只是相信,城市最好的服务设施是采用适合自己城市的可行设计。我们并不是在接下来的短暂几个月里重新设计我们的城市——而是在为下个世纪去规划交通。

哥本哈根市中心已有一千多年的历史了,很多街道小路蜿蜒曲折,而这个城市其他地方,也是我们大多数公民居住的地方,是20世纪的发明。从古城中心辐射出去的街道很宽,用来容纳一个很好的有轨电车系统。在街道层面,在建筑物的立面之间,很容易看到适合其他城市的情况。

我最大的城市乐趣之一是在荷兰城市骑自行车。绝对饱和的自行车构成了世界上最棒的交通芭蕾之一,它总是一次狂野、愉快的骑行活动。在阿姆斯特丹这样的城市,自行车显然是国王,而在哥本哈根,我敢说,它仍然是王储妃,在羽翼中等待着她登上王位的机会。寄生虫每天的入侵继续推迟加冕典礼。虽然阿姆斯特丹和哥本哈根的自行车骑行水平几乎相同,但在前者,自行车似乎无处不在。一天中的任何时候都从四面八方向你袭来。重要的是要记住,这两个城市之间差异的主要原因不是文化问题,而是布局问题。阿姆斯特丹只有一个,不太可能会有另一个——当然,除非某个疯狂的海湾国家决定在迪拜以外的沙漠里从头开始建造一个。这同样适用于其他荷兰城市。但是尽管我喜欢在阿姆斯特丹骑自行车的每一分钟,当我回到哥本哈根的时候,我总是有点放松。由于城市的布局,我经常把阿姆斯特丹的骑自行车者比作成群的蜜蜂,而在哥本哈根,用行进中的蚂蚁来比喻更合适。欢迎你发表自己的个人意见。

我只是相信,城市最好的服务设施是采用适合自己城市的可行设计。我们并不是在接下来的短暂几个月里重新设计我们的城市——而是在为下个世纪去规划交通。

即使我们由于预算限制或其他原因而限制我们的部分工作,从一开始就保持严格的一致性也是至关重要的。我通常每次在阿姆斯特丹都住在同一家酒店,离中央车站大约20分钟的路程。这是一条我非常熟悉的路线。我不禁注意到,每次我骑自行车走这条路线,我都会体验到道路基础设施设计和路面铺设的混杂。有时是沥青,然后变成砖块或铺路石。我骑在街道一侧的自行车道上,右转进入双向车道,左转进入一条根本没有自行车道基础设施的街道……所以它会持续到整个路线。虽然这是一种有趣的自由式杂烩,让我一直在猜测,但它不是很统一或直观。我们可以讨论这是由于规划者尽最大努力把自行车挤到每条街上，还是仅仅是由于懒惰的规划者和没有清晰视野的政治家。我在其他荷兰城市以及斯特拉斯堡和安特卫普等城市也有类似的经历。如果你住在这些城市，在从A地到B地到丙地的旅程中发展熟悉的路线，寻路就成了第二天性。好设计的标志是，无论是智能手机、咖啡机还是自行车基础设施网络，对于首次使用它的人来说，它都是多么直观。

我在数十个城市骑自行车，并在哥本哈根与游客和同事进行了数百次交谈，让我得出结论，自行车车道基础设施设计的一致性至关重要。你可以有生以来第一次来到哥本哈根，骑上自行车，带着一个短捷温和的学习曲线去探索。此外，你可以跳上火车去丹麦的其他大部分城市，当你下火车时，基础设施基本相同。使您能够安全、直观、有效地骑车到达您选择的任何目的地。既然自行车正回归新兴的自行车城市，我希望规划者和政治家们意识到温和而短捷温和的学习曲线的重要性。

我经常带着我的孩子去上班，和以往一样，他们的观察值和他们的体重一样弥足珍贵。当我们在格罗宁根待了几天，这绝对是一次比温哥华更积极的自行车体验。哥本哈根的孩子们可以毫不费力地在荷兰捡起自行车就开始骑行，看着他们这样做很有趣。值得一提的是，我只是问孩子们一些问题，从来没有引导他们，强迫他们对一个问题想太多。我只想要纯粹的观察。如果他们没有，那他们也没有，我也就这么算了。我们从火车站骑自行车到酒店后，费利克斯说："从火车站骑自行车，然后穿过城市，我有点紧张。所有这些行人都想穿过马路，所以我必须小心他们。哦，还有很多女式自行车。"

第二天晚上，在我们绕着城市骑了很久之后，我问孩子们是否还有其他观察结果。费利克斯对此进行了思考。

费利克斯："在哥本哈根骑自行车感觉更安全。"

米凯尔："你不害怕吗？"

费利克斯："不，不，一点也不。我只是觉得更安全。"（在这里，他用了一个丹麦语tryg，这并不意味着安全，而是表示一种安全感或舒服感。）"在家里我不需要担心行人突然穿越自行车道。在这里，骑自行车的人在转弯或停车时不会像在哥本哈根那样发出信号。汽车也没有。"

米凯尔："汽车没有信号？"

费利克斯："许多人没有。"

米凯尔："耶鲁安（我们的朋友和向导）发信号总是转弯，不是吗？"

费利克斯："爸爸，那只是因为他在前面，他告诉我们我们在转弯，因为我们不知道路。"

米凯尔："但总的来说你喜欢吗？"

费利克斯："是的！这很酷！"

米凯尔："你觉得怎么样，露露？"

露露："我不喜欢那些崎岖不平的石头。"

米凯尔："鹅卵石？"

露露:"是的。"

费利克斯:"就像在哥本哈根,我知道我应该在哪里,其他人应该在哪里。在这里,我不知道是谁突然出现在我面前。在十字路口,有些人在你的右边转弯,有些人在你的左边转弯,在你前面转弯。没有太多……嗯……结构。"

露露:"什么是结构?"

米凯尔:"就像在你的房间里一样,当它是干净的,一切都在它的位置上。袜子在袜子抽屉里,你的裙子在裙子抽屉里,诸如此类的东西。"

露露:"这并不常见。"呃……没有。

费利克斯:"但是哥本哈根是一个大城市。格罗宁根不是。也许在大城市你需要更多的结构。"

米凯尔:"我们开车和公交车在街上行驶的时候呢?你一直在检查我和露露,以确保我们看到车来了,不是吗?你喊了一声'车!'好让我们知道。"

费利克斯:"是的,但是他们开得不是很快。我只是想确定露露是对的。"

好哥哥。接下来,我们去阿姆斯特丹拜访朋友。费利克斯有他自己的自行车,露露和我骑着一辆为大人和小孩设计的翁德瓦特双人自行车。

费利克斯:"这有点像哥本哈根和格罗宁根的混合。哥本哈根更像一个大城市。阿姆斯特丹像一个村庄,但仍有点像一座城市。我猜阿姆斯特丹就像60%的哥本哈根、40%的格罗宁根或者其他地方。"

米凯尔:"你还注意到了什么?"

费利克斯:"为什么我们必须按按钮才能骑自行车过马路?哥本哈根没有。"

米凯尔:"问得好。"

费利克斯:"我们不得不小心很多行人,比如在格罗宁根。哦,这里也没人发信号。没有人会敲响警钟。"

总之,孩子们有趣地观察。作为平衡,我对来自相反方向的孩子进行了比较采访。几年来,我通过爱彼迎(Airbnb)在公寓里租了一个大房间,有很多家庭和我们住在一起,包括许多荷兰人、德国人和比利时人。如果孩子们——还有父母——每天在家骑自行车,我会尽可能地盘问孩子们,要求他们进行一些比较观察。他们在家里骑自行车很舒服,毕竟我们都是习惯支配的动物,但是大多数人评论说,在他们不熟悉的城市里骑车很容易使用基础设施,而且很直观。

丹麦、荷兰、日本以及世界上越来越多的城市都有着巨大的灵感。我们必须精心策划,为合适的情况选择合适的设计解决方案,我们必须始终选择最好和最简单的方案。我们必须现实一点。我只想看到世界上的每个城市都没有汽车和机动交通工具,而是拥抱一种可行的、人力运动和公共交通相结合的方式。但我不会活着看到这一点。你也不会。我们需要利用现有的和适用的想法,利用我们已经拥有的工具,对可能发生的事情有一个清晰明确的愿景。而时间至关重要。

上图：费利克斯和露露－索菲亚在格罗宁根的街头骑车。
下图：骑自行车的人，和朋友们一起在阿姆斯特丹的街头等待信号灯的改变。

第 20 章
传播和沟通

在从充满怀疑论的城市出发的路上,我不得不穿过模糊的山谷。

亚当·史密斯

让我们开门见山吧。我们拥有历史上最伟大的产品之一。一种创新、改变游戏、拯救生命、预防疾病、改善城市的产品。我一直把它描述为一种工具,但对许多人来说,它是一种爱好和激情,对其他人来说是一种生活方式。在本章中,让我们把重点放在自行车作为一种产品上。像所有产品一样,它需要顾客。为了吸引顾客,我们需要谈论它,传播信息,推销它。本章考虑了这项任务的两个重要方面:增加我们城市的自行车数量以及如何与潜在的骑自行车者交谈。有了这样一个惊人的产品,你可能会认为,让人们加入是小菜一碟,但目前使用的技术仍然存在缺陷。

幸运的是,像几乎所有关于城市自行车的事情一样,我们可以从过去获得灵感和经验。当我们今天所知的自行车被开发出来并开始大规模生产时,它简直震撼了我们的世界。在 19 世纪末期的宁静日子里,当技术进步和新发明以恒定和惊人的速度出现时,自行车作为人类创造力无限领域中一切美丽和有用事物的强大

象征，超越了一切。人类历史上没有任何其他产品能像自行车那样迅速有效地改变社会。让我们来回顾一些历史上的营销课。

正是所谓的安全自行车，以菱形车架为特色，将自行车从无聊的富家子弟的亚文化玩具变成主流交通工具。在此之前，"自行车"是各种奇怪装置的集合，其中最著名的是笨重的英国造的早期自行车，前轮大，后轮相对较小。几个发明家和设计师正在致力于对早期自行车的改进，但第一次大规模生产安全自行车的，是路虎（Rover），由英国的约翰·肯普·斯塔利（John Kemp Starley）于1885年发明。称它为"安全自行车"是向整个社会推销这种产品的第一步，因为早期自行车被认为是危险的机器，事实确实如此。我们可以感谢早期自行车给我们的英语表达，如夺标（taking a header）和极快的速度（breakneck speed）。这种设计很快就被世界各地的公司所接受和复制。[例如，它在波兰变得如此流行，以至于波兰语里自行车的单词 rower，就是路虎（Rover）这个名字的直接衍生词。]

幸运的是，安全自行车的发明与平版印刷术所需技术的完善相吻合，这在艺术和市场上都提供了令人兴奋的可能性。各地的艺术家都拼命想弄清楚如何实现两者的结合。他们四处寻找可以制作艺术品的很酷的新产品，自行车就在那里，等待着被曝光。自行车品牌毫无问题地让那个时代的顶尖艺术家来制作营销材料，主要是海报的形式。今天，我们继承了消费社会历史上最壮观的艺术收藏之一。在这些海报的制作中，颜色和隐喻的使用没有限制，许多国家的艺术家都全力以赴。我花了几年时间研究这一流派，我仍然对它着迷。

我已经确定了不同的具体主题，艺术家们在他们跨越许多国家的集体潜意识中，用这些主题向渴望和愿意的大众传播这辆神奇的自行车。本质上，它们是：解放、现代、优雅、轻松、社交和方便。即使你不知道我想卖给你什么，如果有这样的关键词，你也会有兴趣听到更多。

让我们开门见山吧。我们拥有历史上最伟大的产品之一。一种创新、改变游戏、拯救生命、预防疾病、改善城市的产品。

作为比较，让我们看看缝纫机。像自行车一样，缝纫机是技术进步的产物，自此精密机械成为可能。在此之前，缝纫机是大型工业装置，由世界各地工厂里双手强壮、老茧的人操作。这显然不是一个进入所有参与商业生产缝纫机的发明和专利的人的复杂和混乱的历史的地方。然而，有趣的是，缝纫机的兴起与自行车的兴起是在同一个时代——而且在这两种情况下，都有大量漂亮的海报。这里的关键点是，目标是销售大量缝纫机——事实上，是努力让每家每户都有一台缝

第 20 章
传播和沟通

纫机。胜家（Singer）公司几十年来一直是缝纫机的代名词，是这项发明主流市场的第一推动者。胜家很早就确定了目标群体是什么：家庭主妇。正如缝纫机行业使用与新生的自行车行业一样新颖的平版印刷技术一样，他们也明白同样的关键词有助于传递信息。

缝纫机会把你从裁缝那里解放出来；它是现代的、轻松的、方便的。一旦确定了目标市场，缝纫机就会生产出漂亮的花卉图案，吸引购买它们的女性，而且缝纫机本身也会成为家庭中受欢迎的审美附加品。低价中蕴含优雅。现在让我们跳到 20 世纪 50 年代，那时真空吸

左图：社交、优雅、轻松。在许多自行车海报中看到的一个主题是，女人骑在男人的前面，显示出这是多么轻松。这是我最喜欢的海报之一，它可以追溯到 1900 年左右。如此简单、平静，却传播着许多关于自行车的奇妙的事情。艺术家：未知。
右图：自由和现代性。这张 1898 年的海报充满了隐喻。年轻的女人从左到右——走向未来———边走一边扔花。躺在荆棘床上的老妇人，眼睛盯着过去，听天由命，因为未来正在从她身边溜走。艺术家：亨利·蒂列（Henri Thiriet）

尘器成为各地家庭必备的产品。这让我们进入了一个不同的时代，但是看看历史上的真空吸尘器广告，你会发现使用了完全相同的关键词。

与缝纫机和真空吸尘器不同，它们的营销显然是针对家庭主妇的，自行车品牌很早就发现它们的目标群体基本上是每个人。当然，男人是第一批购买自行车的人，而女人更讨厌风险，需要一点额外的连哄带骗。海报常常被设计成同时吸引男女。在大量的历史自行车海报作品中，每个例子中都至少有一个关键词——解放、现代、优雅、轻松、社交、方便。

毫不夸张地说，这是历史上最长、最成功的广告宣传活动。这简直非同寻常。

毫不夸张地说，这是历史上最长、最成功的广告宣传活动。这是独一无二的，因为有如此多的公司，大大小小的，国际性的和地方性的，促成了这一成功。这简直非同寻常。

尽管自行车广告这一壮观的艺术作品最终消失了，但积极的信息传递，在整个20世纪60年代许多地方仍有增无减。事实上，世界见证了70多年来自行车不间断的积极营销，直接激励了许多其他行业，尤其是汽车行业，推销自己的产品。想想你看过的每一个汽车广告，很明显，他们正在拼命向我们推销自由、现代、优雅、省力和便利——更不用说性感和炫酷了。这同样适用于你可能购买的任何智能手机的营销，事实上，这些关键词已经成为当今任何产品成功营销的绝对基准。

事情已经改变了。随着汽车文化的出现以及以牺牲其他一切为代价征用城市空间来为汽车服务，自行车受欢迎程度下降了——尤其是在交通方面——我们对自行车的看法也转变成了其他的东西。有两个发展促成了这一点。一个是如此庞大的主题，以至于有好几本书都是关于它的。英国社会学家弗兰克·弗瑞迪（Frank Furedi）在他的书《恐惧的文化》（*The Culture of Fear*）中创造了这个短语。我总是向任何从事自行车宣传的人推荐这本书，因为它帮助我们识别社会的重要发展。弗瑞迪并没有专门写自行车，而是写了我们如何从七千年来紧密团结的社区发展到每个人都为自己服务的文化。尽管生活在人类历史上最安全的时代，但我们显然仍然拥有内在的能力，甚至需要恐惧。在市场经济中，如果你能通过唤起对某样东西的恐惧来让某人害怕，你可以卖给他们一大堆产品来缓解这种恐惧。在人类历史的大部分时间里，我们都在为安全而奋斗，但现在我们比以往任何时候都更安全，讽刺的是，我们寻找恐惧——以及保护我们免受恐惧伤害的产品。

尽管困难重重，但由于20世纪70年代的石油危机，自行车经历了一次复兴，从布满灰尘的交通工具中重新出现。20世纪70年代，自行车回归，但复兴发生了不同的变化。30年以汽车为中心的规划几乎没有留给骑自行车安全或可行的地方。但那是20世纪70年代，人类刚刚开始关注环境，并希望有一个更美好的世界。在丹麦和荷兰，自行车作为交通工具回到了我们的城市，开始了我们今天看到的自行车城市之旅。在其他地方，自行车也强行进入了我们的意识，并被那些把它用于运动和／或娱乐的人热情地拥抱。这是一次足够大的繁荣，标志着许多国家自行车产业的复兴，他们很快发现了人们使用自行车的原因，并开始关注对这一人群的营销。他们对自行车作为一项运动的独特关注很快得到巩固，至今仍难以改变。

即使粗略地看一下今天的自行车行业，你也能清楚地看到在许多国家人们对自行车的看法，在这些国家，自行车是为了速度和耐力而制造的。仅仅卖一辆自行车是不够的；配件市场令人震惊，令人难以置信。就我个人而言，我不知道这些东西的一半实际上是为了什么。我似乎记得听说自行车行业在配件上赚的钱比自行车本身多。也许狂热的自行车爱好者不会每年都购买新自行车，但他们肯定会被诱惑去购买最新的鞋子、手套、头盔、运动衫等。如果一个狂热的自行车爱好者对一系列产品感到困惑，想象一下对像我这样的人来说是什么样的，从远处看，他们永远不会拥有这些东西。一想到这个，我就头疼。

指责自行车行业走这条路是不公平的，因为他们所做的只是对市场做出反应。然而今天，情况又一次发生了变化，自行车行业——大自行车行业——对新兴和不断扩大的市场反应迟缓。

我们已经从七千年的紧密联系的社区，发展到人人为己的文化。

在世界各地的城市，我们有数百万市民愿意将自行车视为交通工具。但是当他们在等待道路基础设施来保证他们的安全并让他们感到安全的时候，我担心我们会因为一些非常简单的事情而变得过于复杂，让他们放弃自行车作为交通工具的想法。假设让所有人都穿上自行车亚文化复杂的骑行服是不切实际的。我记得浏览过一个美国自行车网站，网站上有冬季自行车指南，还滚动着一排排看起来像机器战警和北极探险家的男人照片。我无意中被他们试图出售的所有奇怪的装备迷住了。那天我也很无聊，所以我花了一上午的时间在谷歌上搜索所有提供的产品，并计算购买它们的成本。我的最终价格大约是 €800 英镑（约 947 美元），甚至还不包括自行车。然后我开始想：如果我想带你去打保龄球，我们可以去当地的小巷，租些臭鞋，点些啤酒，让球滚动起来。如果，我想，我有一个秘密的愿望，想成为一个狂热的保龄球手。所以我花了一下午谷歌保龄球设备，这是一个奇怪的经历。我发现，如果我真的要为几乎肯定会失败的保龄球生涯做好准备，我将会是 €450（约 533 美元）的囊中之物。事实上，大多数人都不会这么做，我也不会。最简单的方式是，城市自行车只需要一辆在跳蚤市场可以花 100 美元买到的自行车。就这样，就这样。

环保主义是人类历史上最大的营销失败。

环保主义是人类历史上最大的营销失败。让它消停一会儿吧。我对此深感遗憾，但不幸的是，事实如此。想想吧。我们已经有40–50年关于环境重要性和保护环境的信息。世界上很少有地方，知其应做，而实际在做。斯堪的纳维亚国家走在了前列，在全球范围内，有许多倡议值得被复制粘贴到其他国家。然而，我们离我们宣布的任何目标都很远。从市场营销的角度来看，环境保护主义包括几十年来的负面信息、优越感和来自经常被视为伪善的人群的负罪感。我上面提到的关键词都不适用于这里。当然，这是一个不同的话题和不同的"产品"，但是在一个被消费主义淹没的现代社会里，在一个由习惯于光鲜广告的公民组成的社会里，环保主义没能传递出它的重要信息。你应该阅读《希望的地理》（Geography of Hope）这本书的众多原因之一是为了理解人们将如何对关于环境问题的正确沟通做出反应。作者克里斯·特纳（Chris Turner）从个人经历中写道，并提出了他的重要观点，简而言之，抗议文化和我们在20世纪70年代使用的信息类型与当前现实脱节。20世纪70年代，在全球小型自行车热潮期间，许多自行车宣传组织成立或复兴了。他们紧紧抓住了与环境激进主义相同的叙述，从未松手。

我遵循世界各地自行车倡导者的语气、技术和方法，并且已经这样做了很多年。我可以看到，人们逐渐倾向于更积极的方式（我会谈到一些我最喜欢的例子），但今天如此多的宣传，仍然植根于无可救药的过时叙事。总的信息是："我们知道得更清楚，如果你不像我们那样做，那你就做错了"，同时不断传递关于它是如何绿色健康的信息，以及你如何有机会在日常通勤中独自拯救一只北极熊。哈利路亚。不幸的是，整个社会已经开发出一种视而不见的过滤器……这实际上是一种礼貌的方式，表明人们忽略了这个问题，因为我们惹恼了他们。

我们在20世纪70年代使用的信息类型与当前现实脱节。

从广义上讲，许多自行车倡导组织，像他们的环保同行一样，被认为是独立的，热情洋溢地谈论着他们的意识形态，但也许是傲慢地谈论着他们的意识形态，同时穿着骑行服，这让他们更加引人注目。许多宣传活动都是由狂热的自行车爱好者进行的，而不是碰巧骑自行车的普通城市居民。此外，还有很多关于安全设备和潜在危险的讨论。"骑自行车！这对你和这个星球来说太神奇了！但你可能会受伤甚至死亡！"

想象一下，例如，如果我们像许多人试图出售城市自行车一样出售葡萄酒。适度饮酒是令人愉快的，并且有一些健康益处。它有主流的吸引力，但它也有强大的亚文化追随者，他们拥有一个令人困惑和难以理解的术语库。我总是尽量避免与葡萄酒爱好者长时间交谈。尽管葡萄酒，尤其是红酒，是我选择的酒精饮料，但我永远不会成为一个嗜酒如命的爱好者。想象一下，如果葡萄酒行业遭受了和许多自行车宣传一样令人困惑的信息。

"喝酒吧！这对你有好处！这很有趣！但是等等，如果你稍微过度，会让你觉得好笑。多喝一点，会影响你的讲话和判断。继续喝酒，你可能会感到恶心，甚至吐在鞋子上。如果你喝得太多，天天喝，会影响肝功能，把你变成酒鬼，疏远家人和朋友！你甚至可能会死！尽情地喝酒吧！"我认为可以肯定地说，葡萄酒行业已经确定不会对他们的产品进行如此的营销。

在与我最喜欢的美国自行车倡导者之一，得克萨斯州自行车公司执行董事罗宾·史泰林斯（Robin Stallings）的一次谈话中，他感叹说，他在孤星州交谈的政客们在第一次提到自行车这个词时，往往会选择退出讨论。我们开始开玩笑地集思广益，也许是受到我们对上述产品的消费的鼓励，讨论如何谈论自行车和自

20 世纪 60 年代和 70 年代，哥本哈根的沥青马路上画有白色十字，以显示骑行者曾在哪里被驾车者杀害。照片：尼尔森·詹森（Niels Jensen）

行车基础设施而不提及显而易见的东西。例如，我们想知道如果我们提倡"家庭关爱廊道"（faftracs）——关爱家庭的交通廊道，政治家们是否会更容易接受。切换行话，令人目眩神迷，印象深刻。

把我们城市设计成自行车交通工具，让大多数人骑着去需要通勤直达的目的地，而不是仅仅去旅行。

事实上，当我在国外工作时，我最常从自行车倡导者那里听到的一个问题是："如何更有效地传达这一信息？"我的标准回答是，他们应该少谈论自行车，更多关注自行车作为交通工具如何能为改善城市生活，带来更大的挑战，他们还应该与其他有着相同总体目标的组织进行更多合作，这些目标不是试图徒劳地培养一大批狂热的自行车爱好者，而是将我们的城市设计成自行车作为交通工具，让大多数人骑车去他们的目的地，而不是他们的旅程。简而言之，如果你喜欢骑自行车，那就做一个狂热的骑车人。只是不要像普通人一样对公众说话。

谨慎倡导

尽管人们都在谈论骑自行车的好处，但也存在激进主义的问题。20 世纪 70 年代是一个不同的时代，大规模的抗议和运动可能会改变政治和公众舆论。哥本哈根市政厅广场的十万人要求恢复自行车基础设施和安全的骑行环境，产生了惊人的效果。哥本哈根十字路口的沥青上画着白色十字，自行车手在那里丧生。在荷兰，著名的"制止儿童谋杀"运动也推动了自行车运动的发展。可悲的事实是，社会已经发生了变化，这种抗议现在的效果已经减弱。然而，有些人还没有意识到这一点，因此我之前写的关于亚文化本质的内容也适用。它们是孤立的和保护性的。

早在 2008 年，我第一次接触到纪念死于交通事故的骑自行车者的概念——对我来说是新的。我在美国的某个地方读到过所谓的沉默之旅。我明白了，伙计。孩子，我明白了吗？你是一个热情、紧密团结的团体或俱乐部的成员，而你熟识的人死去。感觉像是一家人，纪念仪式是既定的。我们需要拓宽视野，想想其他人是如何看待它的。在"沉默之旅"网站上，我读到了这样一句话："今晚有人要和我们一起绕湖而行……明年他们就不在这里了。"哇哦。如果我对骑自行车感兴趣并考虑骑自行车，这样的一条线会让我完全失去兴趣。从统计数据来看，关于骑自行车有多安全，或者骑自行车出行是否方便，没有合理的论据。没有。你认识的人会死的。

路边纪念交通事故中丧生的人并不新鲜，但是幽灵自行车的概念是新的，可以追溯到 2003 年左右。一辆自行车被漆成白色，锁在一个骑车人死亡的地方。虽然这可以提高交通安全意识，并鼓励一些驾车者多加小心，但对于在目前不骑车的人群中推广自行车运动却没有什么帮助。幽灵自行车在宣扬危险迫在眉睫。

社会已经发生了变化，这种抗议现在的效果已经减弱。

在巴西圣保罗工作期间，我参加了世界裸体自行车骑行——这是一些自行车亚文化很强的新兴自行车城市经常举办的活动。我和激进分子朋友一起骑车，并穿着衣服。那天晚上，和一大群骑行者在街上围堵是件有趣的事。但是后来我们在四个角落都有繁忙的酒吧的十字路口停下来。活动分子躺在沥青上装死——这叫作死里逃生。然后他们站起来，把自行车举过头顶，开始用葡萄牙语高喊"嘿，驾车者，尊重骑行者！"。我研究了酒吧外面的人群。每个人都笑着用手机拍摄。作为一种抗议，它是生动的，可见的，并且有一个明确的信息。不管承认这一点有多难，骑行者，是一个小边缘群体的城市，不骑车的大多数人盯着骑行者，就像他们是花样游泳运动员一样。有点奇怪，从事一项看起来很奇怪的运动。我怀疑看到圣保罗死于非命的观众今天会因此在这个城市骑自行车。这是一个奇怪的亚文化群体，对其他人大喊大叫，要求尊重——但无论从哪方面来说，他们都没有邀请人们加入他们的行列。

另外，我应该提到几年前，有人试图在哥本哈根组织一次裸奔。一群年老的男性裸体主义者超过了少数年轻的活动家。在丹麦，我们对公共裸体持自由主义态度，但警方只看了一眼就禁止了它，这可能是出于他们自己的审美原因。我怀疑我们再也不会在这里看到这样的裸骑了。

我在旅途中的工作，经历了很多事情。我在世界各地参加了几次批判游行的自行车骑行活动。作为抗议，这是一个绝妙的概念，而且本质上是民主的。甚至是与民同欢的社会运动。现代版骑车批评活动，源于20世纪70年代，始于1992年的旧金山，并迅速传播到世界各地。这场运动显然分为两种风格。在欧洲城市，骑行批评活动通常符合最初的庆祝精神，而包容广大民众。我在布达佩斯与20000多人一起骑行——他们记录是80000人——这是一次壮观的事件。然而，在布拉格，组织者最终将名称从"批判游行"改为类似于捷克的"骑车旅行"。原因是批判游行正在变成不好的形象——据我所知，这意味着美国城市已经采取了咄咄逼人的对抗方式。

我和几个朋友——还有几千个朋友——在旧金山参加万圣节前夕的批判游行，那是喜庆的日子。当我们驶过一个十字路口时，一名女驾车者对其中一名挡住汽车让其他人骑自行车通过的骑车人而大喊大叫。在她充满咒骂的咆哮中，她大喊你们这些人（骑行者）是如何阻止她回家见她的孩子的。从那一刻起，就像我

向哥本哈根学习
全球自行车城市化的决策指南

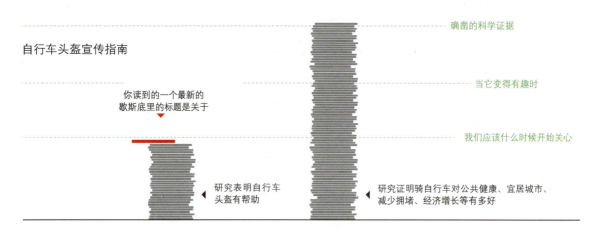

让我们理性看待头盔，集中精力鼓励骑自行车。

在圣保罗的尴尬经历一样，我嘴里有一种不好的味道——布达佩斯没有的味道。我意识到，除了已经购买自行车的人，我不会向任何人出售自行车，我讨厌这种感觉。

头盔

自行车头盔的问题就在这里。不停地唠叨骑自行车有多危险，并通过宣传或立法坚持人们应该戴塑料帽子，这无助于促进骑自行车。如果你经常告诉人们骑自行车是如此危险，以至于你需要穿得像个战士，你不能指望很多人骑自行车。

在澳大利亚，经过一段时间的大力推广，第一部强制性头盔法于20世纪90年代初获得通过。其次是新西兰。现在，每当头盔立法在世界其他地方抬起它丑陋的头，手指都指向澳大利亚和那里自行车运动的大幅度下降，从头盔的推广开始，到立法结束。因此，头盔法变得越来越罕见。事实上，每当一些倒霉的政客试图用狗皮膏药解决方案赢得巧克力蛋糕一样的积分时，欧洲的每个国家自行车组织都会反对这样的法律。

不知情的政客不知不觉地与强大的金钱文化结盟。据我所知，美国自行车头盔产业每年价值超过60亿美元。我在澳大利亚的一个同事出席了维多利亚州强制头盔法的所有听证会。他告诉我，在每次听证会上，贝尔头盔公司的一名副总裁从美国飞过来，坐在法律支持者旁边。

你不能让头盔制造商谈论他们产品的性能。我曾经建立了一封假邮件，打着热切希望在丹麦推广头盔的幌子，给所有主要制造商写信。

我请他们帮我提供关于他们产品有效性的谈话要点和证据。他们都不会帮忙。大多数人建议我用谷歌搜索——也许，我偶然会发现他们资助组织的网站，该网站会很乐意提供非科学的"证据"，真是聪明啊。

弗兰克·弗雷迪在《恐惧的文化》一书中，描述了整个棘手的问题，其中充斥着轶事和情感宣传。每当我们听到有人戴头盔"救了他们的命"的轶事，我们应该找出是谁说的。通常是一些医生或护士，在许多人的眼睛和耳朵里，这是尽可能接近绝对真理的。医生当然受过高度训练，但也非常专业。他们中很少有人知道头盔的性能或工业设计限制。他们偶然发现了相同的网站，其中有一些事实支持该行业的利润率和提倡头盔的活动人士以汽车为中心的意识形态。在创伤病房治疗重伤的医生是医学界的戏剧女王。不幸的是，他们从来没有去过很多人患有生活方式疾病的病房，如果他们骑自行车的话，这些疾病本来是可以预防的。

正如欧洲交通部长理事会在其"促进自行车运动的国家政策"中指出的那样："……从限制性的角度来看，甚至官方推广头盔也可能对自行车的使用产生负面影响，为了防止头盔对自行车的使用产生负面影响，最好的办法是将头盔的推广工作留给制造商和店主。"

从工业设计的角度来看，自行车头盔的设计是为了在20公里/小时（约12英里/小时）以下的单独事故中保护头部免受无生命危险的侧向冲击。他们接受的测试模拟了一个行人跌跌撞撞撞到他们的头。最严重的头部伤害是由旋转冲击造成的，头盔的设计不是为了防止旋转冲击。头盔行业知道这一点。头盔的标准很弱，行业反对任何让头盔变得更难的企图。如果自行车头盔是一种药物，它永远不会被任何卫生当局批准供公众消费。世界上任何地方都没有足够的确凿科学证据。

我不卖自行车给任何人，除了那些已经买了自行车的人，我讨厌这种感觉。

关于头盔，我最自豪的事情之一是在以色列议会大声宣读我的专家声明，然后看到他们投票废除强制性的不分年龄人人佩戴头盔的法律。

归根结底，我对这个问题的看法是：如果戴头盔，能让某人骑自行车，那太好了。如果不戴头盔，让别人骑自行车，那也太好了。不幸的是，后一类人长期以来一直受到片面、不科学宣传的影响。这正在改变。人们对这个问题越来越了解，我们正在讨论中走向平衡。

骑自行车的秘密教派

在自行车宣传和行动主义的目录中，有一章是由一小群喧闹的骑行者占据的，他们自称是"匹敌开车的骑车者"，大部分在美国，德国和英国的人较少。那时候，我花了四个月的时间研究教派和邪教的性质，想出一个剧本创意，与这些骑自行车的驾驶员相比，简直令人毛骨悚然。他们是自行车的秘密教派。

这是一个男性主导、睾丸激素驱动的俱乐部，期望每个人都像他们一样（经典的亚文化观点）每个人都应该拥抱在车流中骑自行车，假装自己是汽车。他们显然对看到祖母、有孩子的父母或任何与他们不相似的人为未来重新设计我们的城市不感兴趣。

像所有值得他们崇拜的教派一样，他们似乎崇拜一两个权威。美国有约翰·福雷斯特，英国有约翰·富兰克林，但程度较轻。他们的人数很少，但很吵。他们很好斗。他们的影响是破坏性的。

关于车流自行车的理论已经存在了30多年。作为运输工具的骑行，不能被视为仅仅是一种理论上的原因，很简单：在世界上没有任何地方，这种理论已经成为实践，并导致大量市民每天走上街头。这仍然是骑自行车的边缘群体的理论宣言。他们经常称自己为"匹敌开

骑行者在巴西圣保罗参加一场所谓的死于非命的裸体自行车骑行活动。

车的骑车者"。伴随着汽车发动机的轰鸣声。

我问了一位美国领先的自行车倡导者关于车流自行车的问题，他说，"他们有大约35年的时间证明它是有效的。他们还不能。是时候搁置这个想法了。"

这很大程度上是因为这一理论主要只吸引了极少数喜欢高速行驶的自行车爱好者。"高速"显然很重要。这个理论也被称为"高效骑行"，你在该理论创始人约翰·弗雷斯特（John Forrester）的网站上可以读到"高效骑行更安全、更快、更有趣！"。

如果我们再一次提到忽视公牛的类比，骑行者群就是骑自行车的潘普洛南人。他们喜欢和公牛一起跑，并被它们欺负。对社会其他人来说完全没有用。该组织拒绝自行车道路基础设施——这不适合他们。不幸的是，他们经常阻碍普通公民骑自行车。当有人提到丹麦或荷兰，或者基础设施实际上让很多人骑上自行车时，他们会想出各种各样的借口。"在这里行不通，"他们说。他们操纵关于基础设施安全的研究，并实际上将其发展到极致，称自行车基础设施"危险"，有些城市在设计和建设基础设施方面落后，主要是因为这个群体的游说努力。

英国社会学家罗伊·沃利斯（Roy Wallis）认为一个教派的特征是"认识论权威主义"沃利斯认为，"教派声称拥有获得真理或救赎的独特和特权"，而"他们忠诚的追随者通常认为集体范围之外的所有人都是'错误的'。"美国社会学家罗德尼·史塔克（Rodney Stark）和威廉·西姆斯·班布里奇（William Sims Bainbridge）断言，"教派声称是他们分裂的信仰的真实、净化和翻新的版本。"他们进一步断言，与教堂相比，教派与周围社会的关系高度紧张。我们能称这个团体为自行车倡导者吗？我不确定。他们更像亚文化的支持者。集邮者可能是"交流倡导者"，但他们不会大声反对电子邮件、短信和其他有益于公共利益和普通人际交往的主流交流形式。

好像一群竞走者在倡导步行主义。告诉每个人这都是关于有效行走，更安全，更快，更有趣！坚持认为普通人应该像他们一样走路。

一个男性主导、睾丸激素驱动的俱乐部，期望每个人都像他们一样。

超过35年的理论化没有任何证据证明"匹敌开车的骑行者"有效。有多少公民可以通过获得安全的道路基础设施来延长他们的寿命，或者过上疾病更少的生活？有多少超重的人有机会快乐地骑自行车在自行车道上工作并保持健康？尽管他们的权威已经认输，但每天被限制使用自行车的潜在自行车手人数必须达到数千万。它的影响现在正在消退，但是像开车一样驾驶自行车仍然是一个危险的理论和意识形态，由一群自私自利的人推动，他们对自行车的重新民主化没有兴趣。别理他们。让我们继续。

划定最后界限

早在环保主义和流氓教派对我们谈论自行车之事,提出挑战之前,自行车作为交通工具就受到了运动自行车的威胁。在20世纪上半叶,有许多倡导组织。随着自行车运动越来越受欢迎,人们的注意力开始从宣传转向运动。许多国家倡导组织倒闭,或被体育组织吞并,骑自行车出行没有支持者。例如,历史上瑞典和德国都是如此。

一个知道自己的自行车重量的人,不是提倡骑自行车所关心的人。

骑自行车被划分开似乎违反直觉,事实仍然是,正如我也试图概述的那样,它在上面。多年来,我一直在几个国家查阅档案,寻找直接影响普通市民选择自行车出行的运动或娱乐骑行的例子——结果我几乎空手而归。是苹果和橘子。两件完全不同的事情,只是隐约相关。哥本哈根市制作了一张海报,海报上有丹麦职业自行车手耶斯珀·斯基比(Jesper Skibby),他在1995年赢得了西班牙自行车大赛的一个分站。由于他的个性,备受欢迎。这条信息在丹麦语中脱口而出,英语翻译为:"环西班牙骑行比赛很辛苦,每年都骑自行车很健康。"

一个穿着必要骑行服的职业运动自行车手与一个穿着雨衣强行顶风的哥本哈根人是平行的。在丹麦或荷兰,我们可以看到相似之处,也可以看到不同之处。在其他地方,我们需要划清界限。如果几十年来我们没有把运动自行车作为日常城市自行车运动的灵感,也许我们现在也不应该开始。

2012年,我应邀去巴黎会见了组织环法自行车赛的公司负责人,他对讨论如何拓展到宣传领域很感兴趣。他们的重点是鼓励年轻的自行车运动员参加比赛,但我向他们解释说,在法国城市,作为交通工具的自行车运动越来越多,将对扩大该国的赛车人才基础产生更大的影响。丹麦人和荷兰人尽管身材矮小,但都有着赢得自行车奖牌的辉煌历史,比人口多几倍的国家更频繁地登上领奖台。

他们聚精会神地听。然而,这位首席执行官说,他认识的大多数骑手都是在骑自行车10-20公里(约6-12英里)去学校或奶奶家的乡下长大的。我告诉他,大部分在环法自行车赛中,骑自行车的丹麦人来自城镇或城市,在自行车道上骑自行车到附近的学校长大。通过将自行车带回城市进行交通运输,有更大的机会激励孩子们参加竞赛。你只是在更广泛的自行车基地工作。但是保持两者分开很重要。

我们需要继续关注我们的目标群体:我们城市的普通市民,他们不会对运动自行车的信息做出回应。我们需要能在城市里交流骑行者。一个知道自己的自行车重量的人,不是提倡骑自行车所关心的人。就像我说的,一个知道你骑自行车可以载重带货的人才属于目标人群。

第 20 章　**253**
传播和沟通

环西班牙骑行比赛很辛苦

每年都骑自行车很健康

哥本哈根市宣传自行车健康的海报。少数几个成功推广城市自行车运动的例子之一。

这令人困惑。似乎有激烈的竞争来主导这场对话。出乎意料的是，除开多伦多，880个城市组织遍布北美；绿道项目，是自行车运动的一个分支；完全街道联盟；全国城市交通官员协会；强大的城镇，所有创造地方的人，更好的街区基础。我可能遗漏了一些，但关键是，对于外部观察者来说，从这么多致力于将他们的角度变成标准的组织，那里信息导航是极其困难的。

让他们全部合并成一个超级组织不关我的事，这不太可能发生。关键是，对于我们自行车爱好者，学术共鸣之外的人来说，试图弄清楚什么是什么，谁是谁，会是令人困惑和疲惫的。我认为那些以清晰直观的方式向更广泛的受众说话的组织将会在传达信息方面获得更大的成功。那些拥抱自行车，但把它包含在城市发展和改善的更宏大、更包容的愿景中的人。即使只是像街道博客网络（Streetsblog network）这样的博客，从交流的角度来看，也已经在城市问题的包容性报道中发出了强烈的声音。不仅仅是关于自行车。这是关于自行车在我们的城市和生活中的作用。

表示出来，但不明说

说话很容易。互联网是我们生活的一部分，现在比以往任何时候都要便宜。我们交谈是为了淹没其他声音，或者为了达成让每个人都开心的妥协，我们交谈了很久。虽然我们可能不

明确的目标和团结一致

这种分化仍在继续，即使是在似乎朝着同一目标努力的组织内部。大多数欧洲国家，有全国性的自行车组织，既有交通组织，也有竞技自行车组织，还有一些大城市的新增组织，都响应大城市的老式做法。

在美国有一个全国性的组织，美国自行车联盟，但是也有许多其他与自行车相关的组织，

向哥本哈根学习
全球自行车城市化的决策指南

左图：费利克斯在丹麦之旅中驾驶珀洛东赛车。
右图：诺德佛恩斯卡德自行车街的概念化图示。设计和概念：作者，奥莱·卡索和托马斯·莱金西德曼

会很快看到20世纪70年代的示威规模，但我们现在看到的是通过社交媒体产生深远影响的小规模行动主义。

虽然策略性都市化这个词是新的，但这一想法并不新鲜。它作为一种有效的展示工具，而不是讲述工具，正在全世界范围内兴起。这个短语本身，被认为是城市规划师麦克·莱登（Mike Lydon）的作品，既是对所做工作的极好描述，也是激励他人的标语。

这是我在世界各地给出建议时的一个关键点——向人们展示想法或计划。制作专门效果图，可以有效地加速与决策者和公民的对话。

信不信由你，哥本哈根有一条繁忙的街道，没有受保护的自行车道——斯特布罗社区的诺德·弗里哈文斯加德区域。在人口稠密的地区，这是一条熙熙攘攘的街道，有许多商店。哥本哈根市放弃了设置自行车道的尝试，猜测因为该社区比其他社区富裕，如果他们提议以减少停车为代价，修建自行车道，将会引发抗议。我的朋友奥莱·卡索（Ole Kassow）住在附近，定期在街上骑车。2014年，他的一个女儿加入了被人敲门的行列，我们和建筑师托马斯·莱格姆·西德曼（Thomas Lygum Sidelmann）一起决定为这条街做点什么。我们受到鼓舞，与当地政治家乔纳斯·比约恩·延森（Jonas Bjørn Jensen）交谈，他挨户挨户地开展竞选活动，询问人们各种各样的问题，包括他们是否希望在他们的街道上设自行车道。大多数人回答说是的。

自行车街道概念，在荷兰已存在了几十年，现正在传播。丹麦有，我在汉诺威、奥斯陆和其他城市也见过。基本想法，是允许汽车在街

上行驶，但它们是客人。骑行者决定节奏，驾车者必须跟随。我决定，我们应该通过为诺德·弗里哈文斯加德（Nordre Frihavnsgade）提出这一解决方案，来激励他们。奥勒和我都写了博客，先是被当地报纸转载，然后又被全国性报纸转载。这导致该市花费150万丹麦克朗（约24万美元）重新在街头调研，并建立了一个社区参与项目，来调查解决方案。2017年末，市议会投票决定将这条街改造成我们提议的自行车街。相信我，我们很自豪，但这一切都始于将我们想法的可视化，来创造改变对话的机会。

在我公布了我的公司对这7500个自行车停车位的概念后，该市也开始调查中央车站停车问题。当我发表了埃菲尔铁塔前十字路口的图像时，巴黎语境发生了变化。巴塞罗那"向哥本哈根学习"设计公司办公室的玛丽亚·伊莉莎·奥赫达·阿科斯塔（Maria Elisa Ojeda Acosta）通过一张简单图片迅速走红，解决了两条电车线路无法连接的问题。无论是辛酸还是幽默，看到简单的图形或动作，在互联网上有多么引人注目是令人惊奇的。图像似有千言万语的作用。

这些年来，我一直在展示我的灵感来源。多伦多的城市维修队，他们的口号很早地抓住了我的想象力："城市坏了，我们来免费修理！"他们已活跃了很长时间，是现代公民行动主义的真正先行者。凌晨时分，私自画出自行车道，第二天引起市政当局头痛，或者，就像我2016年参观他们时一样，穿得像城市工人，改变肯辛顿市场的限速。"事后请求原谅，比事前请求允许要好，"他们告诉我。他们激励了许多人在世界各地画自行车道，包括墨西哥、巴西、拉脱维亚和日本，仅举几例。

杰森·罗伯茨（Jason Roberts）和他的"更好街区基金会"是将策略性都市化，提升到惊人新水平的一例。从简单的临时改造达拉斯附近一个破败的城市街区的想法，更好街区现在已经从激进主义扩展到严肃的城市化，与城市和市民一起不懈努力。

我们现在正通过社交媒体看到影响深远的小规模行动主义

蒙特利尔普拉托（Plateau）区的市长，吕克·费朗兹（Luc Ferrandez）上台不久开始改造街道。他很快完成了一些项目，知道展示比讲述更有力量。事实上，"快速推进，留下绿色，"正如他告诉我的那样。一条油漆过的小路能说明问题，但留下新的树、草或其他植物，会让你难以去讨厌新想法，尤其是在沥青覆盖的城市推进这些事。

柏林一群人，决定入侵他们的系统。柏林有一个独特的市政条款，如果收集到一定数量的签名，要求政治家们讨论一个问题。全民自行车公投运动动员起来并获得了他们所需要的签名，他们也明确地概述了城市改善自行车运动的目标。这是一次不同于过去十年中我在任何地方看到的巡回演出。你当然可以借一辆坦克。2011年，当时的立陶宛维尔纽斯市长阿图拉斯·佐卡斯（Arturas Zuokas）就这样做了，他走上街头进行了一场病毒式的特技表演，他驾驶着一辆停在自行车道上的汽车。谷歌一下。永远不会变老。

表示比讲述更有力量。事实上，"快速推进，留下绿色。"

在都柏林，活动人士站在油漆标记的自行车道上，在早高峰时间充当骑车人的挡箭牌，解决汽车侵入自行车道的紧迫问题。新颖大胆。纽约的"交通选择"团体，组织了一个大规模的城市的自行车道上的人体盾牌活动，宣称它是"世界上最大规模的人体自行车道盾牌"，就像他们在纽约的方式一样壮观。

2012年，我朋友，电视制片人道格·戈登（Doug Gordon）经营布鲁克林演讲博客，把他对自行车运动的激情幻想带到了他所在社区的街道上。他用胶带把红色塑料野餐杯，固定在油漆过的车道上，观察司机如何尊重物理屏障，不管它有多小。道格的灵感来自多伦多的詹姆斯·施瓦茨（James Schwarz）和戴夫·梅斯林（Dave Meslin），他们在2011年对当地一名自行车手的早逝做出了反应，用垃圾制造了一道物理屏障，证明有足够空间来建造一条合适的自行车道。他们也看着机动车辆给垃圾屏障留了较宽的安全距离。

简单、有创意、有效。尽管如果您关注的是关于基础设施最佳实务设计的章节，但您会记得物理隔离是金标准。然而，创造性思维正

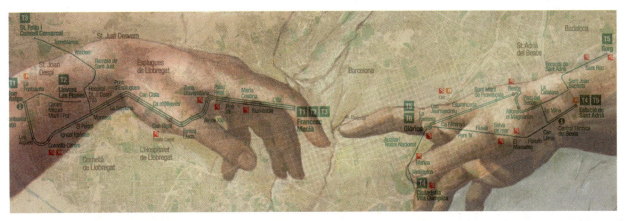

"向哥本哈根学习"设计公司的玛丽亚·伊莉莎·奥赫达·阿科斯塔对两条巴塞罗那电车线路仍然无法连接的问题进行了可视化研究。

第 20 章　**257**
传播和沟通

左图：多伦多城市维修队正在行动。肯辛顿市场用更安全的速度取代限速标志。
右图：一条用垃圾区分的自行车道，在一名骑行者死后，把骑行者与机动车分开。版权：詹姆斯·施瓦茨

在发挥作用，并通过展示——无论是可能性还是缺陷——以我们现代交流大脑理解的方式激励着世界各地的其他人。

积极实施

为自行车道路基础设施和更安全的城市骑行条件而战，把重点放在安全上——做好这一点很重要。虽然没有具体政策，哥本哈根市有一个不成文的规矩，即最好的沟通是不沟通。是的，有一些运动，但是大部分城市更喜欢让骑自行车更安全，让人们自己去想办法。这座城市从不喋喋不休谈论骑自行车的危险，他们通过继续让骑自行车在基础设施中更安全，来对抗丹麦道路安全委员会等组织的反自行车、以汽车为中心的宣传。正如克里斯·布德曼（Chris Board-man）曾经是职业自行车手，现在是英国自行车政策顾问，他说："这就是为什么我不会推广高能见度反光服装和头盔；我不会让这场辩论被引向一个甚至不在十大真正能让想骑行者安全的话题。"

早在 2008 年，我为哥本哈根市开展了一项行为运动。他们已经开始使用 Hej cyklist 这个短语了！（"嗨，骑行者！"），我想也许是时候开始改变现状，关注积极的强化了。在一个很

少有人称之为"骑行者"的城市，赫基自行车赛！丹麦语短语听起来很庸俗，有点像20世纪50年代新闻片主持人的声音。我围绕它设计的模板很简单：嗨，骑行者！（在这里插入来自城市的信息）谢谢你，在城市里骑自行车！

它很快成为该市自行车办公室的默认交流模式。每当有什么要交流的时候，这条信息都被"嗨"和"谢谢！"给包裹起来。我知道喋喋不休地谈论骑自行车，对个人或地球都没好处，这也不是城市的风格。我们很清楚这些巨大的好处，所以为什么不感谢骑自行车的市民所做的一切令人惊奇的事情，并继续前进呢？将需要其他活动，但为什么不在城市的大部分沟通中，提供一个积极的基调呢？那些讨厌的挪威人从我的想法中随意借用，把它翻译成挪威语的"感谢你，骑自行车的人"，并在自行车基础设施和许多城市的活动中展示出来。积极强化沟通，能鼓励人们在那里骑自行车。

> **没有罚款，没有惩处，只是一条信息告诉你——自行车没问题，停在边上吧。**

哥本哈根市进一步发展了与骑自行车者交流的积极方法。不久前，在市中心的一些道路施工中，自行车停放出现了问题。有迹象要求骑行者不要在那里停车，但许多人还是这样做了。城市没有没收自行车，只是移动了自行车。

"嗨，骑行者。找不到你的自行车吗？它现在停在罗森堡街。为了给每个人腾出空间，我们在库姆贝格街附近建了一个临时自行车停车区，你可以在那里停车。停在区外的自行车将被转移到罗森堡街。"

没有罚款，没有惩处，只是一条信息告诉你——自行车没问题，停在边上吧。同样，许多自行车被停放在诺雷波特车站通往地铁的紧急出口处——不幸的是，尽管最近进行了翻新，但那里自行车停放严重不足。它也是全国最繁忙的车站。该市发起了亲和攻势，旨在劝说人们把车停在其他地方，以免堵塞出口。如果你这样做，城市工人会把你的自行车搬到自行车架上，然后他们会给你的链条加油，给你的轮胎打气。在你的自行车上留了一张纸条，告诉你他们这样做了，并要求你以后不要在出口停车。他们被称为"自行车管家"，违章停车的人数在短短几个月内急剧下降，而且据报道，没有人对他们的自行车被移走感到愤怒。

积极性

世界上从来没有足够的积极性，但是在自行车交流方面，情况正在改善。瑞典马尔默市几年来开展了一项名为"摒弃荒谬的汽车出行"运动，其重点是在5公里（约3英里）以下的旅行中，驾驶汽车的城市愚蠢行为。鼓励驾车者参加他们"最荒谬的汽车出行"活动，最疯狂的人会赢得一辆自行车和一些配件。一名获胜者描述了她将如何从汽车道上回到单行的街道上,然后后退200米(约650英尺)到学校,在上班前把她孩子送下车。这场运动获得了巨大成功。它的逆反心理,令人耳目一新。

克劳斯·邦丹成为哥本哈根市长后的令人兴奋的日子里,这座城市开始认识到交流的价值。"向哥本哈根学习"和哥本哈根自行车时尚,在国际上的成功,将焦点牢牢地聚焦在了这座城市上。该市决定开发一个标志来代表他们为改善城市自行车运动所做的越来越多的努力。当时,所有与自行车相关的活动都集中在一个地方——自行车秘书处。这个标志是为了与市民交流,但它最终鼓舞了世界各地的许多人。众所周知,"I bike CPH"标志——"cph"是哥本哈根机场的代码——自由地受到米尔顿·格拉泽1977年设计的"I ♥ 纽约"标志的影响。但是这个简单的信息在国际上引起了共鸣。我已经记不清在每个大陆上我见过多少城市的变化。在哥本哈根,这个标志出现在所有来自城市的关于自行车的交流中。在一个每天骑自行车这么多的城市里,我认为很难在市民的眼中完全打上烙印。我问过几十个人,他们认为这个标志代表什么,大多数人认为它是旅游局的产品,而不是市政府试图让市民参与交流。然而,这个标志仍然很强。

上图:挪威版的"谢谢你,骑行者",这个办法是笔者想出的。
下图:哥本哈根首都区自行车超级专用路最近的海报上写着:"谢谢你,骑行者。"

非法停车的人数在短短几个月内急剧下降。

其他人试图发展自己的标志,以吸引人们对自己的注意。在卢森堡,可持续发展部设立了一个办公室,专门处理自行车和行人交通——或者他们称之为"柔性交通"。他们想要一个大胆的声明,没有自行车相关标志的陈词滥调,"向哥本哈根学习"设计公司为他们创造了一个标志。

荷兰北部的格罗宁根市也雇佣了我们,来提升他们的国际形象。他们希望在定期抵达阿姆斯特丹和哥本哈根以及这些城市附近的许多国际考察代表团中占有一席之地。事实上,格罗宁根理应成为公众关注的焦点,即使它是一个在邻近地区之外相对不为人知的小城市。他们有许多故事要讲,有许多经验要分享。我去为他们设计一个标志和视觉标识,目的是吸引专业游客到城市学习。格罗宁根在他们的其他标志和交流中自由使用字母 g,所以使用这是一个给定的条件。经过城市里的多次讨论或内讧(取决于你听谁的),他们决定制作自己的标志。对荷兰以外的任何人来说都不明显的是,050 是他们的电话前缀,而荷兰从一开始就是主要的目标群体。无论你怎么做,标志都可以成为一个重要的工具,来巩固自行车将留在这里的事实,以及一个城市正在努力为自行车建立一个框架,作为交通方程式的一部分。挪威特隆赫姆市一直在开展活动,这些活动遵循积极沟通的所有必要指导方针,这些活动令人鼓舞。他们全力以赴宣传他们的米尔帕克肯项目(绿色特隆赫姆)的愿景,该项目关注城市生活的方方面面,包括自行车。

随着城市发展,维也纳市必将成为积极推动自行车的最团结一致努力的领导者。他们完全理解销售自行车的概念,使用社会普遍接受的技术。他们雇请普通公民和知名人士。例如,一张国家医院首席医生骑自行车的照片,海报上醒目的标语是:"我的万能药"或者一位高级神父宣称自行车是他的激情所在,一对热爱自行车的年轻夫妇称之为他们的"幸运之轮";奥斯陆市自行车办公室发起了一场直接受维也纳启发的运动,承认奥地利方法的价值。匈牙利自行车俱乐部马扎尔·克雷帕·罗斯克鲁布(Magyar Kerékpárosklub)一直是倡导团体中的领导者,他们使用专业的平面设计,尤其是顶级广告公司制作的商业广告,其制作价值与我们在电视上看到的任何东西相当。他们为自行车上班月活动制作了一个年度广告,而且他们一直都很出色。

给我留下深刻印象的,美国的活动之一是匹兹堡自行车运动。仅仅强调骑行者和其他人一样都是普通公民。纽约自行车月的一张海报让我很开心。它强调从布鲁克林区骑自行车到格林堡只有 12 分钟。除了有三个人在人行道上骑自行车。谈论一下如何同时让每个人都开心。这是一个积极的骑自行车信息,但他们确保涵盖了所有这些群体:

左上图：哥本哈根市自行车办公室的标志，由特洛伊尔·海伦设计，张贴在哥本哈根的海报上。
右上图：卢森堡可持续发展部自行车和行人办公室的标志。
右下图：格罗宁根市自行车办公室的拟议标志。
底部图：哥本哈根市的友好标志，告知市民他们的自行车已经通过"嗨，骑行者"活动被挪走。

» 头盔倡导者（有一个头盔悬挂在男人的车把上）
» 反头盔倡导者（这两个女人没有头盔）
» 年龄多元化倡导者（老人、中年妇女、年轻妇女）
» 种族多样性倡导者（一名非裔美国妇女）
» 两性平等倡导者（两名妇女）
» 行人倡导者（他们在人行道上骑自行车）
» 城市交通倡导者（一般信息）
» 潮人（他们谈论的是布鲁克林外围）

虽然不难找到许多值得一提的积极方面的运动，但其中仍有混乱。太多的运动仍将消极的自行车运动推向极端。我们都见过他们。你可以通过搜索词语"凤凰城的自行车安全"搜索图片，找到近年来最糟糕的一个。那你就会明白我们面对的是什么。准备好面对自己。

因为我们生活在一个以营销为主导的社会，所以我们容易被欺骗。我期待有一天主流媒体的头条新闻会有不同的焦点。就像哥本哈根市卫生部的一项运动所说：

"骑自行车比坐沙发安全！/ 这个人刚刚开始骑行！今年有2000名丹麦人延长了他们的寿命，因为他们每天都骑自行车！/ 你必须在哥本哈根骑4000年自行车才会撞车！/ 自行车道投入使用后，商店收入增加！/ 骑自行车上学的孩子更加警觉和健康！"

我期待有一天主流媒体的头条新闻会有不同的焦点。

等等。我们要达到目标了。虽然有些人仍然在努力摆脱环保主义对信息传递的影响，以及对自行车运动或娱乐的狭隘关注，但其他人已经做到了，而且做得很好。然而，最终的目标是无需为骑自行车作为交通工具再说点什么。

维也纳市推广自行车运动。

左上图：维也纳市推广自行车运动。

左下图：自行车俱乐部发起的伟大运动，让骑自行车者人性化。

右上图：米尔帕克肯（绿色特隆赫姆）积极推广自行车运动的海报。上面写着："信仰、希望和自行车"，有一个伊玛目和一个牧师。

向哥本哈根学习
全球自行车城市化的决策指南

总结

事实是汽车在我们这个时代的大城市中不再有一席之地。

伯特兰·德拉诺，巴黎市长，2002–2014

  我们正处于一个崭新迷人、充满挑战的新都市时代。本页开头的引用说明了一切。这不是我轻率的引用，也不是新交通倡导者在某个会议上的梦幻引用。这是前巴黎市长冷静而务实的一句话。那个巴黎。从2002–2014年，他一直在执政，在那段时间里，他稳步朝着他的城市愿景而努力。自行车在城市革新中起了带头作用，伴随着的是慢行交通系统措施和大胆的政治决策。

  他并不孤单。世界各地的市政官员都在说类似的话。当那样的人说这样的话时，可以肯定地说，我们正在坚定转向一种新模式。这将带我们回到未来。回到一个我们理性看待城市发展的地方。在我看来，现实与"等不到"之间，有一场持续不断的拳击比赛。时而乐观，时而沮丧。我十多年前开始这一旅程时，我不明白为什么每个城市都不只是这样做。为什么他们不高兴地把哥本哈根的解决方案复制、粘贴到他们自己的城市。从那以后，我了解了世界各地城市面临的错综复杂和挑战。我知道有些城市的市政结构复杂且限制性强，而其他城市则享有更大的灵活性。我母亲养育的理想主义者仍然可以听到沮丧的叹息，但是我从这样一个充满激情、多元化和国际化的网络中获得的灵感经常让我热情地挥拳出击。与我公司的客户城市密切合作，从他们的眼中看到他们决心让他们的城市变得更好，并把自行车作为一种神奇的工具，这是我非常感激的礼物。

  当我开始时，我暗暗怀疑的快速通道已经证明了它的存在。对于每一个塞维利亚、布宜诺斯艾利斯、明尼阿波利斯、阿尔梅蒂耶夫斯克或波尔多，仍有 50 个城市在等待着他们。但是，伙计，塞维利亚、布宜诺斯艾利斯、明尼阿波利斯、阿尔梅捷耶夫斯克、波尔多和其他许多城市也是如此。这些从零到英雄的自行车城市化正像哥本哈根或阿姆斯特丹一样引领潮流。没有他们，我们的旅程将更加艰难。

世界各地的语境都改变了。2006 年，地球上很少有城市在考虑自行车。现在很少有城市未曾讨论过如何重建自行车为交通工具。这个过程正在改进。对我来说，速度总不够快，但我们比以往任何时候都要传播得更远、更广。现在持相同立场的人数每天都在增长，无论是公民、倡导者、活动家还是决策者。

早在 2010 年，我就注意到北美讨论重点发生了根本的变化。那一年哥本哈根是维洛市会议的主办城市，以前从未有这么多与会者从北美赶来。他们回到家后，在丹麦首都体验了骑自行车的生活，我的雷达上出现了一阵嗡嗡声。克拉伦斯·埃克森在一部名为《从北美视角看哥本哈根》的街景电影中完美地总结了这一点。这就是催化剂。那是转折点。

岁月如诗，19 世纪的发明，能够解决 21 世纪的复杂问题。正如无数学者继续解剖、研究和分析莎士比亚的全部作品一样，自行车也是如此。理解它的重要与引申，理解了它的韵律与结构，我们认识到它对我们社会的永恒贡献价值。然而，我们所面临的挑战，令人生畏。我们必须推翻至少 70 年的破坏性的汽车交通工程，我们必须说服整整一代人，重新认识自行车作为交通工具，我们的城市正面临着历史上最大的都市化浪潮，我们必须与已经达到流行病程度的臃肿的生活方式和疾病作斗争。当自行车在 19 世纪晚期向我们和我们的城市推出时，我们对它深信不疑。现在，比以往任何时候都更需要再次相信它。让我重申一遍：如果你不认为骑自行车是解决办法的一部分，那你就是问题的一部分。没有灰色区域。

我希望这本书能简化一下不必要地过分复杂的主题。归结为具体的、有用的、人性化的、相当美丽的东西。我们拥有如此惊人的多功能工具——如同瑞士军刀，帮助我们安然度过下一个世纪。我想毫不含糊地强调，前面的任务不一定困难。我们面前的自行车道是由一代又一代的公民、规划者、工程师和政治家用最好的沥青铺成的。让我们拥抱他们的知识和奉献，而不是不尊重他们，认为我们可以重新发明轮子。它就在我们面前，随时可以使用。我也希望"向哥本哈根学习"这个词因不再被需要而逐渐消失。因为自行车已回归了它值得拥有的，作为城市基础的地位，世界各地的公民都依靠它来完成日常生活中的事情。也许有一天我们会谈论向巴塞罗那、蒙特利尔、孟买或任何你喜欢的地方学习。如果他们的工作名副其实，那就最好不过了。

城市以精神为支柱，如明镜，倒影居民之心。若众人之心暗淡，失去精神信仰，城市本身必将失去魅力。这是我最喜欢的关于城市的语录之一，作者是土耳其作家埃利夫·沙法克（Elif Shafak）。太久以来，我们让我们的城市之心变暗，让我们对城市的信心丧失。是时候擦亮我们的镜子，翻新那些支柱了。最常与哥本哈根联系在一起的纪念碑，是一个小小的，赤裸着的，铜绿色的女孩，她默然斜坐礁石一隅，自1913年来一直渴望出海。《小美人鱼》是一个辉煌的童话，但在我看来，这座雕像对于像哥本哈根这样的城市来说是并非称职的纪念碑。我坚信，我们建立的最伟大的纪念碑是我们的自行车道路基础设施网络。这是一项复杂繁复的工作，每天都有成千上万的市民和游客使用它，不断地改变提高。是美丽非凡的有机结构。

这座纪念碑并未被独占。它完全是开源的，不仅限于哥本哈根。荷兰人和世界上其他城市一样提升了收获。许多其他方面的基础正在奠定。让这些纪念碑矗立起来。它们是人类创造力的纪念碑，是改善城市生活和人类生活的纪念碑，而不是摧毁或消灭它们。如果我们愿意的话，这些生活尺度的纪念碑将决定我们未来几世纪的新时代。我和你，以及每个城市居民，都会是这些纪念碑的设计师、建筑师和建设者。

让这些纪念碑群矗立起来，让我们携手努力。

关于作者

米凯尔·科尔维尔–安徒生（MIKAEL COLVILLE-ANDERSEN）是丹麦和加拿大籍的城市设计专家，哥本哈根设计公司首席执行官，他于 2009 年创立了"向哥本哈根学习"设计公司。他与世界各地的城市和政府合作，设计他们的自行车基础设施和沟通传播方法，并指导它们变得对自行车更加友好。他是世界各地设计和建筑会议及活动中广受欢迎的主旨发言人，也是关于城市化的全球电视系列节目《人本尺度的城市》主持人。他的作品包括流行的博客《向哥本哈根学习》、《自行车时尚》和《载重自行车国度》。